Claus Leggewie
Harald Welzer

Das Ende der Welt, wie wir sie kannten

Klima, Zukunft und die Chancen der Demokratie

S. Fischer

In Memoriam André Gorz (1923–2007)

Lektorat: Walter H. Pehle
Satz: Pinkuin Satz und Datentechnik, Berlin
Druck und Bindung: GGP Media GmbH, Pößneck
Printed in Germany
ISBN 978-3-10-043311-4

Inhalt

Am Ende, oder: Klimawandel als Kulturwandel

It's the end of the world as we know it.
R. E. M.

Weltuntergang? Nein, nicht die Welt gerät aus den Fugen, wie man in letzter Zeit lesen konnte, wohl aber die Strukturen und Institutionen, die der Welt, wie wir sie kannten, Namen und Halt gaben: kapitalistische Märkte, zivilisatorische Normen, autonome Persönlichkeiten, globale Kooperationen und demokratische Prozeduren. Als moderne Menschen sind wir gewohnt, linear und progressiv zu denken – nach vorne offen. Sicher gab es auf dem Weg von Wachstum und Fortschritt Zäsuren und Rückschläge, aber unterm Strich ging es immer weiter aufwärts. Die Denkfiguren von Kreislauf und Abstieg gerieten in Misskredit, Endlichkeit wurde undenkbar.

Das war die Welt, wie wir sie kannten: Märkte expandierten über ihre periodischen Krisen hinweg in eine gefühlte Unendlichkeit, Staaten sicherten die soziale Ordnung und den Weltfrieden, der flexible Mensch verwandelte Naturgefahren per Technik und Organisation in beherrschbare Risiken. Nur manchmal und dann vorübergehend schien die Leitidee des Fortschritts außer Kraft gesetzt zu sein. Selbst ein Zivilisationsbruch wie der Holocaust und ein Völkermord wie in Darfur konnten die Grundüberzeugung nicht erschüttern, auf dem besten aller Wege zu sein. Globale Mobilität und Kommunikation machten die Welt klein und zugänglich, auch die Demokratie vollendete 1989 ihren Siegeszug. Die Welt wurde uns damit immer bekannter.

Dass sie so, wie wir sie kannten, nicht mehr wiederzuerkennen ist, liegt nicht an der Natur, die bei aller Gesetzlichkeit immer Sprünge gemacht hat, sondern an dem von Menschen verursachten Wandel des Klimas. Das Weltklima kann an *tipping points* mit unkalkulierbarer Dynamik gelangen und umkippen, wenn nicht rasch – genau genommen: im kommenden Jahrzehnt – radikal anders gewirtschaftet und umgesteuert wird. Die kurze Spanne bis 2020 – nur zwei, drei Legislaturperioden, einen kurzen Wirtschaftszyklus, zwei Sommerolympiaden weiter – entscheidet über die Lebensverhältnisse künftiger Generationen.

Damit ist eine Perspektive der Endlichkeit in den linearen Fortschritt eingezogen, die dem modernen Denken fremd, geradezu ungeheuerlich ist. Risiken verwandeln sich zurück in Gefahren. Nicht nur die Rohstoffe sind endlich, mit ihnen könnten auch die großen Errungenschaften der westlichen Moderne zur Neige gehen, als da sind: Marktwirtschaft, Zivilgesellschaft und Demokratie.[1] Der Klimawandel ist somit ein Kulturwandel und ein Ausblick auf künftige Lebensverhältnisse. Das meint nicht »in the year 2525«, es betrifft eine überschaubare Zeitgenossenschaft. Wer 2010 zur Welt kommt, kann das Jahr 2100 noch erleben; ohne rasches und entschlossenes Gegensteuern wird die globale Durchschnittstemperatur dann um vier bis sieben Grad Celsius gestiegen sein und unsere Nachkommen eine Atemluft vorfinden, wie sie heute nur in engen und stickigen Unterseebooten herrscht.

Während wir – das sind in diesem Fall die Bewohnerinnen und Bewohner der Länder des atlantischen Westens – noch glauben, das Zentrum der Weltgesellschaft zu bilden und ihre Zukunft nach Belieben gestalten zu können, driften wir längst aus diesem Zentrum heraus, und andere Mächte rücken in die Mitte. Der wirtschaftliche und machtpolitische Einflussgewinn von Ländern wie China, Indien, Brasilien, Russland wird sich trotz ihrer aktuellen Probleme fortsetzen, und auch andere werden dieser Aufstiegsbewegung folgen. Die Figuration der Weltgesellschaft verändert sich und damit die Rolle, die wir in ihr spielen. Und Probleme, die vorerst nur die europäische Peripherie – Island, Lettland oder Ungarn – plagen, zeigen dem Zentrum seine eigene Zukunft.

Unser Selbstbild und unser Habitus sind, nach 250 Jahren überlegener Macht, Ökonomie und Technik, noch an Verhältnisse gebunden, die es so gar nicht mehr gibt. Dieses Nachhinken unserer Wahrnehmung und unseres Selbstbildes hinter der Veränderungsgeschwindigkeit einer »globalisierten Welt« findet sich auch auf anderen Ebenen unserer Existenz – etwa in Bezug auf die Energie-, Umwelt- und Klimakrisen. Obwohl es nicht den geringsten Zweifel daran gibt, dass die fossilen Energien endlich sind und die zunehmende Konkurrenz um Ressourcen bei gleichzeitigem Rückgang der verfügbaren Mengen zuerst zu Konflikten, wahrscheinlich auch Kriegen führen wird und dann zu einer Welt ohne Öl, pflegen wir politische Strategien und Lebensstile, die für eine Welt *mit* Öl entwickelt worden sind. Während das Artensterben in beispielloser Geschwindigkeit voranschreitet, die Meere radikal überfischt und die Regenwälder gerodet werden, wird unser Handeln von der Vorstellung geleitet, es handele sich dabei um reversible Prozesse. Die Zerstörung wird mit illusionären Korrekturvorstellungen bemäntelt, und trotz der Evidenz des Klimawandels bleibt das Gros der Politiker – das gängige Krisenmanagement zeigt es – auf kurzatmige und illusionäre Reparaturziele fixiert. Wer im Blick auf Quartalsbilanzen und Wahltermine vor allem Arbeitsplätze in scheiternden Industrien bewahren will, betreibt eine Politik von gestern.

Die Geschichte kennt Beispiele von Zivilisationen, die länger erfolgreich waren als die Kultur des Westens. Sie sind untergegangen, weil sie an Strategien, die für ihren Erfolg und Aufstieg gesorgt hatten, unter veränderten Umweltbedingungen zäh festgehalten haben. ›Was mag‹, fragte Jared Diamond,

›derjenige gedacht haben, der auf der Osterinsel den letzten Baum gefällt und damit den unaufhaltsamen Untergang einer 700 Jahre lang erfolgreichen Kultur besiegelt hat? Wahrscheinlich, dass Bäume schon immer gefällt wurden und dass es völlig normal sei, wenn auch der Letzte fällt.‹[2] Wir sind alle Osterinsulaner: Würde man nach einer schlichten Überlebensregel selbstverständlich davon ausgehen, in einem Jahr nur soviel an Ressourcen zu verbrauchen, wie die Erde per annum zur Verfügung stellen kann, dann müssten wir diese Jahresration auf 365 Tage verteilen und dürften sie nicht vor dem 31. Dezember ausgeschöpft haben. Der Tag, an dem man so zu rechnen begann, war Silvester 1986, der erste *Earth Overshoot Day.* Nur zehn Jahre später wurden bereits 15 Prozent mehr des Jahresbudgets verbraucht, der Scharniertag fiel also in den November, und 2008 war dieser Zeitpunkt bereits am 23. September erreicht.[3]

Bei Fortschreibung des aktuellen Verbrauchs wird das Budget 2050 schon nach sechs Monaten aufgezehrt sein. Wir hängen keinen romantischen Naturvorstellungen an, aber solche scheinbar naiven Rechnungen entlarven den vermeintlichen Realismus, der den frivolen Zukunftsverbrauch der kapitalistischen Wachstumsökonomie auszeichnet. An dem waren eben nicht nur gedankenlose Banker beteiligt. Die größte Massenbewegung nach dem »Ausbruch« der Finanzkrise im September 2008 war der Ansturm auf die Showrooms der Autohäuser, um die Abwrackprämie kassieren zu können.

Gerade in Deutschland dreht sich alles um einen Industriezweig, der in Zukunft gar nicht mehr die Rolle spielen *darf*, die er in der Vergangenheit einmal hatte. Wer die Automobilindustrie päppelt (und dann auch noch mit so unsinnigen Maßnahmen wie mit einer Verschrottungsprämie), gibt für Überlebtes Geld aus, das für die Gestaltung einer besseren Zukunft nicht mehr verfügbar ist. Solche Rettungspläne folgen der Auto-Suggestion, eine Welt mit mehr als neun Milliarden

Bewohnern könnte so aussehen wie Europa heute, mit achtspurigen Straßen und ausufernden Parkplätzen.

Wir müssen heraus aus den Pfadabhängigkeiten und Vergleichsroutinen. Die akute Weltwirtschaftskrise wird mit der Großen Depression der 1930er Jahre verglichen und überschreitet bereits deren Parameter! Doch das verkennt noch den Ernst der Lage. Die Welt durchlebt nicht nur eine historische Wirtschaftskrise, ihr steht auch die dramatischste Erwärmung seit drei Millionen Jahren bevor. Es mag sich bombastisch oder alarmistisch anhören: Aber die Große Transformation, die ansteht, gleicht in ihrer Tiefe und Breite historischen Achsenzeiten wie den Übergängen in die Agrargesellschaft und in die Industriegesellschaft.

Der Klimawandel ist deswegen ein Kulturschock, weil es immer schwieriger wird, zu ignorieren, wie stark sich unsere Wirklichkeit bereits verändert hat und wie sehr sie sich noch verändern muss, um zukunftsfähig zu sein. Was Techniker *decarbonization* (Entkohlung) nennen und Ökonomen als *Low Carbon Economy* (karbonarme Wirtschaft) ausmalen, kann nicht auf die Veränderung einiger Stellschrauben der Energiewirtschaft beschränkt bleiben – 80 Prozent unseres komfortablen Lebensstils ruhen auf fossilen Energien. Am Horizont der Großen Transformation steht eine postkarbone Gesellschaft mit radikal veränderten sozialen, politischen und kulturellen Parametern.

Eine Gesellschaft, die die Krise verstehen und meistern will, kann sich nicht mehr auf Ingenieurskunst, Unternehmergeist und Berufspolitik verlassen (die alle gebraucht werden), sie muss – das ist die zentrale These unseres Buches – selbst eine politische werden: Eine Bürgergesellschaft im emphatischen Sinn, deren Mitglieder sich als verantwortliche Teile eines Gemeinwesens verstehen, das ohne ihren aktiven Beitrag nicht überleben kann. Auch wenn diese Zumutung so gar nicht in die Zeit hineinzupassen scheint: Die Metakrise, mit der wir zu kämpfen haben, fordert mehr, nicht weniger Demokratie, individuelle Verantwortungsbereitschaft und kollektives Engagement.

Klima, Zukunft und die Chancen der Demokratie: Unser Buch verbindet eine auf aktuelle Daten gestützte Zeitdiagnose mit einem wirklichkeitsnahen Politikentwurf. Wir sind keine Klimaforscher im herkömmlichen Sinne[4], nehmen den Klimawandel aber als eine Heuristik künftiger Kulturverhältnisse, als ein Findbuch guten Lebens. Kultur ist eine Antwort auf drei Fragen: wie die Welt im Inneren beschaffen *ist*, wie sie *sein soll* und wie sie vermutlich *werden wird*.[5] Im ersten Kapitel stellen wir die Gründe und Ausmaße der aktuellen *Metakrise* dar, deren bloße Ausrufung noch nicht zu einem Kurswechsel führt, eher zu Verleugnung und Resignation. Im zweiten Kapitel beschreiben wir die Kluft zwischen Wissen und Handeln – warum Menschen nicht tun, was sie wissen, sondern sich lieber an die »Zuständigen« wenden, an Markt, Technik und Staat. Im dritten Kapitel tragen wir dazu eine *Kritik des laufenden Krisenmanagements* vor, das sich auf überholte Instrumente verlässt und in alten Mustern verharrt. Im vierten Kapitel behandeln wir den *Wettstreit autoritärer und demokratischer Ansätze* zur Überwindung der globalen Krise, und im Schlusskapitel loten wir die *Chancen einer Demokratisierung der Demokratie* aus.

Das ist alles andere als ein Weltuntergangsszenario. Wir wünschen uns Leserinnen und Leser, die froh sind, die alte Welt hinter sich lassen zu können, und die an der Gestaltung einer besseren mitwirken wollen. Denn bei aller Absturzgefahr bieten Wirtschaftskrise und Klimawandel Spielräume für individuelles Handeln, für demokratische Teilhabe und globale Kooperation. Diesem Großexperiment unter Zeitdruck ist alle Welt unfreiwillig, aber wissend ausgesetzt.

Kapitel I

Die Krise verstehen, oder: die Grenzen eines kulturellen Modells

»Ich kann Ihnen sagen, was in 200 Jahren geschehen wird, aber nicht, wie die Welt in zwei oder fünf Jahren funktioniert.«

Stanisław Lem

Manche Zeitläufe werden mit rasender Geschwindigkeit assoziiert, manche als langsam dahinziehender Strom bebildert. In welchen Zeiten leben wir gerade? Die Gespräche über die Krise ergeben ein zwiespältiges Bild: Das Land wirkt wie in Zeitlupe, aber auch wie in einem Thriller. Denn jede Nachrichtensendung verkündet die nächste Überraschung. Das deckt sich mit den weit auseinanderdriftenden Wahrnehmungen der historischen Zeit in der Welt, wie wir sie kannten: hier das verfallsrasante Stakkato der Wirtschaftsdaten, Meinungsumfragen und Wahltermine, dort religiöse Jenseits- und Endloserwartungen. Die Zocker starrten auf die Gewinnerwartung, die Frommen präparierten sich fürs Paradies.

Beide Zeithorizonte sind gleichermaßen unpolitisch. Sie verkennen die säkulare Zeitspanne, mit der eine politische Generation rechnen kann: Im Bezug auf den Klimawandel, die sich beschleunigende globale Erwärmung, heißen die Abschnitte näherungsweise 2020, 2050 und 2100. In spätestens zehn Jahren muss eine erhebliche Reduktion der Treibhausgase erreicht sein, damit die Kipp-Punkte des Klimas in zwei oder drei Dekaden vermieden werden und die Erde in hundert Jahren überhaupt noch bewohnbar ist. Die Leidtragenden heutigen Nichthandelns sind schon unsere Kinder und Enkel. Aus diesem Grund bildet die säkulare Zeitspanne, ein Jahrhundert, ein menschliches Maß; es umspannt drei bis vier Generationen und damit den Horizont, bis zu dem Handlungen und ihre Folgen pragmatisch zu kalkulieren sind, weil man sich die Gegenwart mit den Menschen dieser Generationen teilt. »In hundert Jahren«, das klingt weit weg, es ist aber die Zeitspanne, die Menschen normalerweise für sich und andere in Aussicht nehmen, wenn sie darüber nachdenken, was sie hinterlassen wollen.

Dieses Zeitbewusstsein hat sich seit dem 13./14. Jahrhundert mit dem Aufkommen der Uhr als Fixpunkt linearer Orientierung in die Zukunft entfaltet und seit der frühen Neuzeit verallgemeinert.[6] Es ist das politische Zeitmaß, das dem Gegenwartskult der Marktanbeter ebenso abhanden gekommen ist wie der Gegenwartsverleugnung politisch-religiöser Sektierer. Fundamentalisten denken in Ewigkeiten und steuern auf die Erlösung vom nichtigen Erdenschicksal zu; dafür nehmen sie die Gegenwart als Geisel. Und der Horizont der Neoliberalen reicht selten über die vierteljährliche Bilanzkonferenz hinaus, und für dieses Linsengericht verkaufen Shareholder die Zukunft. Gemeinsam ist beiden die Blindheit für die Risiken, die Verkennung der mittleren Frist. »In the long run we are all dead«, belustigte sich der Ökonom John Maynard Keynes über Prognosen längerer Reichweite, Apokalyptiker legen einen ähnlichen Zynismus an den Tag, aus genau umgekehrten Gründen.

Die Endlichkeit der Rohstoffe wird ignoriert, genauso wie die Begrenztheit eines Wachstumsmusters, das zyklische Krisen scheinbar routiniert verdaut, aber übersieht, dass sich das »Gelegenheitsfenster« für ein sinnvolles Gegensteuern gerade schließt. Die Bereitschaft, alle guten Vor- und Ansätze in Sachen Klima zu vertagen, weil gerade Finanz- und Wirtschaftskrise ist, zeugt von Blindheit. Der Unwillen oder die Unfähigkeit, die Endlichkeit der verfügbaren *Optionen* auch nur zu denken, zeigt die Schwerkraft, die die Vorstellung eines immerwährenden Fortschritts und Aufstiegs in unserem kulturellen Habitus hat. Die Zukunft ist wie jetzt, nur besser. Der

Fortschritt schreitet fort. Die Zukunft ist offene Zeit, Raum für ständige Verbesserungen. Die Vorstellung, dass die uns vorhergesagte Zukunft knapp bemessen sei, ja, schon hinter uns liegen könnte, scheint bizarr – genauso wie die Aussicht, dass, wenn wir jetzt nicht handeln, in zwanzig oder fünfzig Jahren keine Handlungsmöglichkeit mehr besteht. So etwas passt einfach nicht ins Zeitgefühl von Menschen, die nur auf kurzfristigen Gewinn oder langfristige Erlösung getrimmt sind.

Nothing spezial. Über die Entwirklichung von Risiken

9/15, die Insolvenz der Lehman Brothers-Bank im September 2008, stellte für die Welt einen schwereren Schock dar als 9/11, der Anschlag auf die Zwillingstürme des World Trade Center, die im September 2001 als Symbol des westlichen Finanzkapitalismus attackiert wurden. Die Schockwellen des Finanzkollapses haben eine globale Krise ausgelöst, die schwerer sein und länger dauern dürfte als die Great Depression von 1929 ff. Lehman Brothers steht für das keineswegs überwundene System organisierter Verantwortungslosigkeit, das nach irrwitzigen Hoffnungen auf Superrenditen und Schnäppchen Millionen Menschen die Arbeit und ihren Lebensunterhalt kostet, Kinder und alte Leute in eine neue Armut stürzt und die Handlungsfähigkeit der Staaten und öffentlichen Dienste nachhaltig beschädigt.

Diese Folgen für die Realwirtschaft gehen einher mit einer symbolischen Entwirklichung: Die verdampften Billionen entziehen sich genau wie die für das Krisenmanagement aufgebrachten Gelder dem Blick wie ein Wolkenkratzer, der direkt vor einem steht und dessen Höhe man nicht ermessen kann. Nichts Besonderes – *nothing spezial, just crisis*, kommentierte der lettische Finanzminister Atis Slakteris in schönem Pidgin-Englisch den finanziellen Kollaps seines Landes.[7]

Lettland, das unterdessen seine Lehrer und Krankenschwestern entlassen muss, ist überall. Eine zuvor den wenigsten Deutschen bekannte Bank namens HypoRealEstate hat bis zu ihrer Verstaatlichung mehr als hundert Milliarden Euro verschlungen, was mehr als einem Drittel des Bundeshaushalts 2008 entspricht. Man war gewohnt, schon vor dreistelligen Millionenbeträgen, die im Zusammenhang etwa des Ausbaus der Kinderbetreuung kursierten, eine gewisse Achtung zu haben und daher zu verstehen, dass es schwer war, sie in einem Bundeshaushalt unterzubringen; nun vermag der Unterschied zwischen fantastischen Beträgen wie 90, 300 oder 800 Milliarden Euro gar keine realistische Vorstellung mehr abzurufen. Selbst die Experten verstehen wohl kaum, wofür die Summen gebraucht und ausgegeben werden und was es bedeutet, sie eventuell irgendwann einmal zurückbezahlen zu müssen. Mit der Rhetorik der täglichen Überbietung entsteht ein virtueller Raum, eine merkwürdige Spiegelung der fiktionalen Geldwirtschaft, die die Krise hervorgebracht hat.[8]

Eine Folge des Entwirklichungseffekts der Fantastilliarden ist die erneute Verdrängung des Klimawandels, der erst in den letzten Jahren in der öffentlichen Meinung wie in den politischen und wirtschaftlichen Entscheidungszirkeln führender Nationen die ihm gebührende Aufmerksamkeit gewonnen hatte. Umsatzrückgänge in Wirtschaftszweigen wie der Auto- oder der Stahlindustrie um mehr als ein Drittel scheinen das nahezulegen, doch wird das Kalkül, den Klimaschutz zur Rettung von Arbeitsplätzen in gestrigen Industrien hintanzustellen, nicht aufgehen: Es macht keinen Sinn, Arbeitsplätze gegen Überlebensmöglichkeiten kommender Generationen zu verrechnen, zumal Investitionen in zukunftsträchtigen Wirtschaftssektoren wie erneuerbaren und smarten Energietechnologien, intelligente Energienutzung, innovative Bauformen, Ausbau des öffentlichen Verkehrs heute bereits höhere Renditen abwerfen als künstlich am Leben gehaltene Branchen.

Eine Dritte Industrielle Revolution, wie sie zum Beispiel der deutsche Bundesumweltminister fordert und die die Chancen des dringend gebotenen ökosozialen Strukturwandels überzeugend vorrechnet[9], wurde weder in Deutschland noch in den USA noch in einem anderen Industrie- oder Schwellenland resolut in Angriff genommen, obwohl die Milliarden, die für Konjunkturprogramme mit ungewissen Effekten aufgewendet worden sind, nun für Umsteuerungsprozesse hätten eingesetzt werden können. Hier wurde ein Gelegenheitsfenster geschlossen, eine Chance auf eine produktive Auswertung der Krisensituation kurzsichtig ignoriert, und dies zeigt eine fatale Unfähigkeit an, auf systemische Krisen angemessen zu reagieren. Eine Bank kann irgendwann wieder funktionieren, den Meeresspiegel kann man nicht wieder absenken.

Wir werden die Möglichkeiten »grüner Konjunkturprogramme« noch genauer behandeln – hier sei die Wirtschaftskrise zunächst nur unter einem statistischen und einem systematischen Aspekt eingeordnet. Statistisch werden wir das Volumen von Rettungspaketen und Konjunkturprogrammen mit jenen Kosten vergleichen, die für die Bewältigung von Zukunftsproblemen berechnet werden. Der systematische Aspekt ist wichtiger: Die Finanzkrise steht insofern in einem engen Zusammenhang mit der Umwelt- und Klimakrise, als auch für die Maximierung der Renditen ausschließlich die Gegenwart zählt und die negativen Folgen kurzfristiger Handlungsrationalitäten ignoriert werden. Bei der Kreditvergabe interessierte weder Banken noch Schuldner, wer mittelfristig die Rechnung begleichen könnte, ebenso wenig wie bei der Schuldenpolitik der Industrienationen vor dem Zusammenbruch der Finanzmärkte. Auch die bedeutete nichts anderes als die Überstellung der Rechnung an kommende Generationen, deren Möglichkeiten zur Gestaltung ihrer Lebenswelt erheblich eingeschränkt sein werden.

Die Finanzkrise hat verdeutlicht, auf welche Weise im Kapitalismus »Individuen wie Kollektive ihre Zukunft gleichsam vor der Zeit verbrauchen können«.[10] Indem die Staatsschulden der OECD-Länder seit Jahrzehnten kontinuierlich ansteigen und die Kredite, die man bei der Umwelt aufnimmt, durch irreversible Zerstörungen von Naturressourcen Zukunft verbrauchen, verlagert sich ein Grundmuster kapitalistischen Wirtschaftens vom Raum in die Zeit. Denn in einer globalisierten Welt gibt es kein Außen mehr, das diesem Wirtschaftssystem Treibstoff in Form von Rohstoffen – Öl, Gas, Holz, Getreide etc. – zuführt. Sie hat, wie Albrecht Koschorke gesagt hat, nur noch ein Außen zur Verfügung: die Welt künftiger Generationen, an der nun Raubbau betrieben wird. Damit gerät ein zentraler Mythos der westlichen Kultur in Bedrängnis – die hybride Vorstellung, mit einer Welt tendenziell unaufhörlichen Wachstums die hinderliche Dimension der Endlichkeit überwunden zu haben. Die virulente Krise des Erdsystems macht aber drastisch klar, dass unsere luxuriöse Existenz damit weiterhin konfrontiert ist. Und da eine solche Erkenntnis unserem System genauso fremd und furchterregend ist wie dem Individuum die eigene Sterblichkeit, gibt es ein ziemlich starkes Motiv, Krisen zu ignorieren oder ihre Bewältigung auf ein nicht genauer zu bestimmendes »Später« zu vertagen.

So stellt die Endlichkeit der natürlichen Ressourcen – die Begrenztheit von Boden, die Erschöpfung der Wasservorräte und die Grenzen der Belastbarkeit der Luft – die Schnittfläche einer multiplen Krise dar. Klimawandel, klassische Umweltprobleme, Energiekrise, Wasser- und Ernährungskrise sowie das Wachstum der Weltbevölkerung kumulieren sich zu einer übergeordneten Metakrise, die die Überlebensbedingungen des Erdsystems in Frage stellt. Keine der Teilkrisen ist neu, über alle weiß die Weltöffentlichkeit oft schon seit Jahrzehnten Bescheid: Der Bericht des *Club of Rome* über die »Grenzen des Wachstums« (und seither eine beeindruckende Serie weiterer Berichte) formulierte das Kernproblem in aller Klarheit, es folgten eine Reihe von UN-Konferenzen, die allen erdenklichen Krisenphänomenen Manifeste, Beschlüsse und Aktionsprogramme widmeten; und das Phänomen des anthropogenen Klimawandels ist seit den ersten Studien in den 1980er Jahren ebenso präsent. Seit den 1970er Jahren haben Einzelautoren, soziale Bewegungen und Umweltinstitute problembewusste Ansätze zu einer politischen Ökologie und nachhaltigen Gesellschaft vorgelegt. Sie haben partielle Reformen und rhetorische Anpassungen bewirkt und soziale Milieus, die Nachhaltigkeit praktizieren, aber keinen politischen Wandel.

Verantwortlich für diese Indolenz ist – neben einer Reihe psychologischer Faktoren, auf die wir später zu sprechen kommen werden – die ungebrochen riskante Denkform, zugunsten eines definierten Zweckes »beherrschbare« Schäden anrichten zu können und deren Behebung auf einen späteren Zeitpunkt zu verschieben. Diese Figur taucht in der unlösbaren Endlagerproblematik im Fall der Atomenergie ebenso auf wie dann, wenn technisch überholte Kohlekraftwerke als Übergangstechnologien fortgeführt werden, wenn trotz besseren Wissens überhöhte Fangquoten für den Kabeljau festgelegt werden und wenn die Sanierung der Staatsfinanzen auf das Jahr 2020 terminiert wird. Oder wenn im Kyoto-Prozess die Vertragspartner eingegangene Verpflichtungen zur Reduzierung von Treibhausgasen mit dem Hinweis aufschieben, in zehn Jahren würden sie sich dann umso heftiger ins Zeug legen. Andere Beispiele ließen sich hinzufügen – sie alle sind charakterisiert durch ein kognitiv durchaus vorhandenes Problembewusstsein, die technokratische Formatierung des Problems und die Vertagung der absehbaren Folgen auf einen späteren Zeitpunkt. Den dazugehörigen Politikstil nennt man dilatorisch – Probleme auf die lange Bank schieben.

Dieses Nichthandeln steht unter dem Imperativ, Bedingungen zu schaffen, unter denen »die Wirtschaft wächst«; erst solches Wachstum schaffe Handlungsmöglichkeiten für Wohlfahrt, Wohlstand und eventuell die bessere Einrichtung der Welt. Der »Wohlstand für alle« ist in den westlichen Ländern in der Tat gewachsen, der Wohlfahrtsstaat hat Risiken der Lebensführung zunehmend eingedämmt, was beides als Prototyp für Lebensentwürfe andernorts Schule gemacht hat. Doch verdeckte der Gewinn an Lebensqualität materieller wie immaterieller Art von der Dreizimmerwohnung bis zur Fernreise die Kollateralschäden – zum Beispiel Gesundheitskosten infolge schädlicher Arbeits- und Umweltbedingungen, die ja auch immer erst »später« auftreten. Die Krise des Erdsystems zeigt nun aber, dass die einkalkulierten und scheinbar gut versicherten Folgeprobleme nicht mehr in der Zukunft liegen, sondern uns »jetzt« und nicht »später« auf die Füße fallen.

Biblische Plagen, kulminiert

Wie die Weltgesellschaft sich auf spektakuläre Weise selbst ans Ende ihrer Möglichkeiten bringt, können wir an der Klimakrise demonstrieren. Sie stellt ein besonderes (und besonders gravierendes) Krisenphänomen dar, das eng mit älteren wie dem Bevölkerungswachstum, der globalen Ernährungskrise, der Verschmutzung und Belastung der Umwelt und der Vergeudung von Ressourcen zusammenhängt. Die Klimakrise verstärkt diese Stressfaktoren und weist mit ihnen wiederum eine strukturelle Gemeinsamkeit auf, die man in einem Wort zusammenfassen kann: Überentwicklung. Die Kombination der einzelnen Krisen führt zu einer *Metakrise*, zur Infragestellung des komplexen Zusammenwirkens aller Teilsysteme und damit zur Gefahr eines Systemzusammenbruchs, der nur durch entschlossenes Gegensteuern abzuwenden ist. Das wird nicht erst seit der Finanzkrise vertagt, der Klimawandel hatte in der Wahrnehmung der Entscheidungseliten schon vorher keine »systemische Relevanz«.

Klimatische Veränderungen begleiten die gesamte Erdgeschichte, häufig in dramatischer Weise und mit katastrophalen Folgen. Klimastabilität gibt es ebenso wenig wie eine freundliche Natur. Und das Klima ist etwas anderes als das Wetter, dessen Launenhaftigkeit ein beliebtes Konversationsthema ist und manche, etwa nach einem (gefühlt) kühlen Sommer oder einem langen Winter, nicht an den langfristigen Wandel des Klimas glauben lässt. Diesen fühlt nur, wer sich informieren lässt. Wenn heute vom Klimawandel die Rede ist, meint man die Folgen der anthropogenen (von Menschen gemachten) globalen Erwärmung und deren abrupten und ungewöhnlich steilen Anstieg seit den 1970er Jahren. Hauptursachen dafür sind die Verbrennung fossiler Rohstoffe, großflächige Entwaldungen und veränderte Nutzungen in der Landwirtschaft seit dem Beginn der Industrialisierung.

Treibhauseffekt nennt man die Erwärmung der Oberflächentemperatur der Erde durch strahlungsaktive Gase. Das sind Kohlendioxidemissionen (CO_2), die aus der Nutzung fossiler Energieträger für Industrie und Verkehr und Entwaldung, Verrottung und Torf entstehen, ferner Methan (CH_4), vornehmlich aus Gasquellen, und Lachgas (N_2O), insbesondere aus der Viehzucht sowie (Fluor-)Kohlenwasserstoffe. Die Konzentration von Kohlendioxid und Methan in der Atmosphäre liegt höher als jeder Wert in den vergangenen 650 000 Jahren. Die historische Erwärmung steht außer jedem Zweifel. Sie lässt sich am Anstieg der mittleren globalen Temperaturen der Bodenluft und Ozeane, am ausgedehnten Abschmelzen von Eis und Schnee und am Anstieg des mittleren globalen Meeresspiegels messen. Jahresdurchschnittstemperaturen werden seit 1850 aufgezeichnet; und es kann kaum Zufall sein, dass die elf der zwölf wärmsten Jahre seither in die Zeitspanne von 1995 bis 2007 fallen.[11]

Was auch bereits jeder wettersensible Mensch mittleren Alters beobachten kann, sind mehr Niederschläge im Norden und mehr Dürren im Süden, mehr heiße Tage und Nächte weltweit und mehr starke tropische Wirbelstürme im Nordatlantik. Über Satellitenbeobachtung, aber auch mit bloßem Auge erkennbar ist der Rückgang der Schnee- und Eisbedeckung, dramatisch bei den polaren Eisschilden. Dadurch wird der Meeresspiegel wahrscheinlich schneller steigen; seit 1961 geschieht das um 1,8 Millimeter, seit 1993 mit rund drei Millimetern pro Jahr. Bei der Klimakonferenz in Kopenhagen im März 2009 mussten die Prognosen des UN-Weltklimarates IPCC über den Anstieg des Meeresspiegels nach oben korrigiert werden, bis 2200 könnte er um 3,50 Meter steigen – der sichere Untergang vieler Inseln und Küstenstädte auch in Mitteleuropa. Ähnlich beunruhigende Korrekturen gab es über den Ausstoß von CO_2, der weltweit viel stärker ist, als in den drastischsten bisherigen Prognosen über die rapide Versauerung der Ozeane und das Auftauen der Permafrostböden.

»Wie steht es wirklich um unsere Erde?«, sorgte sich die Bild am Sonntag (1. März 2009). Hiobsbotschaften werden nie gern entgegengenommen, und man hat die Erkenntnisse der Klimaforschung lange als Spekulation oder interessengeleitete Übertreibung, wenn nicht gar als grün-ökologisches Komplott abgetan. In der öffentlichen Diskussion wird meist übersehen, dass die Klimaforscher auf der Basis *bereits gemessener* Evidenz über Temperatur- und Meeresspiegelanstiege oder das Ausmaß des Gletscherschwundes argumentieren und ihre Messmethoden und die Datenbasis ständig erweitern und verfeinern. Modelle, Prognosen und Annahmen bilden die Grundlage für wissenschaftliche Erkenntnisse über und Warnungen vor den Folgen des weiteren Anstiegs der Durchschnittstemperatur der erdnahen Atmosphäre und der Meere. Sie gibt es bereits seit gut zwanzig Jahren, und auch hier erhärtet sich die Evidenz mit zunehmender Präzision zu einem fast vollständigen Konsens in der wissenschaftlichen Gemeinschaft und Politikberatung. Die regelmäßigen Sachstandsberichte des UN-Weltklimarates

(IPCC), die beides auf neuartige Weise kombinieren, haben dazu beigetragen, dass der anthropogene Klimawandel und seine Folgen die öffentliche Debatte erreicht haben, wenigstens zeitweise.

Das Potsdam Institut für Klimafolgenforschung (PIK), das führende und weltweit anerkannte Institut zur Erdsystemanalyse in Deutschland, schätzt folgende Risiken als besonders bedeutsam ein:

Gefahren für einzigartige Systeme: Korallenriffe, Tier- und Pflanzenarten, seltene und besonders artenreiche Lebensräume, Inselstaaten, tropische Gletscher oder indigene Bevölkerungsgruppen können erheblichen Schaden nehmen oder unumkehrbar zerstört werden.

Extreme Wetterereignisse: Häufigkeit, Stärke und Folgeschäden von extremen Wetterereignissen wie Hitzewellen, Überschwemmungen, Dürren oder tropischen Wirbelstürmen nehmen zu.

Die ungleiche *Verteilung der Auswirkungen:* Unterschiedliche Regionen, Länder und Bevölkerungsgruppen werden unterschiedlich schwer von Klimafolgen betroffen. Die ärmsten Länder, die am wenigsten zum Klimawandel beigetragen haben, sind häufig überdurchschnittlich stark betroffen und am wenigsten imstande, sich vor seinen Folgen zu schützen.

Das *Risiko grundlegender Veränderungen im Erdsystem:* Der Treibhausgas-Ausstoß könnte das Klimasystem der Erde über kritische Grenzen hinaus belasten, so dass wichtige Prozesse im Gesamtgefüge »kippen« und von da an grundsätzlich anders ablaufen können.

Beispiele dafür sind das Abschmelzen des Grönländischen Eisschildes, eine großflächige Versteppung des Amazonas-Regenwaldes oder die Schwächung des Nordatlantikstromes. Untersuchungen seit der Jahrhundertwende haben deutlich gemacht, dass einige der befürchteten Folgen erheblich schneller eingetreten sind als prognostiziert, womit auch mögliche Kipp-Punkte schneller erreicht werden könnten:[12] »Auch ein sich selbst verstärkender Treibhauseffekt kann nicht ausgeschlossen werden, falls das Klimasystem aufgrund der Erwärmung beginnt, Treibhausgase freizusetzen.«[13]

Auch wenn das alles in wissenschaftlicher Terminologie abgefasst ist, liest es sich wie ein Katalog biblischer Plagen: Der Anstieg des Meeresspiegels bedroht küstennahe Gebiete und Inseln. Es gibt extreme Wetterereignisse, namentlich Hitzewellen und Trockenperioden, stoßartige Erhöhungen der Niederschlagsmengen und Hochwasser, eventuell auch scharfe Kälteeinbrüche und eine Häufung und Intensivierung tropischer Wirbelstürme. Die Erwärmung und Übersäuerung der Ozeane ruiniert den Fischfang und verändert eventuell Meeresströmungen. Es kommt zur Ausbreitung wärmeliebender Schädlinge und Krankheitserreger, was die Gefahr von Epidemien und Pandemien steigert. Als abgeleiteter Effekt kommt es zur Verschiebung von Jahreszeiten, Vegetationszonen und Lebensräumen, was in nördlichen Zonen auch positive Erwartungen weckt, doch muss man mit überwiegend negativen Wirkungen des Auftauens der Permafrostböden und des Austretens von Methanhydraten aus dem Meeresboden rechnen. Bei ungebremster Erwärmung wird es mehr Insekten geben, das Wasser wird knapp und schlechter, die Sterblichkeit in kälteren Zonen sinkt, die hitzebedingte steigt. Ernteschäden werden sich mehren, insgesamt dürften Nahrungsmittelmenge und -qualität sinken, Hochwasser und Starkwinde werden große materielle Schäden verursachen. Vorzeichen solcher Möglichkeiten haben der Hurrikan Katrina, die Hitzetoten in europäischen Großstädten, der Wassernotstand in China, die Trockenheit in der argentinischen Pampa und die Buschfeuer in Australien[14] in der jüngsten Vergangenheit geliefert.

Zu den bedrohlichsten kumulativen Effekten, die man auch

bereits messen kann, gehört die Austrocknung der Amazonas-Regenwälder, neben den Ozeanen der wichtigste Kohlenstoffspeicher des Planeten. Sie heißen die »grüne Lunge« der Welt, weil sie mehr als doppelt so viel Kohlenstoff absorbieren, wie durch die Verbrennung fossiler Energieträger verursacht wird. Diese sogenannte »Senkenfunktion« ist nun in Gefahr, weil sich am Amazonas das Pflanzenwachstum verlangsamt und absterbende Pflanzen zusätzliche Kohlenstoffemissionen in die Atmosphäre abgeben – derzeit mehr als das gesamte gemeinsame Emissionsvolumen von Europa und Japan.[15] Auch beim Anstieg der Meeresspiegel kumulieren sich Effekte des Klimawandels, weil sich das Wasser durch den Temperaturanstieg ausdehnt und das Abschmelzen des Polareises und der Gletscher die Wassermenge erhöht. Dies geschieht, wie alle Beobachtungen der letzten beiden Jahre zeigen, in einem bisher nicht vorhersehbaren Ausmaß.

Der Umstand, dass es komplexe Wechselspiele und Selbstverstärkungen gibt, versieht die Prognosen über die weitere Entwicklung systematisch mit Unsicherheiten. Bei gleichbleibenden Emissionen sagt das IPCC einen Anstieg der globalen Durchschnittstemperaturen um 0,2 Grad Celsius je Dekade voraus; wenn die Emissionen kontinuierlich weitersteigen, was sie derzeit tun, wird der Temperaturzuwachs höher sein. Die unterschiedlichen Szenarien, die für verschiedene Emissionsmengen bzw. -zuwächse gerechnet wurden, ergeben eine Untergrenze von 1,1 Grad Temperatursteigerung bis zum Ende des Jahrhunderts und einen oberen Wert von 6,4 Grad. Das ist keine graduelle Differenz, sondern bedeutet einen Unterschied von Lebensformen, weil der Temperaturzuwachs regional höchst unterschiedlich ausfällt und das Leben in einigen bislang bewohnbaren Zonen der Erde unmöglich machen wird. Der Anstieg der Meeresspiegel wird nach den gegenwärtigen (wahrscheinlich nach oben zu korrigierenden) Prognosen zwischen 18 und 59 Zentimetern liegen, was ebenfalls zu ganz anderen Größenordnungen im Tidenhub oder bei Spring- und Sturmfluten führen kann.

Abbildung 1: Anstieg des CO_2-Anteils – der liegende Hockeyschläger.

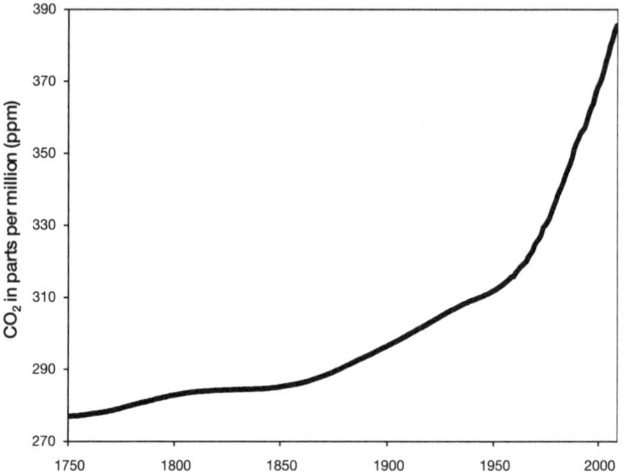

Quelle: Alex Robertson u. a.: Hypothesized Climate Forcing Time Series for the Last 500 Years, *Journal of Geophysical Research 106*, D14 /2001. Die Daten für 1998–2008 wurden ergänzt durch die Mauno Loa-Messreihe: R. F. Keeling u. a. der Carbon Dioxide Research Group, Scripps Institution of Oceanography (SIO) University of California; siehe: http://cdiac.ornl.gov/ftp/trends/co2/maunaloa.co2

Diese Grafik war im Detail heftig umstritten, aber fast alle Kurvenbilder, die den bisherigen und wahrscheinlichen weiteren Klimawandel abbilden, weisen dieselbe Verlaufsrichtung auf: Eine relativ lange Stabilität geht seit drei bis vier Jahrzehnten in einen sprunghaften und sich beschleunigenden Anstieg von Treibhausgasemissionen, Temperaturen und Pegeln über. Wie kam es zu diesem plötzlichen und rasanten Ansteigen? Treibhausgase haben sich seit Beginn der Industrialisierung vermehrt, doch seit 1970 betrug die Zunahme etwa 70 Prozent. Der lange Trend ist vor allem auf die Nutzung fossiler Brennstoffe zurückzuführen, auf veränderte Landnutzung, die Entwaldung und den Abbau von Biomasse. Während der letzten fünfzig Jahre wäre es natürlicherweise vermutlich zu einer Abkühlung gekommen, die tatsächliche Erwärmung liegt also eindeutig an der Vermehrung der anthropogenen Antriebsfaktoren. Den steilsten Anstieg verzeichnet die Emissionsstatistik für die Zeit nach dem Zweiten Weltkrieg – die neue, in zwei machtvolle Blöcke geteilte Weltordnung lieferte die Basis für einen ungeheuer dynamischen Wirtschaftsaufschwung im Westen wie im Osten, getragen von ideologisch antagonistischen Regimen, die aber in ihren Vorstellungen von Naturbeherrschung und unbegrenztem Fortschritt übereinstimmten. Und dann folgte eine nachholende Industrialisierung in allen Regionen der Welt, in die sich das westliche Konsummodell ausbreitete. Emissionsintensiv sind zu den größten Anteilen Energieversorgung, Industriebetriebe und Land- und Forstwirtschaft, zu kleineren Anteilen Verkehr sowie Wohn- und Betriebsgebäude und Abfall. Wenn man dies auf Lebensbereiche aufteilt, treiben neben Industrie und Landwirtschaft vor allem unsere alltäglichen Verrichtungen den Klimawandel voran. Die drei großen Brocken sind Mobilität, Wohnen und Heizen sowie Ernährung, konkreter: dass wir im Durchschnitt zu viel Auto fahren, zu viel heizen und zu kalorienreich essen. Diese Botschaft wird verständlicherweise nicht gern gehört.

Wider alle Evidenz

Können wir den Daten, Modellen und Prognosen der Wissenschaft trauen? Wie bei jeder wissenschaftlichen Entdeckung melden sich Skeptiker, so auch beim Klimawandel. Sie behaupten, es sei überhaupt nicht nachgewiesen, dass es sich bei all dem um einen anthropogenen Vorgang handele, und die möglichen Folgen würden maßlos übertrieben.[16] Nun funktioniert Wissenschaft so, dass sich methodisch überprüfbare Befunde und ihre Interpretationen einer weltweiten Bewertung durch Kolleginnen und Kollegen zu stellen haben, um als gültig, als *state of the art*, akzeptiert zu werden. Die Aussagen in den Sachstandsberichten lauten nie: Das wird mit Sicherheit geschehen, vielmehr werden Bandbreiten möglicher Entwicklungen mit Wahrscheinlichkeitsgraden versehen. Die verteilte Prüfung wissenschaftlicher Veröffentlichungen durch die Mitglieder der *scientific community* sorgt für einen strukturellen Konservatismus, der schon Max Planck zu der sarkastischen Übertreibung veranlasste, neue Sichtweisen würden sich nicht durch ihre empirische Triftigkeit durchsetzen, sondern nur durch das Sterben der alten Fachvertreter.

Dieses Beharrungsvermögen war aber gar nicht der Grund, weshalb sich die These so langsam durchgesetzt hat, dass man mit einem gefährlichen, sich beschleunigenden und wesentlich vom Menschen verursachten Wandel der globalen Lebensbedingungen konfrontiert ist. Während sich nun nahezu hundert Prozent der mit dem Thema befassten Ozeanologen, Glaziologen, Meteorologen, Physiker etc. einig sind, folgt ein Teil der Öffentlichkeit einigen Spaßmachern, die jede öffentliche Auseinandersetzung auch braucht, und bezahlten Gegenexperten – allein Exxon Mobil soll mehr als sieben Millionen Dollar für wissenschaftliche Gutachten und Artikel ausgegeben haben, die den anthropogenen Klimawandel negieren[17], und in den USA hat es eine ganze Industrie von Denkfabriken gegeben, die nach dem Muster der Pro-Tabak-Kampagne wissenschaftliche Erkenntnisse zu diskreditieren versucht haben. Die Bush-Administration nährte den Zweifel vor allem unter US-Amerikanern, den damals größten Verursachern von Treibhausgasen. Die Auswertung der Medienberichterstattung belegt[18], dass die US-Bevölkerung zwar sehr wohl auf dem Laufenden und problembewusst war, die von der Lobby erreichte Ausbalancierung zugunsten der Klima-Skeptiker den Druck auf das Weiße

Haus und den Kongress aber bis heute verringerte. Die Öffentlichkeit konnte anzweifeln, dass Klimawandel hinreichend belegt sei, die Entscheider behaupten, sie könnten nicht handeln, bevor sie von den Experten Klarheit bekämen, was wirklich los sei. Experten-Kontroverse und Medien-Alarmismus führen jedenfalls eher zu Apathie als zur individuellen und kollektiven Handlungsbereitschaft. Erst jüngst hat das Heartland Institute, Speerspitze der »Klima-Skeptiker«, seine verbliebenen Truppen versammelt und einen gewissen Respekt unter Wissenschaftsjournalisten gefunden.[19]

Skepsis ist immer gut, Propaganda nicht. Vor dem Hintergrund des überwältigenden Konsenses der Klimaforscher und vor allem angesichts des bedrückenden Umstands, dass all ihre Prognosen Jahr für Jahr von der Entwicklung überholt werden, darf man den anthropogenen Klimawandel als gegeben annehmen. Wir kennen keinen seriösen Klimaforscher, der sich darüber wegen reichlich fließender Forschungsmittel freuen würde, und nicht hofft, dass er doch unrecht hat. Den verbliebenen Skeptikern, die sich einem ja ohnehin in jedem Privatgespräch und bei jeder Paneldiskussion zeigen und schwer zu überzeugen sind, darf man entgegnen, dass die Folgen des Klimawandels auch dann ernste Folgen bleiben würden, wenn es sich um eine »natürliche« Klimaschwankung handeln würde und die weltweite Übernutzung der Naturressourcen davon in keiner Weise tangiert wäre. Weshalb die Dekarbonisierung der Gesellschaft bereits gut gewesen wäre, als der Klimawandel noch gar nicht entdeckt war.

Der Klimawandel als kulturelles Problem

Der Klimawandel ist hinsichtlich seiner Ursachen und physikalischen Auswirkungen ein Gegenstand der Naturwissenschaften, im Blick auf die Folgen ist er Gegenstand der Sozial- und

Kulturwissenschaften, die sich damit bisher erstaunlich wenig befasst haben. Meteorologen haben eine Erklärung, warum im Indischen Ozean während der Sommermonate gewaltige Zyklone auftreten, die hohe Flutwellen mit verheerenden Schäden auslösen, wie 1970 in Pakistan und 2008 in Birma; uns interessiert, dass solche Ereignisse den Verlust sozialer Gewissheiten bedeuten, also Krisen in dem Sinne darstellen, dass »ein etablierter, gesichert oder verlässlich erscheinender Sachverhalt fraglich oder instabil zu werden droht«.[20] Das heißt: Wie das Fraglichwerden kulturell wahrgenommen, mit »Sinn« ausgestattet, in soziale Verhaltensweisen überführt wird und kulturelle Referenzrahmen bildet.

Schon die Wahl des Begriffs Wandel oder Katastrophe verdeutlicht diese symbolische Dimension: Wer Klimawandel oder sozialer Wandel sagt, assoziiert etwas Allmähliches, Graduelles und Langfristiges; wer von der Klimakatastrophe spricht, meint eine Eruption, eine Zäsur, ein Drama. Und auch diese Begriffswahl hat eine kulturhistorische Fundierung. Der Begriff »Katastrophe« kam nämlich erst in der Neuzeit auf; bis dahin hatte man entsprechende Ereignisse kosmologisch und religiös ausgedeutet, als übernatürlich bedingte Einstürze der menschlichen Existenz. Seit die Natur wenigstens punktuell und temporär beherrschbar wurde, gab es Katastrophen, wann immer sozial-kulturelle Schutzvorkehrungen massiv zusammenbrachen. So gingen dramatische Naturereignisse und -prozesse in die kollektive Erfahrung und Erinnerung ein und in die Zukunftsvorsorge; und aus der unberechenbaren Bedrohung durch Naturgewalten wurde die bewusst eingegangene (und im wahrsten Sinne des Wortes versicherbare) Beziehung zu einer Natur, deren Risiken permanent durch Technik gezähmt werden müssen. So etablierte sich die für die Neuzeit grundlegende Dichotomie zwischen Natur und Gesellschaft, die handlungsleitend für Schadensereignisse aller Art wurde und das Management der Naturrisiken dafür zuständigen

Abteilungen übertrug – den Ingenieuren, dem Katastrophenschutz und nicht zuletzt Versicherungen. Genau damit traten aber neue Risiken zutage, die wieder nur durch mehr technische Innovation einzudämmen waren – das ist das Spiel, das risikobewusste Menschen mit der Natur treiben. Es ist zunehmend die Frage, wie vernünftig es ist.[21]

Klimawandel lässt sich schwer in bekannte Katastrophenereignisse einordnen, hat aber viel mit ihnen gemeinsam. Er ist kein solches Zäsurereignis wie das welterschütternde Erdbeben von Lissabon im Jahr 1755, über das die Zeitgenossen erregt diskutierten. Aber er führt zu Katastrophen wie dem Hurrikan Katrina, der als transnationales Medienereignis um die Welt ging und – bei entsprechender symbolischer Aufladung – eine ebenso tiefgreifende Zäsur hätte sein können wie die »Reaktorhavarie« von Tschernobyl 1986 oder eben ein Erdbeben. Klimawandel ist auch etwas anderes als der in Los Angeles und anderen Erdbebenzonen der Welt latente »Big Bang«, bildet aber wie dieser eine Dauerirritation des Bewusstseins, die darin besteht, dass bald schon etwas Bestimmt-Unbestimmtes eintreten könnte. So rechnen viele auch das mysteriöse Bienensterben in Nordamerika oder den Ausbruch der Schweinegrippe in Mexiko dem Klimawandel zu, obwohl beides damit nichts zu tun hat. Nicht minder unterscheidet sich Klimawandel von Erscheinungen wie wirtschaftlichen Depressionen, Bankenkrisen oder politischen Umstürzen, er kann aber in seinen soziopolitischen und sozioökonomischen Aspekten vergleichbare Folgen haben. Und öfter, als man bisher geglaubt hat, sind auch Gewaltaktionen und Kriege in ihrem Destruktionspotential mit dem Klimawandel nicht nur verwandt, sondern durch diesen mitverursacht worden.

Der Klimawandel weist also eine eigentümliche Informationsqualität auf. Das dürfte damit zu tun haben, dass ein ereignisunabhängiger Wandel mit »plötzlichen« Vorfällen einhergeht. Ersteres führt zu einer hintergründigen Verunsicherung der Öffentlichkeit, Letzteres zu schockartigen Erfahrungen. Ein Indiz für diese Ambivalenz war die breite Thematisierung des Klimawandels im Jahr 2007 auf der Grundlage der Berichte des UN-Klimarates, die eine starke und nahezu weltweite Resonanz auslösten und in die Schlagzeilen kamen, obwohl die Klimaforscher seit mindestens zwanzig Jahren davor warnen, was hier faktisch kommuniziert wurde. Es war aber die Dimension des »blauen Planeten«, die durch die Medien besondere Durchschlagskraft bekam – die Bild-Zeitung titelte: »Die Erde schmilzt!« Derlei verweist auf eine Besonderheit, die für sämtliche Bereiche ökologischer Risikokommunikation zutrifft: die Schwierigkeit der Übersetzung naturwissenschaftlicher Befunde in eine Geschichte, die die allgemeine Lebenserfahrung und Lebenswelt ansprechen kann. Eine dritte Besonderheit, ebenfalls an vielen ökologischen Prozessen nachweisbar, besteht in der Transnationalität des Problems und seiner politisch-technischen Lösungsperspektiven. Die vielleicht gravierendste Eigenart des Klimawandels liegt in der Verwässerung von Ursache-Wirkungs-Ketten. Die Ursachen für die heutigen Probleme reichen ein halbes Jahrhundert und länger zurück, und alles, was man heute tun kann, hat nur höchst unsichere und zeitlich weit entfernte Erfolgsaussichten. Hier ist die zeitliche Beziehung zwischen Handlung und Handlungsfolge, generationenübergreifend verlängert, ein ganz neues Problem.

Der Klimawandel hat bereits jetzt tiefgreifende Auswirkungen auf die globalen Lebensbedingungen: Anbauzonen verschieben sich, Überlebensräume schwinden. Und es wird vermehrt Wanderungen von Klimaflüchtlingen geben, einer Bevölkerungsgruppe, von der man vor zehn Jahren kaum eine Ahnung hatte, die es aber schon länger gibt und mit dem Absinken von Inseln und der Bedrohung von Küstenregionen zweifellos größer werden wird. Im Klimawandel bilden sich Verlierer- und Gewinnergruppen heraus; dadurch können bestehende Gerechtigkeitslücken tiefer werden, nicht nur zwischen dem Norden und dem Süden, sondern auch zwischen den Generationen. Im Klimawandel liegt eine erhebliche Gefährdung überkommener Standards des Lebens und Handelns, gerade deswegen, weil die Endlichkeit der natürlichen Ressourcen und die Dringlichkeit des Klimaschutzes die institutionellen Arrangements der betroffenen Gesellschaften unter erheblichen Zeitdruck setzen – und das ist eben nicht die Natur, das sind der Markt, der Staat, die Demokratie und die Zivilgesellschaft.

Obwohl es sich beim Klimawandel um ein globales Problem par excellence handelt, wird in der Klimapolitik kulturell ganz unterschiedliche Wahrnehmungsmuster einkalkulieren müssen, wer erfolgreich handeln möchte. Der Wasserspiegel wird an allen Küsten, auf den Hallig-Inseln, in Dubai und Jakarta mehr oder weniger ähnlich ansteigen. Aber die Mechanismen der Wahrnehmung und Anpassung an dieses Phänomen werden sich kulturell danach unterscheiden, wie Wasser, Fluten und Überschwemmungen gedeutet werden und historisch gemanagt wurden.[22] Dabei könnte es ein voreiliger Schluss sein, der technologisch besser ausgerüstete Norden, der sich schwimmende Häuser und gewaltige Deichbauten leisten kann, sei automatisch besser dafür gewappnet als die Bevölkerung der südlichen Welthälfte (s. S. 200 zu Manila).

Klimawandel ist ein typisches Phänomen der »Glokalisierung«, der Wechselwirkung lokaler Handlungen und Unterlassungen mit globalen Auswirkungen. Weltklimapolitik kann aber nur funktionieren, wenn man sich der kulturellen Differenz der Klimawelten stellt. So stellt der Klimawandel den Prototyp der Problemszenarien einer globalisierten Welt dar: Keine Entscheidung bleibt in ihren Folgen auf das Lokale beschränkt, aber umgekehrt gibt es keine transnationale Institution und schon gar keine Weltregierung, die das Problem in globaler Perspektive angehen könnte. Dieses Muster wird für

Fragen künftiger Konfliktlösungen und Ab- oder Aufrüstungen vorbildlich sein, etwa für die Lösung von Ernährungsproblemen oder den Aufbau nachhaltiger industrieller Infrastrukturen.

Der Klimawandel hat regional ganz unterschiedliche Auswirkungen; seine sozialen Folgen hängen auch davon ab, welche Bewältigungskapazitäten jeweils vorhanden sind.[23] In Nordeuropa, wo der Lebensstandard hoch, die Ernährung gut, der Katastrophenschutz hervorragend ist und Schäden materiell kompensiert werden können, rechnet man damit, dass sich die sozialen Folgen in Grenzen halten; eine Region wie Zentralafrika, die ohnehin unter Armut, Hunger, fehlenden Infrastrukturen und Gewaltkonflikten leidet, wird von umweltbedingten negativen Veränderungen weit härter erwischt. Es kommt also zu Effekten mehrfacher Benachteiligung: Die voraussichtlich am stärksten betroffenen Länder haben die geringsten Möglichkeiten, die Folgen zu bewältigen; diejenigen, die am wenigsten tangiert sind oder von veränderten klimatischen Bedingungen sogar profitieren, verfügen zugleich über mehr Kapazitäten, mit klimabedingten Problemen fertig zu werden. Die schon bestehenden globalen Asymmetrien und Ungleichheiten in den Lebenschancen vertiefen sich durch den Klimawandel.

Für *Europa* sind die Folgen des Klimawandels vergleichsweise harmlos, obwohl abschmelzende Gletscher, extreme Wetterereignisse, Murenabgänge, Überflutungen usw. für die Landwirtschaft und die Tourismusindustrie nicht angenehm sind. Zudem zeigt sich auch hier ein Nord-Süd-Gefälle. Während man im Norden Europas vom Anbau neuer Früchte, Getreide, Wein etc. träumt, wird die Mittelmeerregion mehr als bisher von Dürre und Wasserknappheit betroffen sein. Generell haben die europäischen Länder bislang noch hervorragende Kapazitäten, um die Folgen des Klimawandels zu begrenzen bzw. zu kompensieren oder sie eventuell sogar positiv zu wenden;

auch Gegenmaßnahmen wie ein verbesserter Küstenschutz sind vielerorts bereits eingeleitet. Die sozialen Folgen werden hier vor allem indirekter Art sein und Fragen erhöhten Drucks auf die Grenzen durch wachsende Migration aus den benachteiligten Ländern, Kosten für Schadensereignisse und veränderte Sicherheitslagen betreffen.

Ähnliches gilt für *Nordamerika*. Die landwirtschaftlichen Möglichkeiten verbessern sich in vielen Regionen, allerdings ist in manchen Gegenden mit verschlechterten Wintersportbedingungen, Überflutungen oder Wassermangel zu rechnen. Hitzewellen können ebenfalls ein großes Problem werden, und besonders die Küstenregionen werden unter Hurrikans und Überflutungen leiden. Auch hier sind wie in Europa Kompensationsmaßnahmen bereits eingeleitet.[24] Hinsichtlich der Bewältigungskapazitäten gilt, mit regionalen Unterschieden, dasselbe wie für Westeuropa. Insgesamt birgt die Ungleichverteilung der sozialen und ökonomischen Folgen der Klimaerwärmung gravierende Konfliktpotentiale in sich.[25]

Jährliche Investitionskosten für eine Reduktion des Anstiegs des weltweiten Energiebedarfs um 50 %	Erstes Bankenstützungspaket der US-Notenbank November 2008
130 Mrd. Euro Rendite: 17 %	600 Mrd. Euro Rendite: 0

Peak Oil

200 Jahre Industriegeschichte basierten auf der Grundüberzeugung, dass fossile Energien – erst Holz und Kohle, dann Erdöl und schließlich Erdgas – im Übermaß und zu Billigpreisen vorhanden waren. Die erste Ölkrise 1973, als Bundeskanzler Helmut Schmidt verkehrsfreie Sonntage anordnen musste, erschütterte diese Gewissheit, nicht aber die Politik zusätzlichen

Verbrauchs, der – dank der vom OPEC-Kartell ausgelösten Preisexplosionen – nun auch andernorts, vor Schottland und in Alaska, befriedigt werden konnte. Auf diese Weise wurden auch die industriellen Nachzügler Oiloholiker, die ihren Energiehunger aus nicht erneuerbaren Energien stillten. Die Preise für Rohöl kletterten, Atomkraftwerke wurden errichtet, aber nie wurden Öl und Gas so teuer, dass Verbraucher, Energiewirtschaft und Politik zum radikalen Umschalten auf alternative Energien – Wind, Sonne, Biomasse, Geothermie und so weiter – gezwungen waren. Und Einsparungen durch höhere Energieeffizienz haben wir großenteils in höheren Sprit- und Stromverbrauch umgesetzt.

Heute noch werden 80 Prozent des globalen Primärenergieverbrauchs aus Kohle, Öl und Gas gedeckt, und der soll den gültigen Prognosen zufolge mit durchschnittlich 1,6 Prozent jährlich anwachsen. Allein der Erdölverbrauch, der ein Drittel des Primärenergieverbrauchs ausmacht, soll von 84 Millionen Barrel täglich im Jahr 2005 auf 116 Millionen Barrel bis 2030 ansteigen,[26] bei erschwertem Zugang. Wolfgang Sachs hat die Bedeutung des Öls herausgearbeitet: »Ohne Öl würde das industriewirtschaftliche System zusammenbrechen: Industrie und Arbeitsplätze basieren in weiten Teilen auf der Nutzung und Verarbeitung von Rohöl; Verkehr und Mobilität – zu Wasser, zu Lande und in der Luft – sind hauptsächlich auf raffinierte Ölprodukte angewiesen; und ebenso sind es Plastik, Medikamente, Dünger, Baustoffe, Farben, Textilien und vieles mehr. Seit Mitte des vergangenen Jahrhunderts wuchs die Abhängigkeit vom Öl immer mehr; es avancierte zu einer politisch, ökonomisch, ja sogar kulturell unersetzlichen Ressource. Öl prägt wie kein anderer Stoff die Lebensstile in aller Welt.«[27] Billigenergie, Wachstumsparadigma und karbone Gesellschaft, diese Dreieinigkeit gab das Vorbild für China, Indien und den Rest der Welt ab. Alles andere – ein Benzinpreis von fünf Mark pro Liter und rationiertes Flugbenzin – galten als grüne Spinnereien. Für eine Gesellschaft ohne Öl fehlte den meisten einfach die Vorstellungskraft. [28]

Bis 2008. Der durch fossile Energien verursachte Klimawandel war auch in den USA und China unabweisbar geworden, Vladimir Putins Gazprom drehte den Gashahn zu und *Peak Oil* wurde ausgerufen, der Zeitpunkt, an dem der Höhepunkt der Ölförderung überschritten ist und ab dem die Vorräte unwiderruflich zur Neige gehen. Der Preis pro Barrel schoss auf sagenhafte 140 Dollar, und das brachte auch bei hiesigen Mietern und Pendlern, Unternehmen und Kommunen das Fass zum Überlaufen. Alles, was bisher für unmöglich, für zu teuer oder überflüssig deklariert, aber genau deswegen auch nicht serienreif entwickelt worden war, wurde nun geordert: vom Elektroauto über das Nullenergiehaus bis zum Gezeitenkraftwerk.

Interessanterweise hat die Öl-Gesellschaft keine verlässlichen Aussagen darüber, wie viele Ölreserven noch unter der Erde lagern und ob man nicht doch, ungeachtet der schlimmen Umweltfolgen, zum Beispiel aus Ölsanden schürfen könnte. Fossile Energieträger, allen voran Kohle, sind noch reichlich vorhanden. Aber dieses Mal ist es ernst: Mit Sicherheit ist Öl endlich, und die Konstellation von steigender Nachfrage bei erschwerter Zugänglichkeit macht die Konkurrenz um *die* Lebensader der Industriegesellschaften härter, auch Kriege um den Zugang zu und den Transport von Öl werden wahrscheinlicher. Im russisch-georgischen Krieg 2008 wurde als Erstes eine Pipeline bombardiert. Die globale Finanzkrise hat übrigens auch dazu geführt, dass Ölkonzerne wegen der seit 2008 stark gesunkenen Nachfrage einen Großteil der Investitionen in neue Förderprojekte gestoppt haben, weshalb die Internationale Energieagentur in Paris (IEA) einen dramatischen Engpass für das Jahr 2013 prognostizieren musste, der den Ölpreis auf das neue Rekordniveau von zweihundert Dollar je Barrel jagen wird und den erhofften Aufschwung der Weltwirtschaft schon wieder zunichtemachen könnte.[29]

Nicht dass wir solche scheingenauen Vorhersagen sonderlich ernst nehmen dürften. Prognosen über weltweite oder regionale Energieressourcen und -bedarfe weichen notorisch weit voneinander ab. Während die unabhängige Energy Watch Group davon ausgeht, das Fördermaximum von 81 000 Barrel Öl pro Tag sei im Jahr 2006 erreicht worden, erwartet die der OECD angeschlossene IEA, die Förderung lasse sich in Zukunft noch steigern. Kletternde Ölpreise spülten wieder Geld in die Kassen der Konzerne, weshalb sie mehr in Fördertechnologien investieren und besser an verborgene Ressourcen herankommen könnten. Die konträre Expertise sagt wohl mehr über die Projektionen von Produzenten und Verbrauchern in der Gegenwart als über die Energiezukunft, die von sehr vielen, darunter politischen Variablen abhängt. Allein der Iran und Russland verfügen über rund die Hälfte der weltweit verfügbaren Erdgasreserven, und unter den 23 Staaten, die ihre Einkünfte wesentlich dem Export von Erdöl und Erdgas verdanken, ist keine einzige Demokratie. Wolfgang Sachs ist daher auch darin zuzustimmen, »dass die konventionelle, auf fossile Energieträger gestützte Wirtschaftsentwicklung zu einem Großrisiko für die Sicherheit in der Welt geworden ist.«[30] Dabei zeigt sich die veränderte Machtkonfiguration der Weltgesellschaft; Chinas Handelsvolumen mit Afrika soll 2010 bei etwa 100 Milliarden Dollar liegen, allein dreizehn der fünfzehn im Sudan aktiven Erdölfirmen sind chinesisch.[31] Die Ökonomin Dambisa Moyo bringt die Strategie Chinas in einen direkten Gegensatz zur westlichen Entwicklungshilfe: »Das chinesische Modell hat in Afrika innerhalb von fünf bis zehn Jahren mehr Arbeitsplätze und Infrastruktur geschaffen als der Westen in 60 Jahren.«[32]

Angesichts solcher Entwicklungen erstaunt die Blauäugigkeit, mit der das Energie-Establishment einer weiteren Steigerung der Nutzung fossiler Ressourcen entgegenblickt. Oiloholische Volkswirtschaften unterscheiden sich, um es drastisch zu sagen, wenig von Junkies, denen die Zukunft egal ist, solange sie an den nächsten Schuss kommen. Wichtige Ölförderländer zeigen sich für die Zeit danach smarter: Die Golfstaaten investieren in den Umbau zur Wissensgesellschaft, planen Zero-Emission-Städte und investieren in die Entwicklung von Elektroautos – unter anderem in Deutschland … Allerdings ist schwer vorstellbar, wie die 80 Prozent Anteil fossiler Energien am asymmetrischen Energiemix in absehbarer Zeit tatsächlich ersetzt werden sollen. Der Anteil erneuerbarer Energien (Biomasse, Wasserkraft, Wind, Sonne, Gezeiten und Erdwärme) liegt gegenwärtig bei 17 Prozent (inkl. Wasserkraft) und soll, nach EU-Planung, bis 2020 auf 20 Prozent steigen. Das wird für eine Klimawende nicht reichen, zumal die Menge der über Wind, Sonne, Erdwärme erzeugten Energie im globalen Maßstab noch in einem Bereich liegt, der sich nicht in Prozenten ausdrücken lässt.

Was Klimawandel und Energiezukünfte betrifft, sind wenigstens drei Szenarien im Umlauf. Das Erste, das man eigentlich nur als Verzweiflungsreaktion bezeichnen kann, aber außerhalb Deutschlands (und vielleicht bald auch wieder dort) große Chancen besitzt, ist die Reaktivierung der Kernenergie, die nun nicht nur als absolut sicher, sondern auch als vorbildlich sauber und emissionsarm deklariert wird. Die zweite Option ist ein optimistisches Szenario der raschen Ersetzung fossiler Energieträger durch klimafreundlichen Ausbau von Solar- und Windanlagen in globaler Perspektive (»Supersmartgrid«). Das dritte, etwas realistischere und hier bevorzugte Szenario favorisiert private und öffentliche Programme zur Steigerung der Energieeffizienz und zum Energiesparen. Ein viertes, eher inoffizielles, aber durchaus wirkungsmächtiges Szenario ist das »Weiter so!« mit der Kohle, zunehmend ergänzt durch CO_2-Abscheidung und -Lagerung.

Die Wälder sind gesund

Wenn die Klima- und Energiekrise »neu« ist, sind Umweltprobleme wie die Verschmutzung der Böden, der Luft, der Meere und der Flüsse »klassisch«; sie begleiten, natürlich genau wie die »unsichtbare« Erwärmung, die industrielle Zivilisation seit ihrem Beginn und verzeichnen im weltweiten Maßstab Zuwächse. An diesen Phänomenen kann man im Bezug auf die Klimakrise dreierlei demonstrieren: die lokale Verbesserungsfähigkeit, die globale Aktionsfähigkeit und, am Beispiel der Versauerung und Verschmutzung der Meere, die wechselseitige Verstärkung der Probleme, die wiederum lokale und globale Ocean Governance erfordert.[33]

Die Suggestion, die Lage der Umwelt habe sich in den vergangenen zwei, drei Jahrzehnten zum Besseren gewandelt, geht neben schlichter Gewöhnung auf die Erfolge zurück, die die Umweltpolitik besonders in Mitteleuropa erzielt hat: Tatsächlich ist bei uns die Luft besser, sind die Flüsse sauberer geworden und haben sich die Normen des Alltagsverhaltens beachtlich verändert. Wer eine Zigarettenschachtel achtlos auf die Straße wirft, gilt als asozial, und wer seinen Müll illegal entsorgt, als kriminell. Dieses avancierte Klima sozialer Kontrolle und staatlicher Strafverfolgung kann keineswegs auf den globalen Maßstab hochgerechnet werden – die Schmutz- und Abfallmengen wachsen weltweit kontinuierlich an. Was nach herrschender Meinung auch für Europa gelten soll: Jeder Europäer hat 2007 im Schnitt 522 Kilogramm Abfall produziert, die Europäische Umweltagentur rechnet damit, dass diese Menge in den nächsten zehn Jahren um fast dreißig Prozent auf 680 Kilogramm pro Person anwachsen wird. Sally und Joe Sixpack, die besonders verpackungsfreundlichen Durchschnittsamerikaner, lassen heute schon 760 Kilogramm Müll pro Kopf und Jahr hinter sich.[34]

Der Ausweg aus der Misere ist natürlich Müllvermeidung

und -recycling, wobei in Deutschland beim Recycling besonders viel Moral und besonders schlechte Organisation im Spiel sind. Müll ist unterdessen übrigens – das kommt wie das Ei des Kolumbus – als besonders attraktive und womöglich sogar klimaverträgliche Energiequelle ausgemacht worden. Wie auch immer man die Effektivität der Umweltpolitik beurteilt, hier zeigt sich die Chance einer lokalen, von Kommunen und Bürgergesellschaft getragenen Politik, auf die wir im fünften Kapitel zurückkommen werden.

Auch hierzulande sind bestimmte Problemlagen aktuell geblieben. Absurderweise wird uns, wenn wir auf die Probleme der Klimaerwärmung aufmerksam machen, entgegengehalten, wir förderten Hysterie wie damals beim Waldsterben, die sich schließlich auch als gegenstandslos herausgestellt habe. Hat sie wirklich? Der Waldschadensbericht 2007 der Bundesregierung attestiert 70 Prozent des Baumbestandes in Deutschland sichtbare Schäden, der Anteil der deutlich geschädigten Bäume (mit sichtbaren Kronenverlichtungen) liegt bei 25 Prozent, bei Eichen sind es 49 Prozent. Einer aktuellen Studie zufolge hat sich die Sterberate der Bäume in den weitgehend unberührten Wäldern im Westen der USA seit 1995 mehr als verdoppelt, während der Nachwuchs konstant geblieben ist. Diese besorgniserregende Entwicklung wird darauf zurückgeführt, dass die Durchschnittstemperatur in der Region in den letzten drei Jahrzehnten um ein Grad angestiegen ist, eine deutliche Folge des Klimawandels, der zu Wassermangel und höherer Krankheits- und Schädlingsanfälligkeit führt.[35] Wenn man dazu addiert, dass die Zerstörung von Waldflächen global im Umfang von 13 Millionen Hektar jährlich voranschreitet,[36] wird man kaum auf den Gedanken kommen, mit dem Wald sei alles in Ordnung und das Waldsterben ein Fantasma.

Da das Verschwinden des Waldes die weltweiten Kapazitäten zur CO_2-Absorbierung extrem reduziert und alle Anstrengungen zur Energieeinsparung konterkariert, sollte die alte Diskussion um das Waldsterben in einem globalen Kontext aktualisiert und gerade nicht als Totschlagsargument verwendet werden. Es muss im Gegenteil als Hinweis darauf gelesen werden, wie lange das Problem bekannt ist, ohne dass etwas zu seiner Bewältigung getan wurde.

Wir haben bereits herausgestellt, dass der Klimawandel besonders empfindlich die Weltmeere tangieren wird, und dort verbinden sich exemplarisch drei Grundübel der überentwickelten Weltgesellschaft: die klimabedingte Versauerung mit der Verschmutzung und Überfischung der Meere. Laut Vereinten Nationen finden sich pro Kubikkilometer Ozean durchschnittlich 18 000 Teile Plastikmüll; daran sterben schätzungsweise eine Million Meeresvögel und 100 000 Meeressäuger pro Jahr. Die Zahl der »Todeszonen« – das sind küstennahe Meeresgebiete, in denen aufgrund von Sauerstoffmangel kein Leben möglich ist – hat sich in den letzten beiden Jahren von 149 auf 200 vermehrt.[37] Es gibt sie etwa an der Mündung des Mississippi, im Schwarzen Meer, in der Ostsee und in einigen norwegischen Fjorden; sie werden hauptsächlich durch Eintrag von Stickstoff und Phosphaten verursacht. Daneben werden in Afrika, Asien und Lateinamerika noch immer 80 Prozent der Abwässer direkt ins Meer geleitet. Der Schiffsverkehr trägt, was häufig übersehen wird, in eklatantem Maße zu den klimawirksamen Emissionen bei. Frachter belasten inzwischen die Emissionsbilanz im doppelten Umfang des Flugverkehrs.[38]

Ist das Meer hier schon partiell zur Todeszone geworden, verdirbt die Achtlosigkeit der Menschheit auch ihre aktuellen und vor allem künftigen Lebensgrundlagen durch Überfischung – ein Viertel der weltweiten Fischbestände sind inzwischen im Bestand gefährdet. Während sich die Menge des gefangenen Fisches in den letzten fünfzig Jahren verzehnfacht hat, ist die Artenvielfalt je nach Region um 10 bis 50 Prozent zurückgegangen. Die Überkapazitäten bei den Fangflotten werden auf 30 bis 40 Prozent geschätzt, und es ist sehr schwer kontrollierbar, ob die gesetzlich festgelegten Fangquoten, die ohnehin viel zu hoch sind, überhaupt eingehalten werden. Im Regelungsbereich der Europäischen Union gelten mittlerweile 70 Prozent der Bestände als überfischt.

Bei der Überfischung und Verschmutzung der Ozeane handelt es sich aus mehreren Gründen um eine multiple Problemlage: Erstens sorgt die zunehmende Verschmutzung, insbesondere die Übersäuerung der Ozeane dafür, dass sie weniger CO_2 aufnehmen können, was das Klima weiter anheizt; zweitens hängt gegenwärtig die Grundernährung von mehr als der Hälfte der Weltbevölkerung von den Ozeanen ab – Tendenz steigend. Bedingt durch das Bevölkerungswachstum wird diese Quote wachsen, bei gleichzeitigem Rückgang der Bestände. All dies ist seit langem bekannt; beides läuft auf das Erreichen eines tipping points hinaus, eines irreversiblen Effekts, der die Ernährungsprobleme für große Teile der Weltbevölkerung verschärfen wird.

Damit kommen wir schon zu einer weiteren Megakrise: der Süßwasser- und Ernährungskrise generell. Laut WHO haben derzeit zirka 1,1 Milliarden Menschen keinen ausreichenden Zugang zu sauberem Trinkwasser, wodurch jährlich über zwei Millionen an darauf zurückzuführenden Durchfall- und Infektionskrankheiten sterben, davon neunzig Prozent Kinder unter fünf Jahren.[39] Auch hier ist damit zu rechnen, dass der Zugang zu sauberem Wasser durch Effekte des Klimawandels künftig für noch mehr Menschen erschwert wird.

Das gilt auch für die Ernährung im Allgemeinen: Im Jahr 2007 waren 856 Millionen Menschen von Hunger betroffen. Nachdem der Hunger zur Jahrtausendwende schon einmal als besiegbar galt, hat sich diese Zahl in den vergangenen beiden Jahren erhöht, und das Hungerproblem der »untersten Milliarde« (Paul Collier) wird sich infolge der kombinierten Effekte des Klimawandels und der Finanzkrise weiter zuspitzen. Die »Hunger-Hotspots« der nahen Zukunft sind das südliche Afrika und Südasien – die Maisernten in Afrika drohen in den nächsten zwei Jahrzehnten um ein Drittel abzusinken; in Südasien werden Raps, Erdnüsse und Hirse im gleichen Umfang zurückgehen.[40] Dabei steigen die Nahrungsmittelpreise unverändert an, obwohl die Finanzkrise Agrarrohstoffe verbilligt hat; die Abwertung der Währungen der armen Länder führt dazu, dass die Preise in Mittelamerika, in Asien, auf den Philippinen allein im Zeitraum von 2008 bis 2009 um mehr als zwanzig Prozent gestiegen sind.[41] So wird die Zahl der Hungernden laut FAO-Schätzungen Ende 2009 auf über eine Milliarde angestiegen sein.

Weltweiter Hilfsfonds zur Hungerbekämpfung 2009	Neuverschuldung des Bundes (Stand Mai 2009)
9,5 Mrd. Euro	47,6 Mrd. Euro

Auslöser dieser Hungerkrisen und Brotkämpfe sind nicht mehr primär Dürren, Überschwemmungen und Missernten, sondern explodierende Nahrungsmittelpreise; in den letzten drei Jahren sind Basis-Nahrungsmittel wie Reis um etwa 80 Prozent teurer geworden. Hungeraufstände finden folglich auch nicht mehr auf dem Land, sondern in den Städten statt – 2008 gleichzeitig in Süd- und Mittelamerika, in Afrika, Indien und Indonesien. In Haiti wurde die Regierung gestürzt, in Kamerun gab es bei Unruhen Tote. Die Ernährungskrise wird angeheizt durch die Nutzung landwirtschaftlicher Anbauflächen für Biosprit[42] und die rasant steigende Nachfrage nach Fleisch- und Milchprodukten in den Schwellenländern, deren Mittel- und Oberschichten ihre Ernährungsgewohnheiten verwestlichen. Entwicklungshilfe kann die Unterernährung der Massen weder mit Nothilfe lösen (die im Fall der bedrohten

Banken sofort zu mobilisieren war) noch mit Strukturmaßnahmen (die hier genauso fehlen wie im Bankensektor).

Kosten für die Rettung der HypoRealEstate 2008/2009	Gesamtentwicklungshilfe der 22 Geberländer 2007
mindestens 135 Mrd. Dollar	104 Mrd. Dollar

Der Wissenschaftliche Beirat der Bundesregierung Globale Umweltveränderungen prognostiziert für die nächsten Jahre eine Verschärfung der Wasser- und Ernährungskrisen durch den Klimawandel und damit einhergehende Gewaltkonflikte.[43] Dadurch bedingt gibt es nach Schätzungen des Roten Kreuzes etwa 25 Millionen Klimaflüchtlinge weltweit; in den kommenden Jahrzehnten könnten es viel mehr werden. Indonesien hat sich jüngst bereiterklärt, die Bevölkerung der Solomon Islands aufzunehmen. Wer aber nimmt Millionen Bangladeshis auf, deren Heimat im Meer versinkt, wo sollen Flüchtlinge aus dem subsaharischen Afrika bleiben, dessen erodierte Böden kaum noch Landwirtschaft erlauben? Immer wieder haben Völker angestammte Lebensräume verloren und waren zur Abwanderung gezwungen; manchmal geschah das friedlich, weil irgendwo eine neue Heimat auf die Neuankömmlinge wartete, häufig kam aber eine verhängnisvolle Kettenreaktion von Gewalt in Gang. Heute gibt es kein gelobtes Land hinter den Bergen mehr, jenseits des Ozeans wartet kein Kontinent auf Pioniere. Jeder Mensch auf dieser Welt ist längst der Nachbar eines anderen.

In diesem Zusammenhang ist der Umstand zu berücksichtigen, wie sich Hunger, Durst und Infektionskrankheiten mehren können, wenn die Welt nicht mehr von gegenwärtig über sechs, sondern von voraussichtlich mehr als neun Milliarden Menschen im Jahr 2050 bewohnt sein wird, von denen weit mehr als die Hälfte in Städten leben wird (der Schwellenwert von fünfzig Prozent wurde 2007 überschritten).[44] Schon zu Beginn des Jahrtausends lebten in den sogenannten entwickelten Ländern nur noch 20 Prozent der Weltbevölkerung. Diese Länder werden keine Bevölkerungszuwächse verzeichnen oder schrumpfen, im Gegensatz zu anderen Teilen der Welt, womit der Anteil der ›happy few‹ bis 2050 wohl auf 15 Prozent absinken wird.[45]

Hatte der Bevölkerungspessimist Thomas Robert Malthus also recht, wenn er davon ausging, dass das Bevölkerungswachstum exponentiell, das Ernährungsangebot aber nur linear ansteige? Nein. Es gibt nicht »zu viele Menschen«, die Traglast des Planeten ist eher durch Asymmetrien im Reichtum und bei der Chancenverteilung bedroht, die durch den Klimawandel vertieft werden. Aber Malthus' Kritiker lagen ebenso falsch, wenn sie der Marktwirtschaft oder dem Staatssozialismus die Lösung des globalen Hungerproblems zugetraut haben. Jede einzelne Krise verursacht schon für sich erhebliche soziale Verwerfungen, in ihrem Zusammenwirken können Gesellschaften aber ganz außer Kontrolle geraten.

Die Gründe für unsere Passivität sind nicht rätselhaft, auch »globalisiert« bleibt die Welt von partikularen Interessen bestimmt. Der Anstieg der Rohstoffpreise trifft Menschen in höchst unterschiedlicher Intensität: Während sich für die einen nur der Weg zur Arbeit verteuert, weil der Benzinpreis steigt, können sich andere, beispielsweise die Slumbewohner einer Megacity wie Jakarta, nicht mehr das Lebensnotwendige zu essen kaufen. Und wer im Norden alternative Bio-Energie konsumiert, kann damit im Süden verheerend wirken. Die Definition der Probleme fällt dementsprechend verschieden aus, der Spielraum für gemeinsame Lösungen, Kompensationen und Umsteuerungen ist eng. Solidarität und Fernstenliebe kann man zwar moralisch postulieren, aber wo es im globalen Norden um bemessene Einschränkungen eines hohen Lebens- und Gesundheitsstandards geht, steht im Süden das schiere Überleben auf dem Spiel. Und indem die einen das bessere Leben anstreben, können sie anderen das Leben ungewollt zur Hölle machen. Zwanzig Turbo-Jahre finanzwirtschaftlicher Globalisierung haben nicht dazu beigetragen, dass solche Zusammenhänge der Einen Welt wirklich verständlicher geworden sind.

Offenbar haben wir es bei der Indolenz gegenüber den Megakrisen nicht mit einem rein kognitiven Problem zu tun, das sich mit mehr Aufklärung beheben ließe, sondern mit einem tief verwurzelten Habitusproblem. Unser Problem ist weniger, was wir denken, sondern eher, was wir sind. Dieser über Jahrhunderte eingelebte Habitus hat eine »assumptive Welt« (Alfred Schütz)[46] geschaffen, die uns vorgaukelt, es stehe uns zu, was wir haben, und reflexhaft weisen wir Probleme ab, die nicht nur andere da draußen betreffen, sondern die Rahmenbedingungen unserer Existenz und unserer Selbstwahrnehmung.

Wie aus dem kritischen ein springender Punkt werden kann

Christopher McCandless' Weg führte immer weiter nach Norden, als es im Westen nicht mehr weiterging. Das war die offene Grenze des Landes der unbegrenzten Möglichkeiten, das Amerika einmal bis in den Weltraum hinein sein wollte. McCandless ist der Held des Filmes »Into the Wild« (Regie: Sean Penn; Buch: Jon Krakauer), der einen anderen amerikanischen Traum träumte: die Wiedervereinigung mit der Natur. Mit Henry Thoreaus »Walden« im Gepäck (und konsequenter als die Hippies, die er unterwegs traf) erfuhr der 24jährige Waldläufer deren Unbarmherzigkeit – sie ließ ihn hungers sterben beim Versuch des einfachen Lebens. Zu einem derart radikalen Ausstieg fordert auch das (in der deutschen Übersetzung zum Öko-Manifest verharmloste) Konvolut des amerikanischen Rousseauisten Dereck Jensen auf: »Die Zivilisation ist unumkehrbar. Diese Kultur wird sich nicht freiwillig zu einer vernünftigen und nachhaltigen Lebensweise bekehren …« Für ihn ist die industrielle Zivilisation ein Holocaust, Arbeitsteilung und Differenzierung müssen aufhören, damit die Rückverwilderung des Menschen beginnen kann. »Besser als Liebe, als Geld, als Ruhm – gebt mir Wahrheit«, hat Henry Thoreau, der Prophet der radikalökologischen Kritik, diesen Impuls umschrieben. Es ist bemerkenswert, wie plausibel und frisch er heute, im Vergleich mit den schalen Erfolgsgeschichten des Neoliberalismus, wieder ist. Auch wer ihm nicht folgen mag, schätzt daran vielleicht den Widerstand gegen allzu glatt konzipierte Auswege aus der Krise.

Denn wenn wir nun durch unseren Erfolg einer auf fossile Energien setzenden Wirtschaftsweise und Gesellschaftsform

- eine unkontrollierbare Erwärmung des Klimas durch die ungezügelte Emissionstätigkeit erzeugen und zugleich
- die Energieressourcen knapper werden,
- die Vernutzung der Umwelt zu irreversiblen Bestandsverlusten führt
- und die Überlebensbedingungen der Mehrheit der Weltbevölkerung durch das Zusammenwirken aller Faktoren schlechter werden,

dann hat man es in der Tat nicht mit einer vorübergehenden und leicht zu behebenden Krise zu tun, sondern mit einem Prozess, der unser System an die Grenze bringt. Lösungen, die nur eine einzige Teilkrise adressieren (etwa die »Energiewende«), verfehlen den systemischen Zusammenhang. Wenn die Abkehr vom herkömmlichen, rein quantitativen Wachstumsprinzip als Sakrileg gilt, der Verzicht auf die Ausbeutung fossiler Ressourcen als Wettbewerbsnachteil gesehen wird und die kurzfristige Nutzenmaximierung als vernünftig erscheint, wenn man an diesen Dogmen festhält, ergibt sich die beunruhigende Frage, ob die Demokratien des Westens fähig sind, über ihr partikulares Gegenwartsinteresse hinaus

Veränderungsprozesse zu initiieren, die ihre eigene Zukunftsfähigkeit sicherstellen – wobei »Zukunft« sich nicht auf die Lebensspanne der Zeitgenossen beschränkt, sondern deren Kinder und Kindeskinder einschließt.

Konjunkturpaket der G20 April 2009	Weltbruttoinlandsprodukt
1000 Mrd. Dollar	41 000 Mrd. Dollar

Seit 2008 erneuerte sich die Rede von der »Krise als Chance«. Man hält es wieder mit den Chinesen, für die beides dasselbe sei[47], und die deutsche Kanzlerin beteuert, Deutschland werde gestärkt aus der Krise hervorgehen. Das ist für die ganze Welt zu hoffen, es kommt aber darauf an, was man unter »Krise« verstehen will. Die Megakrisen, die wir skizziert haben, sind nicht im herkömmlichen Sinne Krisen – also Erschütterungen des Gleichgewichtszustands eines Systems, das nach gelungener Adaptierung wieder in eine Balance zurückkehrt und sich auf höherer Stufe erneuert. Sie zeigen eine Metakrise an, bei der die Komplexitätskosten der Teilsysteme durch die Überlappung der verschiedenen Stressfaktoren nicht-linear steigen und durch mehr Komplexität, das übliche Reaktionsmuster, nicht mehr gelindert werden. Sie demonstrieren die Endlichkeit eines Gesellschaftssystems, das 250 Jahre lang so erfolgreich gewesen ist, dass seine Funktionsprinzipien von der Mehrzahl aller Gesellschaften in der Welt übernommen worden sind. Dieser Siegeszug des kapitalistischen Wirtschaftssystems gerät im Moment seiner Vollendung aber – Ironie der Geschichte – zu seinem Tod, denn es funktioniert nicht als universales Reproduktionsmuster und war als solches auch nie gedacht.

Der ursprünglich aus der Medizin stammende Begriff der Krise legt temporäre Balanceverluste in einem System nahe, das sich vorher und nachher im Gleichgewicht befindet – deshalb geht der Mainstream der Ökonomen von einer quasi-natürlichen Abfolge von konjunkturellen Auf- und Abschwüngen aus und auch das Alltagsbewusstsein von einem unbeirrbaren Glauben an die Berg- und Talverläufe sozialer Prozesse – what goes up must come down, und umgekehrt.

Dies mag für Krisen *innerhalb* eines Funktionssystems zutreffen; die Verknappung bestimmter Güter (»Ölkrise«) ist durch politische und ökonomische Steuerungen bewältigt worden. Nun aber ist das System selbst, also *das Bezugssystem der Krisenregulierung*, an eine Grenze gestoßen: an die Endlichkeit der Energievorräte, der Umweltbelastbarkeit, der biologischen Ressourcen, des wirtschaftlichen Wachstums, der Traglast des Planeten. Die bekannten Steuerungsversuche und -instrumente müssen scheitern; an wirtschaftspolitischen Stellschrauben zu drehen, wie 2008/09 in Form von Konjunkturprogrammen und umweltpolitischen Reparaturmaßnahmen, gleicht dem Austauschen eines defekten Wasserhahns in der Erste-Klasse-Kabine der Titanic, nachdem sie den Eisberg gerammt hat. Ungerührt lautet die Devise an Deck: Wir sind unsinkbar.

Die Metakrise führt nicht zwangsläufig in eine Katastrophe. Mit Thomas Homer-Dixon sind wir von der Möglichkeit einer »Katagenese« überzeugt, der Möglichkeit einer Regeneration komplexer Systeme auf etwas niedrigerer Stufe durch das Aufkommen von etwas Neuem, Unerwartetem und möglicherweise Rettendem, mit anderen Worten: eines neuen kulturellen Modells. Die Suche nach Lösungen muss sich vom Bezugsrahmen bislang funktionierender Lösungsstrategien emanzipieren und einen neuen Referenzrahmen gewinnen.[48]

Wenn man in ein Bild fassen möchte, in welcher Situation wir uns befinden, denke man daran, dass sich ein Tsunami nicht durch die sich auftürmende Flutwelle ankündigt, sondern durch den plötzlichen Rückgang des Wassers. Unsere Gesellschaft befindet sich exakt an diesem Punkt – sie steht am Strand und nimmt verwundert zur Kenntnis, dass die Wellen nicht mehr gleichmäßig plätschern, sondern sich zurückgezogen haben. Nichts Böses kündigt sich an. Bleiben wir doch mal stehen und schauen, was als Nächstes geschieht.

Anna H. fragt, warum ihre Zukunft kolonialisiert wird

Warum sollte es nicht möglich sein, das erreichte organisatorische und zivilisatorische Niveau dafür zu nutzen, eine Form des Wirtschaftens und Lebens zu entwickeln, das nicht auf quantitatives Wachstum, sondern auf das Kultivieren eines Lebensstandards setzt, der ein hinreichendes Niveau erreicht hat und auch für neun oder zehn Milliarden Menschen verträglich ist? Als globales Problem mit lokal verteilten Folgen und Verantwortlichkeiten stellt der Klimawandel den Prototyp der Problemszenarien einer alternativen Globalisierung dar. Keine Entscheidung bleibt in ihren Folgen auf das Lokale beschränkt, aber umgekehrt gibt es keine transnationale Institution und schon gar keine Weltregierung, die das Problem in globaler Perspektive angehen könnte. Dieses Kooperationsmuster wird nicht auf die Abwendung der Folgen des Klimawandels beschränkt bleiben können, sondern alle Fragen globalen Wandels betreffen – Abrüstungsinitiativen genauso wie die Lösung von Ernährungsproblemen oder den Aufbau nachhaltiger industrieller Infrastrukturen. Auf diese Weise übersetzt sich die technische Frage nach der Bewältigung der Megakrisen in die Frage nach der Modernisierungsfähigkeit einer Kultur, die existentiell unter Druck geraten ist. Dabei spielt das Habitusproblem eine wichtige Rolle: Wenn der Umbau der demokratischen Industriegesellschaften des Westens ein kultureller sein muss, ist die Frage, ob die selbstverständlichen Hintergrundannahmen, mit denen wir morgens aufstehen und abends ins Bett gehen, überhaupt einen Perspektivenwechsel zulassen.

Ein klassischer Anstoß dafür war für Individuen und soziale

Bewegung die Empörung über Ungerechtigkeit. Der Klimawandel stellt auch diese Frage in neuer Dringlichkeit.

»Was bleibt da für die neue Trümmergeneration? Einfach hinter uns aufräumen?«, fragte Georg Diez[49] im Blick auf den stupenden Umstand, dass die Generation der Baby-Boomer, die in ihrer Jugend, jedenfalls in ihren seinerzeit unruhigen Teilen, das Privileg in Anspruch genommen hat, die Welt in Scherben zu hauen, dies anschließend weiterbetrieben und der nächsten Generation den Scherbenhaufen vor die Tür gekehrt habe. Der Klimawandel erzeugt und verstärkt Ungerechtigkeit in zwei verschiedene Richtungen: vertikal zwischen den Generationen und horizontal zwischen den Gesellschaften, die von den Wirkungen der Klimaveränderungen unterschiedlich betroffen sind. Beides kann miteinander verschränkt sein, etwa wenn Alterskohorten in bevorzugten Ländern zusätzlich noch im Generationenverhältnis privilegiert sind. Ein gegenwärtig in Darfur lebendes Flüchtlingskind hat die relativ geringsten Zukunftschancen im Vergleich zu einem 1950 in der Bundesrepublik geborenen Mann bürgerlicher Herkunft, der im Vorstand eines Unternehmens der Energiewirtschaft sitzt. Dessen Enkelkind steht hinsichtlich seiner eigenen Zukunftschancen wahrscheinlich schlechter da als der Großvater, aber zweifellos erheblich besser als seine Generationsgenossinnen in Darfur und vergleichbaren Zonen. In den ärmsten Ländern sterben jeden Tag 29 000 Kinder, 9,2 Millionen pro Jahr.[50]

Kosten für die Verringerung der weltweiten Kindersterblichkeit um ca. 6 Millionen p.a.	SoFFin-Bankenrettungsfonds Bewilligungen (Stand April 2009)
15 Mrd. Dollar	200 Mrd. Dollar

In der Talkshow von Maybritt Illner ging es am 15. Januar 2009 unter dem Titel »Politik im Rettungsrausch« um die Qualitäten und Fehler des zweiten, 50 Milliarden schweren, Konjunkturpaketes der Bundesregierung zur Abdämpfung der Folgen der Finanz- und Wirtschaftskrise, das Klimaschutzaspekte nur insoweit berücksichtigte, als es eine »Umweltprämie« für alte Autos und eine Aufstockung von Fördermitteln zur Gebäudesanierung vorsah. Zu den Gästen der Sendung zählte die 19jährige Abiturientin Anna Holzamer, die gerade ein Praktikum beim BUND absolvierte und von der Moderatorin gefragt wurde, was sie vom Konjunkturpaket halte. Anna hielt sich nicht lange mit Details auf, sondern konstatierte nüchtern, dass es lediglich den schlechten status quo fortschreibe. Und dann richtete sie eine Frage an die anwesenden Politikerinnen und Politiker: Wie diese eigentlich gedächten, sich für ihre Politik ihrer Generation und ihr persönlich gegenüber zu rechtfertigen?

Niemand hat Frau Holzamer geantwortet, vermutlich deshalb, weil ihre Intervention so punktgenau war: Die gigantische Neuverschuldung durch Rettungs- und Konjunkturprogramme lässt den Schuldenberg der Bundesrepublik auf sagenhafte 1600 Milliarden Euro anwachsen, ohne die flüchtigste Idee, wie diese Summe jemals anders als mit einem radikalen Schnitt abzutragen wäre oder wie den Beschränkungen künftiger Handlungsmöglichkeiten gegenzusteuern wäre – bei einer Zinslast von über 40 Milliarden Euro pro Jahr, etwa einem Siebtel des gesamten Bundeshaushalts. Der Bund der Steuerzahler hat die Dimension dieser Last zu verdeutlichen versucht: »Würden ab sofort keine Schulden mehr aufgenommen und würde die öffentliche Hand gesetzlich verpflichtet, jeden Monat eine Milliarde Euro an Schulden zu tilgen, so würde dieser Prozess rund 138 Jahre lang andauern müssen, um den Schuldenberg vollständig abzutragen.«

Die Schuldenpolitik auf Kosten der Folgegenerationen wird nicht betrieben, um einen nachhaltigen Umbau der Industriegesellschaft zu finanzieren, sondern um den laufenden maroden Betrieb aufrechtzuerhalten. Das macht klar, worauf Anna Holzamer bestand, als sie um Rechtfertigung bat: Niemals in der Geschichte moderner Gesellschaften ist der Generationenvertrag so kaltschnäuzig gebrochen worden wie in der Gegenwart. Im Bezug auf die Klimaproblematik wird eine historisch neue Konstellation deutlich, die mit der besonderen zeitlichen Dimension des anthropogenen Klimawandels zusammenhängt: Ausgelöst wurde er vor mehr als zweihundert Jahren von Leuten, die die Dampfmaschine erfunden haben und nicht wissen konnten, was sie damit anrichteten. Verstärkt wurde er von einer Alterskohorte, die glücklich dem Zweiten Weltkrieg entronnen und – aus Gleichheitsgründen – auf Wachstum und Wohlstand für alle setzte, auch wenn sie schon etwas mehr hätte wissen können als James Watt und Karl Benz. Potenziert wird der Klimawandel von den heute Lebenden an der Peripherie, die wissen, was sie tun, aber auf der Erfüllung des Wachstums- und Wohlstandsversprechens auch für sich beharren – aus Gerechtigkeitsgründen.

Die Ursache des Problems, dass *jetzt* in seiner Dimension erkannt wird, ist also mindestens ein halbes Jahrhundert alt. Kinder und Kindeskinder haben es nun weltweit mit einem *time lag* von wenigstens einem weiteren halben Jahrhundert zu tun, weil sich Klimafolgen auch dann entfalten würden, wenn ab heute kein einziges Auto mehr fahren, kein Flugzeug mehr starten und alle Fabriken schließen würden. Anna Holzamer darf verbittert sein, wenn ihre und viele zukünftigen Generationen bewältigen müssen, was die Älteren verursacht haben, besonders dann, wenn die Aussicht auf Besserung äußerst vage, die Folgen aber schon fühlbar sind. Dazu kommt, dass Maßnahmen, die nun entwickelt und angewandt werden, unsichere und erst in einer weit entfernten Zukunft sichtbare Erfolge zeitigen können – während sich die Krisen auftürmen und eine Veränderung des Lebensstils und die Verschlechterung von Lebensqualität jetzt bereits unvermeidbar erscheint. Die generationelle Beziehung zwischen Handlungen und Handlungsfolgen von Lebenden und Toten, Alten und Jungen ist extrem zerdehnt.

»Du sollst es einmal besser haben als wir«, lautete die Maxime des sozialen Aufstiegs in reichen Gesellschaften und besagt ein spontanes Elterngefühl weltweit. Doch wie soll diese Staffelübergabe heute funktionieren: Soll man Maßnahmen zur Reduktion der Treibhausgase empfehlen, die – heute getroffen – erst nach dem Jahr 2050 oder noch viel später wirksam werden, oder wäre heute eher über Anpassungsmaßnahmen (wie etwa Deichbau und verbesserten Katastrophenschutz) nachzudenken? Reicht es aus, Kinder und Kindeskinder mit entsprechender Erziehung und Bildung auf einen anderen Lebensstil vorzubereiten, oder ist es nicht gerade an den Pensionisten, den Gürtel enger zu schnallen?

Moralphilosophisch lässt sich daraus die Frage ableiten, auf »wie viel Klimaschutz im Heute zukünftig Lebende angesichts der zu erwartenden Schäden Anspruch haben«.[51] Dass es künftigen Generationen mindestens genauso gut gehen soll wie gegenwärtig Lebenden, hört sich einfach und selbstverständlich an, ist aber höchst kompliziert umzusetzen. Denn in Bezug auf die durch den Klimawandel zu erwartenden Schäden könnte auch so argumentiert werden, dass es den betreffenden Generationen durch die Vorleistungen ihrer Vorgänger materiell so gut geht, dass der weitergegebene Reichtum die entstandenen Schäden bei weitem überkompensiert. So betrachtet gibt es im Jahr 2050 vielleicht keine Gletscher mehr in den Alpen, aber durchaus noch welche im Himalaya, und man hat genügend Mittel, seinen Wintersportfreuden dort zu frönen. Das schräg klingende Beispiel wirft die Frage auf, *was* im Generationenverhältnis eigentlich verrechnet werden kann: Bezieht sich das Gebot der Gleichheit von heutigen und künftigen Chancen auf die materielle Basis, die noch am ehesten berechnet werden kann, oder haben künftige Generationen auch Anspruch auf das Erleben einer Landschaft?

Die Philosophen Lukas Meyer und Dominic Roser beantworten diese Frage damit, dass »zukünftige und gegenwärtige Generationen gewisse Rechte [haben], die unabhängig von Kosten-Nutzen-Erwägungen geschützt werden sollen«,[52] weshalb wahrscheinliche Lebensqualitätsverluste sowie pessimistische Schadensschätzungen Eingang in mögliche Zukunftsszenarien finden sollten. Daraus ergibt sich, dass selbst bei relativ geringen Schadenserwartungen für Mitteleuropa bis zum Jahr 2050 eine erhebliche Verpflichtung zum Klimaschutz abzuleiten wäre. Die beiden Autoren konstatieren, dass die »für 2050 *durchschnittlich erwarteten, monetarisierbaren* Klimaschäden, die relativ bescheiden sind und dazu noch Menschen treffen, die sehr wahrscheinlich auch mit Klimawandel *einen höheren Lebensstandard* als wir genießen werden, kaum einen Anspruch zukünftiger Generationen uns gegenüber begründen können.« Aber, so fahren sie fort, es sei durchaus eine entschiedene und effektive Klimapolitik zu begründen, weil die Schäden nach 2050 den heutigen Berechnungen zufolge stark ansteigen werden. Zudem werden die besonders in benachteiligten Ländern auftretenden Schäden zu sekundären Folgen (wie zum Beispiel verstärkter Migration) führen, die erheblich sind. Und schließlich werden die nicht-materiellen Schäden schon vor 2050 gravierend sein.[53]

Die Unsicherheit in Bezug etwa auf die ästhetischen Verluste und die Einbeziehung der horizontalen Ungerechtigkeit in die Folgeszenarien des Klimawandels machen es also erforderlich, dass sich die heute lebenden Generationen um einen intensiven Klimaschutz kümmern, obwohl sie dessen Früchte selbst nicht ernten können. Die Pointe haben die Autoren noch gar nicht einbezogen, weil sie die Ausmaße der Finanzkrise noch nicht kennen konnten, die die Prämisse, dass die Menschen »wahrscheinlich auch mit Klimawandel *einen höheren Lebensstandard* als wir geniessen werden«, radikal in Frage stellt.

Anna Holzamer rechnet jedenfalls mit beidem: der Verschlechterung der Lebensbedingungen ihrer und künftiger Generationen durch die Folgen des Klimawandels und mit einer Verschlechterung der materiellen Möglichkeiten dieser Generationen, ihre Gesellschaft zu gestalten. Und diese kumulierte Ungerechtigkeit müsste längst schon für veränderte soziale und politische Konstellationen in der Gegenwartsgesellschaft gesorgt haben. Aber noch bleibt alles ruhig, auch deshalb, weil die letzte Welle sozialer Bewegungen vor zwanzig Jahren abgeebbt ist. Seit der Friedensbewegung, die sich insbesondere gegen den Nachrüstungsbeschluss der NATO und gegen die Stationierung von Pershing-II-Raketen in Deutschland richtete, und der ganz anders formatierten Bürgerrechtsbewegung in der DDR, hat es in Deutschland keine soziale Bewegung – schon gar keine mit vorwiegend jungen Akteuren – mehr gegeben. Protest ist deutlich aus der Mode gekommen. Das bedeutet, dass Massendemonstrationen mit dem entsprechenden Gewicht in der Ökonomie der Aufmerksamkeit gar nicht mehr zum lebendigen Erfahrungswissen der heute 15- bis 25-Jährigen zählen, weshalb auch das, was etwa im Jahr 2008 als Rebellionsnostalgie von 1968 durch die Medien waberte, bei dieser Generation kein besonderes Interesse zu wecken vermochte. So ist noch alles friedlich an der intergenerationellen Front. Gelegentlich auflodernde Protestflammen, wie in den französischen Banlieues, in den griechischen Städten oder etwa in Schüler- und Studentenprotesten in der Bundesrepublik im Sommer 2009 deuten aber an, dass Anna Holzamers Frage besser nicht überhört wird.

Generationskonflikte zählen zu den stärksten Auslösern gesellschaftlicher Umbruchprozesse. Grundsätzlich geht es dabei um den ungerechten Ausschluss von Partizipationsmöglichkeiten, also darum, ob jüngeren Gesellschaftsmitgliedern die Perspektive eröffnet wird, innerhalb der bestehenden Gesellschaftsform befriedigende Zukunftschancen zu realisieren.

Diese beziehen sich nicht nur auf berufliche und materielle Zukunftsversprechen, sondern insbesondere auf die Befriedigung von Sinnbedürfnissen. Immer dann, wenn es zur, wie Norbert Elias das nennt, »Abdrosselung von Sinnchancen« bei einer jüngeren Generation kommt, entsteht ein explosives Potential, »das unter geeigneten Umständen immer von neuem in Bewegungen Ausdruck finden muss, die sich in einen betonten Gegensatz zu den etablierten politischen Institutionen stellen«.[54]

Es lohnt sich an dieser Stelle, den Generationswechsel am Ende der Weimarer Republik zu rekapitulieren. Die antirepublikanische Protestbewegung begründete staatliches Handeln als Erfüllung von Naturgesetzen; Hitlers »Machtergreifung« 1933 installierte die jüngste Führungselite in der Geschichte moderner Gesellschaften, die in diesem Sinne erzogen war. Nicht wenige gerade der jüngeren Volksgenossinnen und -genossen konnten große persönliche Hoffnungen mit dem Siegeszug der »arischen Rasse« verbinden[55], und vor diesem Hintergrund kann der Nationalsozialismus als Generationenprojekt verstanden werden. Der Jugendprotest der späten 1960er Jahre war anders gelagert, weil nicht eine weltwirtschaftliche Krise Frustration auslöste, sondern eine Fundamentalkritik am Zustand der Bundesrepublik, die zum einen auf das repressive Sozialklima zielte, zum anderen auf etwas, was Elias »beschmutzende Sinngebung« genannt hat: Die ältere Generation, die den Massenmord mitgetragen hatte, führte die Nachkriegsgesellschaft in ein Wirtschaftswunderland. Daraus ließen sich, jenseits gern genutzter oder trotzig angeklagter Konsummöglichkeiten, wenig positive Identitätselemente ableiten. Dass damals ein versteinerter Marxismus, trotz des desolaten Bildes der damals existierenden realsozialistischen Gesellschaften, das gesellschaftliche Gegenbild zur real existierenden Bundesrepublik abgab, lässt sich nur so erklären, dass er in seinem Gleichheitsversprechen den diametralen Gegenentwurf zur kategorial ungleichen Gesellschaftsvorstellung des Nationalsozialismus darstellte.

Betrachtet man die Altersgruppe der heute 15- bis 25-Jährigen, muss man die massiven Strukturbrüche in Rechnung stellen, die westliche Gesellschaften in den vergangenen drei Jahrzehnten durchlaufen haben. Das Schrumpfen traditioneller Industriebranchen, die digitale Revolution, die Ausweitung des deregulierten Dienstleistungssektors, stark veränderte Geschlechterrollen, der Rückzug des Staates aus Leistungsansprüchen und die Privatisierung von Risikovorsorgen veränderten die Zukunftsentwürfe der Jüngeren. Lebensweltlich schlägt sich der Strukturwandel im Verschwinden tradierter Gewissheiten nieder – in weniger formalisierter Lebensplanung, in der Flexibilisierung von Berufsbiographien und nicht zuletzt in geringerem Vertrauen in die sozialen Sicherungssysteme, möglicherweise auch in das politische System generell. Interessant ist, dass heutigen Schülerinnen und Schülern dies gar nicht so sehr als Verlust vorkommt – sie kennen es ja nicht anders. In Gesprächen mit und unter Teenagern ist Thema, welchen Abiturdurchschnitt sie anstreben oder ob es Schwierigkeiten geben wird, einen Job zu bekommen, weil sie einmal irgendeinen Unsinn in Schüler-VZ über sich berichtet haben. Das verdeutlicht den Leistungsdruck, der auf ihnen lastet; zugleich zeigt sich hier ein bemerkenswert veränderter Referenzrahmen[56]: Die Zukunft macht ihnen Sorgen, aber sie halten das irrtümlicherweise für ihr eigenes Problem.

Zu »mehr Leistung für weniger Laufbahn« kommt ein weiterer Aspekt: Im Unterschied zu 1968 zeichnet sich die gegenwärtige Situation zwar ebenfalls durch die »beschmutzende Sinngebung« durch Nationalsozialismus und Holocaust aus, es gibt aber keinen kollektiven Zukunftsentwurf, der damit und mit der Gegenwart kontrastieren würde. Jedes Generationenprojekt steht heute vor der Frage, auf welche Zukunft es sich beziehen soll – und in Zeiten des Klimawandels dürfte vor allem ein Problem sein, dass diese Zukunft prima facie negativ bestimmt ist: weil vor allem klar ist, dass es so nicht weitergeht. Es sind kaum Sinnressourcen theoretischer oder religiös-esoterischer Natur zu entdecken, die sich nicht in der Zurückweisung dessen erschöpfen, was die Funktionseliten ersichtlich falsch machen.

Ein Generationsprojekt der heute 15- bis 25-Jährigen steht also vor dem Dilemma, dass Klimawandel und Umweltkrise Zukunftsentwürfe verhageln, aber auch kein Gesellschaftsmodell zur Verfügung steht, das einen Gegenentwurf liefern würde. Zukunft ist gleich in doppelter Hinsicht eingeschränkt: Weder in sozialer Hinsicht noch hinsichtlich der Umweltbedingungen ihrer Zukunftsgestaltung finden die Jüngeren die Konditionen vor, unter denen ihre Eltern und Großeltern angetreten sind. Denn das unausgesprochene, aber rigoros praktizierte Motto lautet: »Unsere Kinder sollen es mal schlechter haben als wir!« Ganze Kohorten junger Anwälte werden jetzt schon aufgefordert, ein Jahr frei zu machen und – wenn möglich – pro bono fürs Gemeinwohl tätig zu werden, und es wird interessant sein zu beobachten, wie sich für den Kasinokapitalismus fit gemachte MBA-Absolventen und BA-Abgänger künftig orientieren werden.[57] Die 2009 mit Verwunderung festgestellte Ruhe geht vor allem darauf zurück, dass die Einschränkung persönlicher Zukunftschancen gar nicht als solche erlebt wird, weil der Abgleich am Chanceninventar der Vorgängergenerationen nicht vorgenommen wird und die Praxis des Protests nicht zur kollektiven Erfahrung dieser Generation zählt. Aber das kann sich rasch ändern.

Horizontale Ungerechtigkeit

Jugendliche und junge Erwachsene in den reichen Ländern des Nordens bleiben gegenüber ihren Generationsgenossen in den Entwicklungs- und Schwellenländern bessergestellt. Hier stellt sich ein räumliches Gerechtigkeitsproblem. Die Folgen des Klimawandels sind ungerecht verteilt (s. S. 36), weil die größten Verursacher aus heutiger Sicht den geringsten Schaden davontragen werden und auch die größten Chancen haben, Gewinn aus der Situation zu ziehen. Umgekehrt sind Weltregionen, die kaum zum Gesamtaufkommen der Treibhausgase beigetragen haben, am stärksten betroffen. In den Industrieländern werden je Einwohner durchschnittlich 12,6 Tonnen CO_2 im Jahr emittiert, in den ärmsten Ländern sind es lediglich 0,9 Tonnen. Fast die Hälfte aller Emissionen weltweit gehen trotz der rasanten nachholenden Verschmutzung durch die Schwellenländer auf das Konto der frühindustrialisierten Länder.[58] Sie tragen aber nur drei Prozent der daraus resultierenden Kosten.[59] 29 Entwicklungsländern droht nach einer Analyse des Peterson Institute for International Economics infolge des Klimawandels ein Rückgang von etwa 20 Prozent des gegenwärtigen Ernteertrags.[60] »Unregelmäßigkeiten des Monsuns werden in erster Linie Länder Südostasiens in Mitleidenschaft ziehen, Überschwemmungen werden die großen Deltagebiete heimsuchen, etwa in Bangladesch oder Indien. Der Anstieg des Meeresspiegels wird am stärksten die kleinen Inselstaaten treffen, etwa die unzähligen Eilande im Pazifik, aber auch Städte wie Mogadischu, Venedig oder New Orleans, die auf Meeresspiegelniveau liegen. Reichen Ländern wie den Niederlanden wird es im Vergleich leichter fallen, ihren Deichschutz zu verbessern; eine Wiederaufforstung nach Sturmschäden werden Gemeinden in Kansas eher leisten können als jene in Kerala.«[61]

Diese relative Ungerechtigkeit übersetzt sich in eine absolute, wenn ganze Bevölkerungen ihre Lebensgrundlage verlieren. Die Regierung der Insel Tuvalu hat für ihre Bewohner Asyl in Australien und Neuseeland beantragt; die Bewohner der Malediven zahlen in einen Fonds, der dazu dienen soll, irgendwann eine neue Insel zu kaufen; die Inuit wollen, unterstützt von Menschenrechtsorganisationen, einen Prozess gegen die USA als den Hauptproduzenten von Treibhausgasen führen. Gegenwärtig gibt es kaum Aussichten, den internationalen Disparitäten infolge des Klimawandels wirksam zu begegnen; ein Umweltvölkerrecht steckt in den Anfängen und hat gegenwärtig weder verbindlichen noch verpflichtenden Status. Internationale Gerichtshöfe, mit deren Hilfe Verstöße gegen Prinzipien nachhaltiger Entwicklung oder Umweltrücksichten geahndet werden könnten, gibt es nicht. Die Reduktion von Treibhausgasen beruht auf multilateralen Verträgen und Abkommen, also Selbstverpflichtungen der Unterzeichnerstaaten, die nur schwer sanktioniert werden können, wenn sie nicht eingehalten werden. Ungleichverteilungen der Klimarisiken und der Bewältigungskapazitäten bergen ein erhebliches Konfliktpotential, wie an der menschenrechtlich komplexen Frage zu sehen ist, wie eigentlich Insel- oder Arktisbewohner zu entschädigen sind, deren Lebensräume durch Überflutung und Erwärmung *bereits jetzt* verschwinden.

Unsere Vermutung ist daher, dass sich künftige Generationenkonflikte nicht auf die westlichen Länder beschränken werden. In den Schwellenländern haben sich die Lebensverhältnisse für die gut ausgebildeten Mittelschichten bereits erheblich verbessert, und es bestehen große Erwartungen in die Mehrung des Wohlstands; die mentalen Horizonte haben sich über die tägliche Daseinsvorsorge hinaus geöffnet. In diesem Sinne ist der islamistische Terrorismus der Gegenwart ein typisches Phänomen der zweiten und dritten Generation.[62] Es steht zu vermuten, dass es insbesondere in den wirtschaftlich erfolgreichen Teilen der Schwellenländer zu vertikalen und horizontalen Konflikten zugleich kommen wird, wenn sich die Folgen des Klimawandels potenzieren.

Wer »A« sagt, muss nicht »B« sagen

Übrigens ist der islamistische Terrorismus mit seinen antikolonialen und antiliberalen Begründungen nur ein ins Extrem getriebener Indikator dafür, wie sehr das Erfolgsmodell des nordatlantischen Westens – die liberale, kapitalistisch wirtschaftende demokratische Gesellschaft mit all ihren zivilisatorischen Errungenschaften der Gewaltenteilung, der Bürger- und Menschenrechte etc. – in manchen Teilen der Welt in Misskredit geraten ist. Die klassische Lehrmeinung, dass wirtschaftliche Liberalisierung die politische und zivilgesellschaftliche Demokratisierung nach sich zieht, wird inzwischen allerorts bestritten und widerlegt. Die Einführung der Marktwirtschaft in China wurde in Europa und den USA nicht nur in Erwartung eines gigantischen Absatzmarktes für die eigenen Produkte begrüßt, sondern auch in der Überzeugung, mit der Liberalisierung des Marktes werde eine soziale Öffnung einhergehen. Doch wer »A« zum Kapitalismus sagt, muss noch lange nicht »B« zur Demokratie sagen.

Ganz im Gegenteil zeigt sich, dass eine Parteidiktatur unter komplexen technologischen und wirtschaftlichen Bedingungen eine ganz andere Dynamik entfalten kann als eine Demokratie. Während in westlichen Gesellschaften Innovationen durch den Zyklus der Legislaturperioden getaktet und gebremst werden, setzt ein Politbüro die als notwendig erachteten Maßnahmen konsequent um. Während neue Bahntrassen, Flughafenpisten oder Kraftwerke in Europa zum Gegenstand von Planfeststellungsverfahren, Bürgerbegehren, juristischen Auseinandersetzungen und Gutachtern werden, hat die Kommunistische Partei Woche für Woche ein neues Kohlekraftwerk in die Landschaft gepflanzt. Jedes davon emittiert pro Tag durchschnittlich 30 000 Tonnen CO_2 – und zwar ohne dass auch nur ein einziger Chinese danach gefragt würde, was er davon hält.

Demokratie erweist sich hier, ganz im Gegensatz zur Theorie, als Modernisierungsnachteil – in der komplexen Welt funktional differenzierter Gesellschaften geht etwas nur dann schnell, wenn keine Rücksicht auf etwaige Nachteile für eventuelle Betroffene genommen werden muss. So einfach ist das. Mit dieser Modernisierungsvereinfachung hat in den demokratischen Gesellschaften niemand gerechnet – das, was der Westen als nachholende Modernisierung wahrnimmt, könnte also in Wahrheit eine überholende Modernisierung sein, bei der die demokratischen Ideale auf der Strecke bleiben und die Wirtschaft desto besser brummt. Die westlichen Gesellschaften liefern nicht die Blaupause für die Staatsentwicklung in anderen Teilen der Welt, sondern im besten Fall ein konkurrenzfähiges, im schlechtesten Fall ein auslaufendes Modell. Jedenfalls werden auch andere Schwellen- und Entwicklungsländer aller Wahrscheinlichkeit nach nicht den Pfad beschreiten, den die in der OECD (Organisation für wirtschaftliche Zusammenarbeit und Entwicklung) organisierten Industrieländer mit ihren Präferenzen für Demokratie und Menschenrechte eingeschlagen haben. Vielmehr entwickeln sie Staatsformen, die sich für solcherlei Luxus nicht mehr interessieren. In der Euphorie der »vierten Demokratisierungswelle« (Samuel P. Huntington) von 1989ff. dachte niemand im Traum daran, dass sich keine zwei Jahrzehnte später in Russland ein System etablieren würde, das man als »autoritären Kapitalismus« bezeichnen kann. Dieses Gesellschaftsmodell wird gestützt durch den privatisierten Erdöl- und Erdgasreichtum der russischen Föderation sowie der Unterdrückung jeder Opposition durch eine Gesetzgebung, die Bürgerrechte nur lückenhaft respektiert und freie Meinungsäußerungen häufig kriminalisiert. Das kurze Glück des Westens nach dem Ende des Kalten Krieges schmilzt angesichts neuer Konstellationen schneller als das Eis der Arktis. So wird aus dem Generationskonflikt womöglich auch ein geopolitischer.

Allerdings ist wenigstens ein Hoffnungsschimmer, dass Gerechtigkeitsgrundsätze bei der globalen Verteilung von Emissionsminderungen niedergelegt worden sind. In der Klimarahmenkonvention (Art. 3, 1) sagen die Vertragsparteien zu, »... auf der Grundlage der Gerechtigkeit und entsprechend ihrer gemeinsamen, aber unterschiedlichen Verantwortlichkeiten und ihren jeweiligen Fähigkeiten, das Klimasystem zum Wohl heutiger und künftiger Generationen (zu) schützen«; die besonderen Bedürfnisse (zum Beispiel nachholendes Wachstum, auch auf Basis fossiler Energien) und Gegebenheiten der Entwicklungsländer (zum Beispiel Mangel an technischer Infrastruktur, Armutsbekämpfung) werden unterstrichen, sie aber auch zu einem Beitrag zur künftigen Emissionsreduzierung verpflichtet. Die zweite Verpflichtungsperiode im Kyoto-Protokoll sieht daher die lineare Konvergenz der Emissionsanteile zu gleichen Pro-Kopf-Emissionsrechten bis zum Jahr 2050 vor, was den Ländern des Südens historische Kompensation zubilligt, sie aber stufenweise in die weltgemeinschaftliche Verantwortung führt. Das »Greenhouse Development Rights-Modell« führt eine individuelle Beteiligungsschwelle ein: Wer ein Viertel oberhalb der Armutsschwelle liegt (die 2008 bei rund 7500 US-Dollar pro Jahr lag) muss einen Beitrag zum Klimaschutz leisten; die »jeweiligen Fähigkeiten« der Länder ergeben sich aus der Summe aller Einkommen, die oberhalb der Beteiligungsschwelle liegen. Emissionen, die aus der Befriedigung elementarer Grundbedürfnisse erwachsen, gelten in diesem Modell als *Überlebensemissionen* und werden aus der kollektiven Verantwortung eines Landes herausgerechnet. So versucht man, Aspekte der Gerechtigkeit zwischen den Nationen der Welt mit denen innerhalb der Nationen zu kombinieren. Bei allen Schwächen im Detail zeigen sich hier immerhin die Konturen eines post-kolonialen Bewältigungskonzepts, das historische Benachteiligung nicht zum Vorwand für aktuelle Verantwortungslosigkeit macht.

Abbildung 2: Kumulative CO_2-Emissionen (Projektion für 2010)

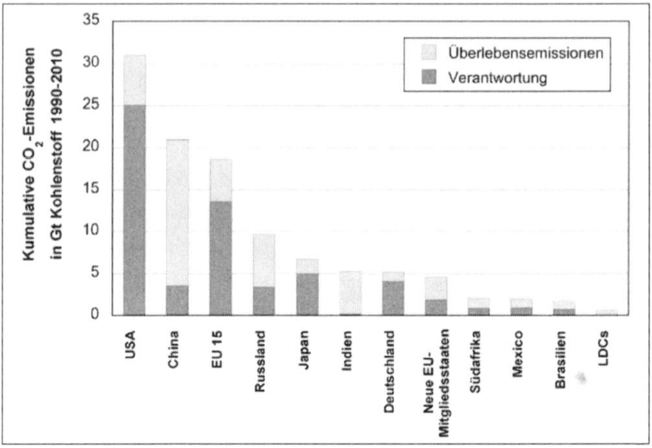

Die USA haben die meisten kumulierten CO_2-Emissionen seit 1990 zu verantworten. Chinas Emissionen sind ebenfalls hoch, doch der größere Teil der Emissionen sind Überlebensemissionen und werden somit nicht in Chinas Verantwortung einberechnet. Deutschlands kumulierte CO_2-Emissionen stehen für 4,2 Prozent der globalen Verantwortung am Klimawandel, die der Europäischen Union für 16,8 Prozent.
Quelle: Paul Baer, Tom Athanasiou, Sivan Kartha (2008), siehe: The Greenhouse Development Rights homepage: http://www.ecoequity.org/GDRs.

Zwei Grad Plus

In der Klimaforschung besteht Einigkeit darüber, dass die sozialen und ökonomischen Folgen des Klimawandels nur noch beherrschbar sind, wenn die Erwärmung bei einer Steigerung von plus zwei Grad gegenüber der vorindustriellen Zeit eingebremst werden – das sind etwa 1,6 Grad mehr als jetzt. Wie Fred Pearce vorrechnet, befanden sich zum Ende der letzten Kaltzeit 600 Milliarden Tonnen Kohlendioxid in der Atmosphäre – das ist der Wert, der bis zur industriellen Revolution etwa konstant blieb. Durch anthropogene Emissionen ist diese Marke seither auf 800 Milliarden Tonnen angestiegen; wenn

Abbildung 3: Anstieg der CO_2-Emissionen nach Regionen

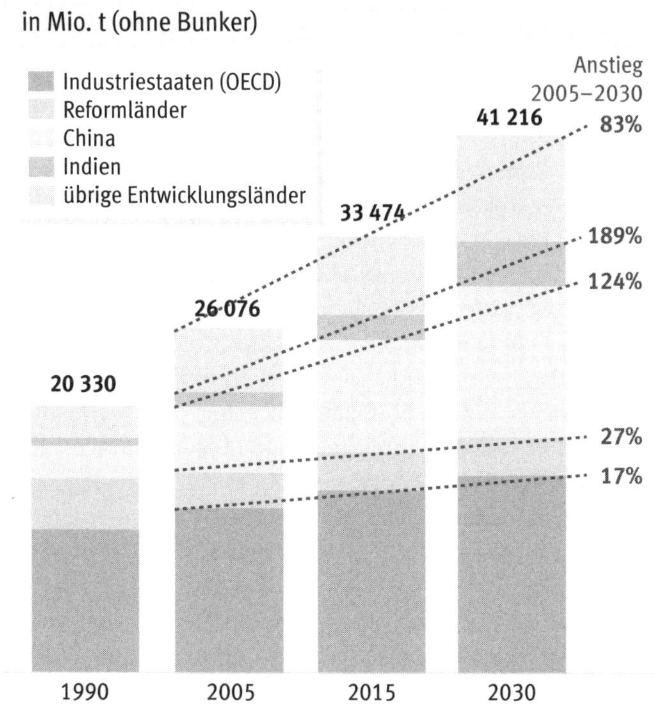

Quelle: Eva Berié u. a. (Red.): *Der Fischer-Weltalmanach 2009*, Frankfurt am Main 2008, S. 714.

der Temperaturzuwachs nicht weiter beschleunigt werden soll, wird von einer tolerierbaren Belastung von maximal 850 Milliarden Tonnen ausgegangen. Gegenwärtig kommen pro Jahr etwa vier Milliarden Tonnen dazu. Wenn man die Steigerungsraten nicht mitrechnet, die durch die nachholende Industrialisierung der Schwellenländer verursacht werden, ist der Wert von 850 Milliarden Tonnen in etwa zehn Jahren erreicht. Ein Abbremsen der Erwärmung auf die besagten zwei Grad plus ist nur dann realistisch, wenn die weltweiten Emissionen »in etwa fünf Jahren ihren Höchstwert erreicht haben, in den folgenden fünfzig Jahren um mindestens die Hälfte absinken und danach weiter im Abwärtstrend bleiben«.[63] Es ist eine Frage des Vertrauens in kollektive Vernunft, ob man ein solches Ziel für erreichbar hält.

Die einzige Möglichkeit, ein Desaster zu vermeiden, besteht im Erreichen des »Zwei-Grad-Ziels«, die Begrenzung des bereits irreversiblen Temperaturanstiegs auf zwei Grad Celsius. Der Forderung haben sich mittlerweile gut hundert Staaten der Welt angeschlossen. Den globalen Treibhausgasausstoß bis Mitte des 21. Jahrhunderts auf mindestens die Hälfte des Niveaus von 1990 zu senken, fordert ebenso eine ganze Palette wirtschaftlicher und zivilgesellschaftlicher Akteure. Neben einem Maßnahmenkatalog zur Vermeidung (*Mitigation*) wurden Strategien zur *Adaptation* diskutiert und in Angriff genommen, mit denen bedrohte Regionen auf mögliche Extremereignisse und Katastrophen reagieren. Ein Beispiel dafür ist das Anpassungskonzept der Bundesregierung.[64]

Inzwischen liegt auch eine Reihe von Studien vor, die die Kosten des Klimawandels zu beziffern versuchen und die Aufwendungen für eine protektive Politik dagegen rechnen. Die prominenteste Rechnung hat Nicholas Stern, der ehemalige Chefökonom der Weltbank, aufgemacht; seiner Auffassung nach koste ein Abstoppen des Anstiegs der klimarelevanten Emissionen lediglich ein Prozent des globalen jährlichen Bruttosozialprodukts, während die Folgekosten der ungebremsten Erwärmung mindestens fünffach darüber lägen.[65] Laut Unternehmensberatung McKinsey würden jährliche Investitionen von 170 Milliarden Dollar ausreichen, um den Anstieg des weltweiten Energiebedarfs um die Hälfte zu reduzieren. Die dadurch eingesparten Energiekosten sollen sich bis 2020 auf 900 Milliarden Dollar pro Jahr belaufen.[66]

Wo wir stehen

Das erste Kapitel dieses Buches sollte zeigen, dass die Kumulation der aktuellen Krisen zu einer Metakrise dazu zwingt, die Gefahr eines Systemzusammenbruchs einzukalkulieren, wenn wir über neue Lösungen für eine nachhaltige Gesellschaft und eine lebenswerte Zukunft nachdenken. Es geht daher jetzt nicht mehr um Korrekturen, sondern um einen radikalen Richtungswechsel. Nach mehreren glorreichen Jahrzehnten nicht enden wollenden Wachstums und auf Pump geborgten Wohlstands kommen wir nicht umhin, die Endlichkeit unseres Zivilisationsmodells in Betracht zu ziehen, die Krise also radikal zu durchdenken. Die eklatanten Gerechtigkeitslücken zwischen dem reichen Norden und dem armen Süden der Weltgesellschaft erfordern dies ebenso wie die oft ausgesprochene, aber selten beherzigte Wahrheit, wir hätten die Welt von unseren Kindern und Enkeln nur geborgt – nun sind wir dabei, ihnen als Behausung ein überhitztes Gewächshaus zu überlassen. Nicht 2008 hat die Krise begonnen, in der wir uns befinden. Wir können alle Strukturbrüche und Erkenntnisse bereits auf die 1970er und 1980er Jahre zurückdatieren, als man begann, die Grenzen des Wachstums und die Notwendigkeit einer nachhaltigen Gesellschaft zu erkennen. Diese Erkenntnis kommt nun als Schock, weil wir ja längst schon wussten, was wir trotzdem nicht wahrhaben wollten. Im nächsten Kapitel müssen wir klären, warum es so überraschend ist, wenn tatsächlich eintritt, was vorherzusehen war.

Schüler- und Studierenden-BaFöG	Kohle-Subventionen BRD 2008
2,2 Mrd. Euro p. a.	2 Mrd. Euro p. a.

Kapitel II

Denn sie tun nicht, was sie wissen. Warum Umweltbewusstsein und Handeln verschiedene Dinge sind[67]

Was kümmert mich die Nachwelt?
Hat sich die Nachwelt je um mich gekümmert?
Groucho Marx

Wer als Individuum ökologisch korrekt handeln will, muss einigermaßen enttäuschungsfest und frustrationstolerant sein. Man macht einen schönen Plan zur Rettung des Klimas, diskutiert ihn in der Familie durch, ist ganz angetörnt von der Chance, endlich etwas tun zu können – und erfährt bald, dass gut gemeint wieder mal das Gegenteil von gut war. Zum Beispiel achtet eine ökologisch aufgeklärte Frau beim Einkauf darauf, Bioware aus der Region zu kaufen. Bio, weil es gut ist für die eigene Gesundheit, regional, weil es dem Klima dient, wenn Produkte nicht von weither antransportiert werden. Privater Konsum verursacht in Deutschland immerhin rund 40 Prozent der jährlichen Pro-Kopf-Emissionen an Treibhausgasen.[68] Das hat Frau K. gelesen und ihre private Ökobilanz sofort zu optimieren versucht. Gottlob gibt es auch im Supermarkt eine regionale Ecke mit Hühnern, Äpfeln, Milchprodukten und Wurstwaren von Bauern, die man zum Teil mit Namen und vom Gesicht her kennt.

»Pustekuchen!«, sagt die Wissenschaft, in diesem Fall das Öko-Institut in Freiburg. Rainer Grießhammer wird mit dem Satz zitiert: »Spätestens ab Mai schneiden viele weitgereiste Äpfel in der Klimabilanz besser ab als lokale Sorten.«[69] Die Forscher haben zehn Konsumgüter auf ihren CO_2-Fußabdruck hin untersucht, mit dem Ergebnis, dass man nur auf solche weitgereisten Produkte verzichten solle, die – wie exotische Früchte oder Alaska-Lachs – per Luftfracht ins Land kommen.

Enttäuscht lässt die kritische Konsumentin das Magazin sinken. Doch will sie nicht aufgeben. Die Wissenschaft hat ihr nur eine Erkenntnis vor Augen geführt, die jeder aus der Lebenswelt kennt und die auf jeder Arzneimittelpackung zu lesen steht: Alles Handeln kann zu vorher nicht bekannten oder einkalkulierten, unbeabsichtigten und den ursprünglichen Absichten der Handelnden ganz entgegengesetzten Nebenwirkungen führen. Wer also ökologisch korrekt handeln will – dagegen hat ein Öko-Forscher natürlich nichts einzuwenden – der muss mit einem ganzen Bündel von Variablen rechnen, die sich – wenn nur ein Faktor verändert wird – mit ändern können. Die zurückgelegten Kilometer des Transporters, der den Apfel aus Südspanien hergeschafft hat, muss dem Energieverbrauch, den die kühle Lagerung heimischer Äpfel verursacht, gegengerechnet werden. Oder der Zubereitung eines Mahls. Oder dem Abwasch. Oder der Entsorgung. Im gesamten Lebenszyklus eines Produkts fallen Treibhausgase an – egal, ob es ein schlichter rotbäckiger Apfel ist oder der berüchtigte Joghurtbecher samt Inhalt, der als globales Produkt gefertigt und gefüllt worden ist. Und damit nicht genug: Ein »Bioprodukt« (für das noch einmal ähnliche Komplikationen gelten) mag in der Herstellung »bio« sein, im Blick auf andere Faktoren aber weniger »öko« als ein Produkt, das ganz und gar nicht »bio« ist. Und der Kauf beim heimischen Agrarproduzenten könnte wiederum entwicklungspolitische Nachteile haben.

Das wird vielen rasch zu kompliziert, mit einem Achselzucken kehren sie in alte Praktiken zurück oder resignieren beim Klimathema – was man macht, macht man verkehrt. Womöglich hatte Adorno recht und »es gibt kein richtiges Leben im falschen«.[70]

Kognitive Dissonanzen

Im vergangenen Jahr war einer von uns zu einer Veranstaltung eingeladen, die ein sehr kritischer und hinsichtlich der Zukunftsprobleme höchst besorgter junger Unternehmer initiiert hatte, und bei der es um den Zusammenhang von Klimaerwärmung und Gewalt ging. Dieser Unternehmer hatte es in kurzer Zeit geschafft, eine äußerst aktive Gruppe von Mittelständlern aufzubauen, die sich für eine klimapolitische Aktivierung der Bürgerinnen und Bürger der Gemeinde einsetzt. Mit Erfolg: Zu der Vortragsveranstaltung fanden sich mehr als hundert Zuhörer ein, was für eine Kleinstadt von etwa 20 000 Einwohnern erheblich ist. Nach dem Ende der Veranstaltung erzählte der Initiator beim Bier, er habe sich gerade einen 580 PS starken Audi RS 6 bestellt, die leistungsstärkste Limousine, die derzeit auf dem Markt zu haben ist. Warum? Weil, wie er sagte, »jetzt die letzte Gelegenheit ist. In ein paar Jahren kann man so was ja sowieso nicht mehr fahren.«

Dieser Fall zeigt nicht nur, dass Menschen zwischen ihr Bewusstsein und ihre Handlungsoptionen Welten legen können und dass sie oft nicht das geringste Problem damit haben, die eklatantesten Widersprüche mühelos zu integrieren und im Alltag zu leben. Dass uns das wundert, liegt an dem Menschenbild, das sich aus Moralphilosophie und -theologie, vermutlich besonders aus deren protestantischer Prägung, in unsere Vorstellungswelt eingeschlichen hat, und das davon ausgeht, dass Menschen Widerspruchsfreiheit anstreben. Verhält sich jemand offensichtlich entgegen seinen Einstellungen, attestiert man ihm umgehend »Schizophrenie« oder einen wenig festen Charakter. Die Vorstellung allerdings, dass die Motive für Handlungen ihre Ursache in der Persönlichkeitsstruktur von Menschen haben und dass Einstellungen handlungsleitend sind, ist nicht sehr realistisch: Denn um den unterschiedlichsten sozialen Situationen, wechselnden Anforderungen und vielen Rollenerwartungen entsprechen zu können, muss man sich flexibel zwischen seinem Selbstbild und seinen situationsspezifischen Entscheidungen und Handlungen hin- und herbewegen können. Der Sozialpsychologe Erving Goffman hat den Abstand zwischen dem Selbst und den vielen Rollen, das es einnehmen können muss, »Rollendistanz« genannt[71] und damit eine zentrale Kompetenz von Menschen beschrieben, die in modernen Gesellschaften leben.

Gründe und Ursachen für Handlungen, die in der Sozialisation bzw. der Biographie einer Person zu lokalisieren sind, sind gegenüber situativ wahrgenommenen Anforderungen und eingeschlagenen Lösungswegen in der Regel nachrangig, und die Idee, Menschen müssten ganz unabhängig von situativen Bedingungen immer derselben Moral und Strategie folgen, erweist sich angesichts der multiplen Anforderungen, die Menschen in modernen Gesellschaften zu erfüllen haben, als dysfunktional: Tatsächlich würde jemand, der den Kohärenzanforderungen entsprechend handelt, als total unflexibel, wenn nicht gar als ein pathologischer Fall betrachtet. Pointiert könnte man daher sagen, dass es viel mehr die Handlungen sind, die die Person bestimmen, als dass es die Person wäre, die die Handlungen bestimmt. Dies alles gilt nicht nur im als »normal« betrachteten Handlungsspektrum, sondern sogar oder gerade dann, wenn »ganz normale Menschen« ganz und gar unnormale Dinge tun, sich also an Massakern, Massenmorden, Hetzjagden und dergleichen beteiligen.[72]

Dass man zunächst dazu neigt, die Dinge genau umgekehrt zu sehen und Handlungsgründe viel eher in der Person als in der Situation zu suchen, liegt an dem so genannten fundamentalen Attributionsfehler – so bezeichnet die Psychologie das erstaunliche Phänomen, dass wir, wenn wir das Zustandekommen einer *eigenen* Handlung erklären, fast immer auf die Umstände Bezug nehmen. Die Sache erforderte schnelles Handeln, »ich war gezwungen, die Stelle von Herrn K. zu streichen, ich konnte da gar nichts machen …« Wenn aber *andere* Menschen Dinge tun, neigen wir regelmäßig dazu, die Motive dafür in ihrer Person zu suchen: »Er kriegt das nicht hin, weil er ein Versager ist«, »er hat das nicht erwähnt, weil er ein Lügner ist«, »er hat die Frau getötet, weil er ein böser Mensch ist«. Dieser fundamentale Attributionsfehler hat eine ordnungs- und orientierungsstiftende Funktion. Es macht das Leben leichter, wenn wir uns nicht über die Komplexität jeder Handlungssituation, in der sich irgendjemand befunden hat, Rechenschaft ablegen müssen, sondern einfach sagen können: Er handelt so, weil er so *ist*.

Das führt freilich, wie jede ehrliche Selbstbeobachtung zeigt, zu einem überpersonalisierten Menschenbild, das zu der irrigen Annahme verleitet, dass Menschen in Übereinstimmung mit ihrem als widerspruchsfrei vorgestellten Selbst handeln müssten. Tatsächlich verstößt jeder von uns täglich mehrfach gegen seine tiefsten innersten Überzeugungen, in unserem Fall also, wenn es um den Energieaufwand geht, den man wider besseren Wissens und oft auch wider die Notwendigkeit durch das Benutzen von Taxis, Autos und Flugzeugen treibt. Die Reihe der Beispiele für die mühelos ausgehaltenen Widersprüche zwischen einer eigenen Überzeugung und einer eigenen Handlung sind unendlich. Der Beweis: Führen Sie, falls Sie eine klimaschutzbewusste Person sind, ein Klima-Tagebuch darüber, wie oft und mit welchen Handlungen unter welchen Bedingungen sie gegen dieses Bewusstsein verstoßen. Sie werden bemerken, dass Sie jedes Mal, wenn Sie einen Verstoß notieren müssen, sofort eine Rechtfertigung parat haben, weshalb Sie jetzt gerade das Taxi benutzt haben (Termindruck), die Heizung höherdrehen mussten (erst letzte Woche böse erkältet gewesen) oder weshalb Sie die 500 Meter zum Supermarkt mit dem Auto gefahren sind (man kann die Kinder nicht so lange allein lassen).

Man sieht, dass die Moral, über die wir verfügen und die uns mit Orientierung in Bezug auf richtiges oder falsches Handeln ausstattet, in der Regel nicht handlungsleitend wirkt, sondern uns eine Richtschnur dafür liefert, welche Begründung dafür geeignet ist, eine falsche Handlung mit einem richtigen Bewusstsein zur Deckung zu bringen. Genauso war das, was der PS-bewusste Jungunternehmer an Inkohärenz offenbarte, nicht mehr als ein besonders auffälliges Beispiel für einen ohne weiteres ausgehaltenen Widerspruch – einer übrigens, in dem ein ausgeprägtes Bewusstsein über die Klimaschädlichkeit seiner Kaufentscheidung vorhanden war. Tatsächlich lieferte paradoxerweise der Umstand, dass er sich darüber klar war, dass seine Handlung »eigentlich« falsch war, ein besseres moralisches Gefühl – denn immerhin konnte er sich ein richtiges Bewusstsein beim falschen Handeln attestieren und sich damit von jenen distanzieren, die solche Autos einfach kaufen, ohne nachzudenken.

Dieselbe Konstruktion werden Sie bei sich bemerken, wenn Sie, weil es gerade so gut passt, einen kleinen Wochenendtrip nach Mailand mit dem Flugzeug machen und Sie Ihr Gewissen wegen Ihrer miesen CO_2-Bilanz plagt: Schließlich denken Sie, ist Ihr Flieger voll mit Leuten, die nicht einmal darüber nachdenken, dass die viele Fliegerei schädlich ist. Da sind Sie ja schon ein bisschen weiter. Wieder hilft die Moral nicht dabei, eine falsche Handlung zu unterlassen, sondern dabei, Wissen und Handeln etwas besser in Übereinstimmung zu bringen und das schlechte Gewissen kleiner zu machen.

Auch für den Komplex solcher Deutungsweisen hat die Sozialpsychologie einen Begriff: Dissonanzreduktion. Leon Festinger hat ihn aufgrund eines bemerkenswerten Beispiels geprägt: Vor etwa fünfzig Jahren veräußerten die Anhänger eines kultischen Glaubens in Wisconsin all ihre Habe, weil ihrer Anführerin prophezeit worden war, der Weltuntergang stehe in Form einer gewaltigen Überschwemmung unmittelbar bevor. Anschließend versammelten sie sich auf dem höchsten

Berg der Umgebung, um gemeinsam die Apokalypse zu erwarten und als Auserwählte von einem UFO gerettet zu werden. Der Weltuntergang trat bekanntlich nicht ein, und die Gläubigen standen ratlos auf dem Berg. Festinger interessierte sich dafür, wie sie nun mit der Enttäuschung ihrer Erwartung zurechtkommen würden, und machte eine überraschende Entdeckung. Statt etwa enttäuscht zu sein, am Glauben zu zweifeln oder gar ihren grotesken Irrtum einzusehen, hatten die vermeintlichen Auserwählten umgehend eine neue Theorie entwickelt: Zweifellos handele es sich hier um eine Prüfung der Festigkeit ihres Glaubens. Damit war der Widerspruch zwischen Wirklichkeit und Überzeugung beseitigt, und Leon Festinger hatte das Phänomen der kognitiven Dissonanz entdeckt.[73] Wenn Menschen eine Diskrepanz zwischen ihren Erwartungen und der Realität erleben, die sich praktisch nicht beseitigen lässt, erzeugt das ein tiefes Unbehagen und damit das dringende Bedürfnis, die Dissonanz zu beseitigen oder wenigstens zu reduzieren. Daher wird die Wahrnehmung der Wirklichkeit der eigenen Überzeugung angepasst, weshalb Raucher Lungenkrebsstatistiken für überbewertet halten und Anlieger von Kernkraftwerken das Strahlungs- und Unfallrisiko regelmäßig niedriger einschätzen als Menschen, die weit entfernt von Atommeilern leben.[74]

Auch und gerade ein Phänomen wie der Klimawandel ist geeignet, erhebliche kognitive Dissonanz auszulösen. Die Bedrohung wird mit jedem Jahr deutlicher, während die Emissionsmengen weltweit immer schneller anwachsen: 2007 waren es drei Prozent mehr als 2006, und die Bilanz für 2008 wird ähnlich ausfallen.[75] Das Bedrohungsgefühl wird nicht kleiner dadurch, dass die Klimaerwärmung auch deswegen der unmittelbaren Kontrolle entzogen ist, weil die augenblickliche Situation ihre Ursache in den Emissionen des Wirtschaftswunders und der Folgejahre hat. Alles, was man jetzt tun würde, hätte Auswirkungen wiederum erst in ein paar Jahrzehnten. Die

Ursache- und Wirkungskette ist auseinandergerissen, weil das Klima träge ist. Was kann man also tun?

Man kann zu den bereits genannten Strategien der Dissonanzreduktion greifen, oder man kann sich sagen, dass jede Menge andere Akteure existieren, denen man die Schuld an der Fortschreibung der Misere zuschreiben kann: die Chinesen, die Industrie, die Reichen, die anderen … Alle sind um Mehrung ihres Wohlstands bemüht, um den Preis, dass alle eigenen Anstrengungen, die Welt doch noch zu retten, sich im Angesicht der jährlichen Emissionsstatistik von vornherein in Luft auflösen würden.

Partikulare Vernunft

Was zeigen solche Beispiele? Sie zeigen Anpassungen von Menschen an sich verändernde Umweltbedingungen. Und sie zeigen zugleich, dass solche Anpassungen durchaus nicht konstruktiv ausfallen müssen, obwohl der Begriff der Anpassung eine Re-Justierung von veränderten Umweltbedingungen und verändertem Verhalten suggeriert. Der Unternehmer, der noch mal richtig Gas geben will, bevor das für alle Zeit vorbei ist, passt seine kurzfristige Handlungsplanung dezidiert nicht den langfristigen Erfordernissen an, und er tut das nicht unbewusst oder aus Versehen, sondern um eine Chance zu nutzen, die ihm nur noch befristet offensteht.

Das ist zweifellos eine Anpassung an veränderte Umweltbedingungen, allerdings eine, die die Umwelt mehr schädigt, als hätte sie nicht stattgefunden. Analoge Rationalitätskalküle finden sich immer, wenn Menschen wissen, dass ihr Verhalten mittel- oder langfristig schädlich ist (und sich später sogar gegen sie selbst richten wird), aber trotzdem Gründe haben, sich gegen dieses Wissen zu verhalten.

In Gebieten mit tropischen Korallenriffen, schreibt Jared

Diamond, »töten arme Fischer ihre Beute mit Dynamit und Cyankali (wobei sie nebenher die Riffe zugrunde richten), um heute ihren Kindern etwas zu essen zu geben, obwohl sie gleichzeitig ganz genau wissen, dass sie ihre zukünftige Lebensgrundlage zerstören.«[76] Die Bewohnerinnen von Flüchtlingslagern in Darfur haben in zehn Kilometern Umkreis um die Lager jeden Strauch und jeden Baum abgeholzt, weil sie Material zum Kochen und zum Ziegelbrennen brauchen; in den giftverseuchten Gebieten am Boden des ehemaligen Aralsees bauen Menschen Gemüse an, das sie ihren Kindern zu essen geben. In der Schweiz werfen umweltbewusste Betreiber von Skipisten ihre Schneekanonen an, wenn der Winter zu warm ist, um den Touristen Schneesicherheit zu garantieren. Der Kanton Wallis, der über hochgelegene Skigebiete verfügt, wirbt mit dem gruseligen Slogan »Trotz Klimawandel schneesicher«. Ostseefischer fangen mehr Kabeljau als sie dürfen, obwohl das ihre Zukunft zerstört, aber es sichert ihren Betrieb wenigstens über die nächsten Monate. Politiker kalkulieren, wenn es hoch kommt, in Zeithorizonten von einer Legislaturperiode – aber mitunter auch deutlich kürzer: Die Bush-Regierung etwa operierte in einem 90-Tage-Horizont, das heißt, sie befasste sich ausschließlich mit Problemen, »die das Potenzial hatten, innerhalb der nächsten neunzig Tage zur Katastrophe zu führen«.[77] Um die Katastrophen, die man perspektivisch mit solchen Kurzfristorientierungen heraufbeschwören kann, kann man sich ja zu gegebener Zeit kümmern.

Die Ökonomie nennt solches rational-irrationale Verhalten »Diskontierung zukünftiger Gewinne«: Man nimmt zur Erzielung eines kurzfristigen Gewinns die Schädigung einer Ressource in Kauf, »weil man die Gewinne aus der gegenwärtigen Nutzung wieder investieren kann, so dass die auf diese Weise angehäuften Investitionen in der Zeit bis zu einer zukünftigen Ausbeutung die gegenwärtige Nutzung wertvoller macht als jene in der Zukunft.«[78] Diskontierung heißt im Fall von umweltschädigendem Verhalten allerdings, Kredite bei der Umwelt aufzunehmen und die Verrechnung kommenden Generationen zu überlassen.

Das mag amoralisch sein, irrational ist es aus Sicht der Akteure erst mal nicht, und unverstehbar ist es schon gar nicht. Das Maß der Amoralität variiert übrigens, schon die wenigen Beispiele zeigen es eindringlich, danach, über wie viele Handlungsmöglichkeiten jemand verfügt, der die Nutzung einer Überlebensumwelt auf diese Weise diskontiert, und die sehen bei einem Energiekonzern auf der Suche nach ausbeutbaren Ressourcen natürlich anders aus als bei den Flüchtlingsfrauen in Darfur.

In jedem Fall ist die Rätselfrage danach, wieso Menschen gegen besseres Wissen handeln, mit der einfachen Antwort zu lösen, dass sie ihrem Handeln keine universelle Rationalität zugrunde legen, sondern dass immer partikulare Rationalitäten bestimmend dafür sind, welche Entscheidung jemand in einer gegebenen Situation fällt und welche Lösungsstrategie er wählt. Das Pathos des Weltuntergangs, der Weltgemeinschaft und der Betroffenheit durch den Klimawandel, die an Ländergrenzen nicht haltmacht, hat kaum Handlungsrelevanz – man kann es nicht auf die erlebte soziale Wirklichkeit herunterbrechen. Es dient lediglich dazu, dass man sich weiter ostentativ wundern darf, wieso die Menschen so unvernünftig sind. Das Problem ist aber ganz im Gegenteil, dass sie innerhalb der Referenzrahmen, an denen sie sich jeweils orientieren, wenn sie eine Entscheidung treffen, so vernünftig sind.

Nun geht jeder Entscheidung eine Wahrnehmung voraus, und wir wissen aus einer Fülle von sozialpsychologischen Experimenten, dass nur eine äußerst geringe Menge aller Informationen, die eine Situation bereithält, überhaupt wahrgenommen und ausgewertet wird. Ein Experiment, das den ausgesprochen geringen Stellenwert verdeutlicht, den Moralität in Entscheidungssituationen hat, ist das »Gute-Samariter-Experiment«:

Für dieses Experiment wurden Theologiestudenten dazu veranlasst, unter Zeitdruck eine Predigt zum Gleichnis vom Guten Samariter zu verfassen, die auf Band aufgenommen werden sollte. Zur Versuchsanordnung gehörte, dass die Probanden mit ihrer Rede ein anderes Gebäude aufsuchen mussten, in dem die Aufzeichnung stattfinden sollte. Aber bevor sie ihre Predigt fertig formuliert hatten, kam jemand in den Arbeitsraum und teilte mit, dass man im Studio schon dringend darauf warte, die Predigt aufzuzeichnen. Der Proband hastete also los zum anderen Gebäude. Vor dessen Eingang lag eine hilflose Person mit einem (gespielten) schweren Asthmaanfall. Nur 16 der 40 Seminaristen blieben stehen, um zu helfen. Bei einer Befragung nach dem Experiment sagten die meisten der 24 angehenden Pastoren, die sich ganz und gar nicht wie der gute Samariter verhalten hatten, nicht einmal wahrgenommen zu haben, dass auf ihrem Weg eine hilflose Person lag. John Darley und Daniel Batson, die dieses subtile Experiment durchgeführt haben, erklären das damit, dass die Konzentration auf die dringend zu erledigende Aufgabe gepaart mit dem Stress, den die Versuchspersonen erlebten, ihre Wahrnehmung verengte. »Welche Faktoren trugen zu dieser Entscheidung bei? Warum hatten sie es überhaupt eilig? Weil der Versuchsleiter (…) sich darauf verließ, dass (sie) irgendwo rechtzeitig ankamen. (…) Wer es nicht eilig hat, bleibt unter Umständen stehen und versucht, einer anderen Person zu helfen. Wer es eilig hat, wird eher weitereilen, selbst wenn er sich eilt, um über das Gleichnis vom Guten Samariter zu sprechen.«[79]

Kulturelle Verpflichtungen

Handlungsdruck und die Konzentration auf die Lösung einer definierten Aufgabe führen also dazu, dass Aspekte einer Situation, die aus einer moralischen Perspektive vorrangig zu berücksichtigen wären, gar nicht ins Blickfeld und damit ins Bewusstsein treten. Wenn so etwas dann als »Ausblendung« oder »Verdrängung« bezeichnet wird, wird die Sache auf den Kopf gestellt, denn solche Begriffe setzen ja zuerst eine bewusste Wahrnehmung voraus. Man könnte viel eher von einer psychologischen Diskontierung sprechen: Die Auswertung von Situationen wird zweifellos optimiert, wenn alle für die Bewältigung der jeweils anstehenden Aufgabe unwichtigen Faktoren gar nicht erst die bewusste Wahrnehmung erreichen. Das wäre der wahrnehmungspsychologische Aspekt.

Gravierender ist wahrscheinlich die Wirkung kultureller Schemata, die dafür sorgen, dass bestimmte Variablen von Anforderungssituationen nicht wahrgenommen und demzufolge auch nicht bearbeitet werden. Stanley Milgram hat einmal formuliert, dass ihn interessiere, warum Menschen es vorziehen, in einem Haus zu verbrennen, anstatt ohne Hose auf die Straße zu rennen. Objektiv betrachtet ist das selbstverständlich eine irrationale Handlungsweise, subjektiv zeigt sie lediglich, dass in bestimmten Kulturen Schamstandards Hürden vor lebensrettenden Strategien aufbauen, die nur äußerst schwer zu überspringen sind. So ist beispielsweise aus dem frühen 17. Jahrhundert übermittelt, dass der spanische König Philipp III. an einem Fieber starb, »das er sich zuzog, während er zu lange in der Nähe einer heißen Kohlenpfanne saß und sich dabei überhitzte, weil der Bedienstete, dessen Aufgabe die Entfernung des Kohlebeckens gewesen wäre, nicht gefunden werden konnte, als der König ihn rief.«[80] Auch wenn es um das eigene Überleben geht, spielen also kulturelle, soziale, emotionale und symbolische Faktoren oft eine größere Rolle als der Selbsterhaltungstrieb, weshalb zum Beispiel auch Selbstmordattentate praktiziert werden oder hierzulande vor ein paar Jahrzehnten der Heldentod als etwas Erstrebenswertes gelten konnte.

Während das Beispiel König Philipps III. noch als individuelles Unvermögen durchgehen mag, die richtigen Schlussfolgerungen aus einer Situation zu ziehen, zeigen Fälle des Scheiterns ganzer Gesellschaften, dass das Festhalten an kulturellen Modellen mitunter letal sein kann. Dabei sind besonders solche Fälle instruktiv, in denen Gesellschaften gescheitert sind, während eine andere Kultur zur selben Zeit unter denselben Bedingungen erfolgreich war. Jared Diamond hat die normannischen Wikinger mit den Inuit verglichen, die um das Jahr 1000 herum Grönland besiedelten, eine Weltgegend, die bekanntlich nicht gerade den idealen Raum für menschliche Überlebensgemeinschaften darstellt. Die Wikinger haben bis etwa 1500 durchgehalten, die Inuit sind bis heute dort (werden aber infolge des Klimawandels auch bald verschwunden sein). Im Zusammenhang unserer Frage, warum Menschen nicht tun, was sie wissen (könnten), interessieren im Fall des Scheiterns der Wikinger vor allem zwei kulturelle Faktoren: nämlich erfolgreiche Überlebensstrategien, die tradiert werden, und das Bild, das eine Gruppe von sich selbst hat.

Die Wikinger sicherten ihr Überleben durch eine Kombination von Weidewirtschaft und Jagd, wobei sie dieses Modell von der norwegischen Heimat, aus der sie kamen, auf Grönland übertrugen. Sie hielten zunächst Kühe und Schweine und in geringerem Umfang Schafe und Ziegen, die den klimatischen Bedingungen Grönlands prinzipiell viel besser standhalten können. Die Schweine erwiesen sich deshalb als ungeeignet, weil sie die wenigen nutzbaren Bodenflächen durchwühlten und die empfindlichen Pflanzungen zerstörten; die Kühe, weil die Saison, in der man sie auf die Weide schicken kann, in Grönland viel zu kurz ist. Die Kühe mussten daher einen Hauptteil des Jahres im Stall gehalten werden, und im kurzen Sommer ging jede Menge Energie dafür drauf, genug Heu für die Zeit zu machen, in der die Kühe nicht selbständig weiden konnten. Diese Rechnung war natürlich eine mit vielen Unbekannten – es ist überliefert, dass Kühe nach zu langen Wintern so abgemagert waren, dass sie nicht mehr laufen konnten und auf die Weiden getragen werden mussten. Im Laufe der Jahrhunderte ging daher die Haltung von Kühen und Schweinen zugunsten der Zucht von Schafen und Ziegen zurück. Kühe bekamen schließlich hauptsächlich Statuswert, spielten aber für die Wirtschaft der Wikinger keine große Rolle mehr.

Eine weitere Nahrungsmittelquelle waren wild lebende Tiere, vor allem Robben und Karibus, wobei archäologische Befunde zeigen, dass der Anteil an Robbenfleisch an der Ernährung der Wikinger von 20 Prozent zu Beginn der Besiedelung auf 80 Prozent gegen Ende angewachsen war: Die Viehhaltung war immer weiter reduziert worden, weil eine Klimaabkühlung die Lage noch ungünstiger gemacht hatte, als sie es ohnedies schon war. Daneben verzehrten die Normannen noch Kohl, Rüben, Rhabarber und Salat in geringem Umfang und Milchprodukte entsprechend dem Viehbestand, dazu noch Seevögel, Schneehühner, Schwäne und Muscheln. Was allerdings höchst erstaunlich ist: Sie aßen keinen Fisch – offenbar, wie Diamond schreibt, aus einem kulturell geprägten Nahrungstabu heraus.[81] Solche Tabus sind kulturell oft so tief verankert, dass überhaupt niemand auf die Idee kommen würde, dass es sich bei den tabuisierten Tieren um Nahrung handeln könnte – was bei uns etwa für Hunde, Würmer oder Insekten gilt. Bei den Wikingern waren es Fische.

Die Überlegenheit in ihren Überlebenschancen ging bei den Inuit gerade darauf zurück, dass sie diese in Grönland überreichlich vorhandene Nahrungsressource nutzten und sich überhaupt, etwa hinsichtlich der von ihnen entwickelten Kajaks, den geographischen und klimatischen Bedingungen weit besser angepasst zeigten. Diamond führt die vergleichsweise schwache Anpassungsfähigkeit der normannischen Wikinger nicht nur auf deren Nahrungskonventionen zurück, die eine ungute Konzentration auf die Weidewirtschaft zur Folge hatte, sondern auch auf einen kulturellen Eurozentrismus – dabei vor allem auf den christlichen Glauben und den damit verbundenen Aufwand, der für die Installierung eines Bischofs und einer Reihe von angemessenen Kirchenbauten getrieben werden musste. Das Holz für deren Tragekonstruktionen musste genauso aufwendig importiert werden wie die Glocken und der Messwein; hinzu kamen erhebliche Abgaben an die Kirche. Die tradierte europäische Identität spielte auch dort eine Rolle, wo etwa Bronzekerzenständer oder Schmuckstücke importiert wurden[82] oder Kleidungs- und Haushaltsgegenstände den Moden der Heimat folgten.

Dies alles bedeutete unter den kargeren Überlebensbedingungen der grönländischen Kolonie einen erheblichen Mehraufwand, den die Inuit nicht hatten, und diese Nachteile wurden umso gravierender, je schlechter die klimatischen Bedingungen und damit die Ressourcenbilanzen wurden. Das kulturelle Gepäck der Wikinger wurde unter Überlebensgesichtspunkten zunehmend schwerer und, wie Diamond regelrecht empört schreibt, schließlich tödlich, nämlich dann, »wenn man im grönländischen Klima halsstarrig an Kühen festhält, Arbeitskräfte von der sommerlichen Heuernte abzieht und zum Jagen [...] schickt, die Übernahme nützlicher Aspekte der Inuit-Technologie ablehnt und dann verhungert.«[83]

Man sieht: Auch Überlebensgemeinschaften an der kargen Grenze der Notwendigkeit leben nicht vom Brot allein; die kulturelle Symbolwelt und ihre gefühlten bzw. habituellen Verpflichtungen setzen der Auswertung besserer oder auch rationalerer Handlungsmöglichkeiten enge Grenzen. Für die Wikinger, resümiert Diamond, »denen das gesellschaftliche Überleben ebenso wichtig war wie die biologische Selbsterhaltung, stellte sich die Frage überhaupt nicht, ob sie weniger in Kirchen investieren oder die Inuit nachahmen oder mit ihnen Ehen schließen sollten, denn das hätte ihnen eine Ewigkeit in der Hölle eingebracht, nur damit sie auf Erden einen weiteren

Winter überlebten. Das Festhalten der Grönländer an ihrem Selbstbild als europäische Christen dürfte ein wichtiger Faktor für ihre […] konservative Haltung gewesen sein: Sie waren europäischer als die Europäer selbst, und diese kulturelle Barriere verhinderte die drastischen Veränderungen in der Lebensweise, mit denen sie hätten überleben können.«[84]

Gefühlte und habituelle kulturelle Verpflichtungen machen einen erheblichen Teil jener Gründe aus, aus denen Menschen nicht tun, was sie wissen könnten. Dabei muss ergänzend zu Diamonds Überlegungen betont werden, dass man es in Fragen der kulturellen Verpflichtung und des Habitus meist nicht mit Dingen zu tun hat, die der Reflexion und damit der Entscheidung zugänglich sind: Ganz im Gegenteil ist es gewissermaßen die kulturelle Lebensform selbst, die es ausschließt, dass bestimmte Dinge gesehen oder schädliche Gewohnheiten und dysfunktionale Strategien geändert werden können. Aus der Außenperspektive erscheint daher oft als völlig irrational, was aus der Binnensicht der Akteure die Qualität höchster, weil selbstverständlichster Vernünftigkeit besitzt. Man sollte im Angesicht des Scheiterns von Gesellschaften aufgrund ihrer kulturellen Verpflichtungen nicht hochmütig sein – gerade das 20. Jahrhundert hat auf das Eindringlichste gezeigt, dass auch die Bewohnerinnen und Bewohner moderner Gesellschaften kulturelle Optionen und normative Modelle entwickeln können, die ihnen tödliche oder auch mörderische Verpflichtungen auferlegen. Das kann ebenso zur Selbstabschaffung führen wie die »falschen« Strategien der grönländischen Wikinger oder die der Osterinsulaner, die ihre Überlebensgrundlage ruiniert haben, weil sie zu viel Ressourcen in die Herstellung gigantischer Skulpturen investiert haben. Diese Schwerkraft des kulturellen Habitus wird auch sofort sichtbar, wenn man Gegenwartsphänomene betrachtet.

Der Automann

Man müsse die besondere Bedeutung der deutschen Automobilindustrie beachten, sagte auf dem vorläufigen Höhepunkt der Finanzkrise Peer Steinbrück: »Sie hat eine Signalwirkung und Leitfunktion für die deutsche Volkswirtschaft bis hin zu technischen Entwicklungsimpulsen über die Branche hinaus.«[85] Und der Vorgänger der aktuellen Bundeskanzlerin nannte sich selbst nicht ohne Stolz einen »Automann«. Eine solche Selbstbeschreibung deutet an, welche Rolle das Auto im Habitus vor allem männlicher westlicher Menschen spielt. Das Auto ist, seiner symbolischen Potenz wie seiner infrastrukturellen Eindringtiefe wie seiner industriepolitischen Bedeutung wegen, *das* zentrale ikonische Objekt der Industriegesellschaften. Besonders in einer Gesellschaft, die sich technologisch als Spitze der automobilen Welt schlechthin fühlt, ist das Auto so wenig wegzudenken, wie es dem Wikinger die Kuh war – und das offensichtlich auch dann, wenn man mehr für es aufwenden muss, als es abwirft. Als die Absatzmärkte für Neuwagen weltweit in einem nie gekannten Maße einbrachen, wurde keineswegs intensiver über eine Welt ohne Autos nachgedacht, sondern es wurden Prämien auf die Vernichtung von Wirtschaftsgütern gezahlt – die sogenannte »Abwrackprämie«, deren Erfindung sich der Kanzlerkandidat Frank-Walter Steinmeier zuschrieb und die der zuständige Ressortminister Sigmar Gabriel gegen alle Vernunft als Umweltprämie verteidigte. Deutschland – einig Autoland!

Kosten der Exzellenzinitiative für die deutschen Universitäten	Kosten der »Abwrackprämie« für deutsche Autokonsumenten
1,9 Mrd. Euro	5 Mrd. Euro

Auch die französischen und italienischen Kleinwagenhersteller, die mit ihrer Flotte erst mal besser dazustehen schienen, stürzten sich in einen protektionistischen Wettlauf, dem die Aufpasser in der Europäischen Union und bei der WTO machtlos zuschauen. Gegen alle hehren Prinzipien der Globalisierung und wider die faktische Internationalisierung der Marken wurde der Kauf heimischer Autos zur patriotischen Pflicht stilisiert. Ex-Senator Barack Obama vertrat den Autostaat Illinois, Nicolas Sarkozy legte sich für die Firma Renault ins Zeug, von der es schon einmal hieß: »Wenn Billancourt niest, holt sich Frankreich den Schnupfen.« Und in Ostsibirien lieferte sich die frustrierte russische Mittelklasse Straßenschlachten mit der Miliz, weil Moskau aus protektionistischen Gründen den Toyota-Import untersagt hatte und die Leute wieder Lada fahren sollten, was sie allerdings nicht einsehen wollten.

So sehen also die Brotaufstände von heute aus; das Auto ist heute mindestens so sehr Subsistenzmittel wie das Baguette vor der Französischen Revolution und individuelle Mobilität ist gefühltes Menschenrecht. Dass sich die Politikerinnen und Politiker neben den Banken so intensiv der Automobilindustrie widmen, liegt eben daran, dass sie jenseits ihrer wirtschaftlichen Bedeutung die symbolische Leitbranche der westlichen und sich verwestlichenden Gesellschaften ist. Systemisch beruht die Zentralstellung vor allem in den USA und Deutschland darauf, dass Autohersteller samt vor- und nachgelagerten Unternehmen einen großen Brocken des Bruttoinlandsprodukts einspielen und als Konjunkturbarometer dienen. Personen- und Lastkraftwagen sind – aller Vernunft zuwider – die Haupttransportmittel für Menschen und Güter geblieben, die ausgreifenden Zukunftsprojektionen der Logistikbranche gleichen Horrorszenarien. Auch sind Autounternehmen immer noch ein Motor der industriellen Beziehungen zwischen Kapital und Arbeit. So kann die Branchenlobby jeden erpressen: Wer den Eckstein Auto beschädigt, lässt die ganze Republik einstürzen.

Dass auch vom Werbemittel und Werbeträger Automobil ganze Branchen leben, leitet zu seiner Kulturbedeutung über, die wiederum am stärksten in den Vereinigten Staaten und in Deutschland ausgeprägt ist. Das Auto gilt unbesehen als *das* Freiheitsvehikel schlechthin, das für individuelle Mobilität sorgt und eng gesteckte Grenzen überwinden hilft. Road Movies und Autoshows haben den Besitz eines fahrbaren Untersatzes zu einer umfassenden Kulturdefinition gemacht, die das gesamte Berufs- und Alltagsleben strukturiert, bis hinein in die Nahrungsaufnahme und Grundversorgung: Kein *Fast Food* ohne Auto und auch kein *Wal Mart*, kein *American Graffiti* und kein *Manta, Manta.*

Das Auto ist aber noch viel mehr: Es ist Identifikation für Belegschaften, die »beim Daimler« schaffen; Orte wie Detroit oder Wolfsburg sind industrielle Monokulturen. Automobile strahlen immer noch – man betrachte die Jungs-Abteilungen der Spielzeugetagen – eine nachhaltige technische und ästhetische Faszination aus. Die vier Räder stehen für das Ingenieurwissen ganzer Nationen, die sich im Grand Prix austoben können. Das Auto ist, obwohl es ein Dino der Moderne ist, der Hauptindikator sozialen Fortschritts, für alle Schichten ein unschlagbares Statussymbol und genauer Reputationsindex. Der Aufsteiger in die Oberschicht erkennt seine Berufung an dem Tag, an dem ihm erstmals ein Fahrer für den Dienstwagen zur Verfügung steht, die Mittelschicht pumpt ihre Passats und A3 auf wie Jahresringe, und wer trotz Führerschein im Regionalexpress hängenbleibt, weiß, dass er es nicht gepackt hat. Steve McQueen trieb als Bullitt den Ford Mustang durch San Francisco und Paul Newman war auch in Wirklichkeit Autorennfahrer, Michael Schumacher eine Weile der bestverdienende Sportler der Welt. Der »Käfer« ist ein Erinnerungsort fürs Wirtschaftswunder, Dreier-Cabrio und S.U.V. lieferten Persönlichkeitsentwürfe, der Golf schuf eine ganze Generation und mit all dem ist ein vielseitig anschlussfähiges Vehikel für Werbung,

Kino und Mode, kurz: Mythen des Alltags entstanden, auch wenn die einst stilbildende Göttin, die DS 21 von Citroën, in der Banalität des Einheitsdesigns untergegangen ist.

Kurz: Selbst wenn überdeutlich ist, dass in einer klein und flach gewordenen Welt mit hervorragenden Kommunikationsmitteln und fantastischen Technologien für öffentlichen Nah- und Fernverkehr, die an zuviel Emissionen zugrunde zu gehen droht, das Auto nichts anderes als ein Anachronismus ist, ist seine Zeit noch lange nicht vorbei – es ist in unserer kulturellen Identität verankert wie kaum etwas anderes. Der Kapitalismus befriedigt Sinnbedürfnisse über Konsumchancen, und das Auto liefert Spaß, Macht, Distinktion, Freiheit, Komfort, Fetisch, Technologie und Sound – also das Maximum an konsumierbarem Sinn. Deshalb will es niemand abschaffen, obwohl es längst von gestern ist.

Nachmittags Schwimmschule

Wenn Gesellschaften deswegen scheitern, weil sie an Erfolgsstrategien des Überlebens festhalten, die unter veränderten Umweltbedingungen dysfunktional werden, ist die Affenliebe fürs Auto in Zeiten des Klimawandels beunruhigend. Traditionell war der entscheidende Faktor für das Scheitern von Gesellschaften die Übernutzung von Böden und das Abholzen der Wälder, was eine irreversible Erosion zur Folge hatte und die Überlebensgrundlagen nachhaltig schädigte. In einer Welt, die sich scheinbar so weit von den basalen Überlebensgrundlagen entfernt hat wie unsere, wirken solche Faktoren des Scheiterns entlegen, und tatsächlich wird man für den Kollaps von Industriegesellschaften noch andere Faktoren in Rechnung stellen müssen, zum Beispiel das Ignorieren von Grenzen des Systems, das Festhalten an Wachstumsvorstellungen und das Pflegen von Fetischen. Aber eines bleibt sicher konstant:

Das Phänomen der Diskontierung wirkt ab dem Augenblick selbstverstärkend, in dem die Ressourcenlage sich verschlechtert, weil dann die Ressourcen um des bloßen Weitermachens willen um jeden Preis ausgeschöpft und vernutzt werden. Die Reise in den Untergang beschleunigt sich auf diese Weise selbst. An dieser Stelle darf die Frage gestellt werden, wie die kurzfristige Sicherung von Arbeitsplätzen in Industrien, deren Absatzmärkte nur noch den Rückbau hergeben, sich auf die Potentiale zur zukunftsfähigen Gestaltung der Industriegesellschaft auswirkt. Wie unverantwortlich muss man eigentlich sein, um kurzfristige Wahlerfolge langfristigen Erfolgs- oder auch nur Überlebenschancen vorzuziehen?

Bei der Analyse des Scheiterns von Gesellschaften ist die Beantwortung einer Frage von entscheidender Bedeutung: Was haben die Zeitgenossen *nicht* gesehen, als scheinbar noch gar kein Grund zur Besorgnis bestand? Die Analyse des Nichtwissens, das zu einer historischen Zeit die Handlungsoptionen der Akteure mindestens so sehr bestimmt hat wie ihr Wissen, ist die fruchtbarste und schwierigste Aufgabe, wenn man aus der Geschichte etwas lernen will. Ereignisse, die die Nachwelt als historische betrachtet, werden ja in der Echtzeit ihres Entstehens und Auftretens nur selten als solche empfunden. Man wundert sich, um ein klassisches Beispiel zu bemühen, darüber, dass Franz Kafka am Tag nach der deutschen Kriegserklärung an Russland lapidar in sein Tagebuch eintrug: »Deutschland hat Russland den Krieg erklärt. – Nachmittag Schwimmschule.«

Soziale Katastrophen wie das Scheitern von Gesellschaften werden in der Regel erst von Historikern als solche bezeichnet, nicht von den Zeitgenossen, die glauben, dass sie gerade an ihrem Aufrechterhalten und an ihrem Überleben arbeiten. Den grönländischen Wikingern fehlte das kulturelle Konzept, um mögliche Innovationen in ihre Überlebensstrategien zu integrieren, die Osterinsulaner hatten kein Wissen über die Irreversibilität ihrer Übernutzung der Ressourcen. In modernen,

»differenzierten« Gesellschaften sind die Funktionszusammenhänge und Handlungsketten überaus komplex, weshalb eine Kontrolle über kritische Schwellenwerte kaum auszuüben ist und weshalb Verantwortung genauso begrenzt und verteilt ist wie die einzelnen Funktionsbereiche. Die Schockwellen, die von einem initialen Katastrophenereignis auslaufen, treffen die einzelnen Bereiche und Betroffenen zu unterschiedlichen Zeiten, also jeweils mit Verzögerung. Diejenigen, die von der Finanzkrise abrupt getroffen wurden wie von einem Erdbeben, waren die Banker von Lehman Brothers, die plötzlich mit ihren Pappkartons auf der Straße standen. Alle anderen waren zunächst bloß Zuschauer am Rand der Arena – und wenn die nach und nach erwischt werden, hat sich die Welt schon erheblich verändert, und mit ihr das, was man für normal oder unnormal hält.

Warum man warme Winter für normal hält

Ökologen verzweifeln gelegentlich daran, dass Menschen nicht registrieren, wie sich ihre Umwelt mit der Zeit verändert. Eine Studie mit mehreren Generationen kalifornischer Fischer hat gezeigt, dass die Jüngsten das geringste Problembewusstsein hatten, was Überfischung und Artensterben anging – sie hatten nämlich gar keine Vorstellung davon, dass es dort, wo sie ihre Netze auswarfen, jemals mehr und andere Fische gegeben hatte.[86] Umfragen in Indien zeigen, dass für die Jüngeren Fleischkonsum das natürliche und darum erstrebenswerte Ernährungsverhalten darstellt, während die Älteren genau das für neu und unnatürlich halten.[87] Die Explosion der Raumfähre »Challenger« im Jahr 1986 war darauf zurückzuführen, dass sich die Maßstäbe für das, was an technischen Schwächen als tolerabel galt und was nicht, sukzessive verschoben hatten: »Als unerwartet verbrannte Stellen an O-Ringen auftraten, mit denen bestimmte Abschnitte der Trägerraketen abgedichtet werden, erweiterten die Techniker ihre Definition eines ›akzeptablen Risikos‹ und schlossen diese Hinweise auf heißen Treibstoff, der an den Dichtungsringen vorbeiströmte, in die Risikodefinition mit ein. Was sie zunächst als unerwartete Anomalie behandelten, wurde neu definiert und als erwartetes Ereignis wahrgenommen. Das Spektrum der erwarteten Fehler wurde dann immer größer: Galt es zunächst als normal, dass man versengte Stellen am primären O-Ring fand, galt es wenig später als normal, dass man eine Materialermüdung am primären O-Ring entdeckte, und schließlich auch als normal, dass die Hitze auf den sekundären O-Ring übergriff und man auch dort eine Materialermüdung feststellte.«[88] Die »Challenger« explodierte sieben Sekunden nach dem Start; es dauerte Monate, bis die Ursache dafür gefunden war. Genau genommen handelte es sich dabei um keine technische, sondern um eine soziale Ursache: *shifting baselines* hatten die Beurteilungskriterien dafür, was gefährlich war und was nicht, verschoben.

Shifting baselines – die Veränderung der eigenen Wahrnehmung parallel zu sich verändernden Situationen in der sozialen und physischen Umwelt – stellen evolutionär wahrscheinlich eine höchst erfolgreiche Eigenschaft von Menschen dar, die ja die anpassungsfähigsten aller Lebewesen sind und sich nicht lange damit aufhalten, darüber nachzudenken, was heute anders ist, als es gestern war. Tatsächlich vollzogen sich die Veränderungen ihrer Überlebens- und Erfahrungsräume in der Frühzeit der Menschheitsgeschichte unendlich langsam – wenn man etwa vom »Wandern« des ursprünglich nur in Afrika vorkommenden Hominiden nach Europa bzw. Asien spricht, dann stellt man sich sofort Menschen vor, die mit Sack und Pack losmarschieren und irgendwo bleiben, wo es ihnen günstig erscheint. Tatsächlich »wanderten« diese Menschgruppen aber, indem sich peu à peu ihre Dörfer verlagerten, pro Generation ein paar Meter weiter nach Norden oder nach

Westen. Wenn Anthropologen sagen, dass sich »plötzlich« in der Überlebensumwelt ihrer Untersuchungsobjekte etwas veränderte, dann kann es passieren, dass sie ergänzen, »also in einem Zeitraum von ungefähr 10 000 Generationen.«[89]

Aber in Situationen viel schnellerer und bedrohlicherer Veränderungsprozesse der Überlebensumwelten kann sich diese Geschmeidigkeit als erheblicher Nachteil erweisen. *Shifting baselines* gibt es auch im sozialen Bereich: Man denke nur an den gesamtgesellschaftlichen Wertewandel im Nationalsozialismus, in dem es die meisten Bürgerinnen und Bürger 1933 für völlig undenkbar gehalten hätten, dass nur wenige Jahre später unter ihrer tätigen Teilhabe die Juden nicht nur ihrer Rechte und Besitztümer beraubt, sondern zur Tötung abtransportiert würden. Diese Deutschen sehen ab 1941 die Deportationszüge abfahren, nicht wenige von ihnen haben inzwischen »arisierte« Kücheneinrichtungen, Wohnzimmergarnituren oder Kunstwerke gekauft, einige führen Geschäfte oder wohnen in Häusern, die den jüdischen Besitzern genommen worden sind. Und finden das völlig normal.

Dass kaum auffällt, wie radikal sich die Lebenswelt und die zu ihr gehörenden Normen und Selbstverständlichkeiten verändern, liegt auch daran, dass die fühlbaren Veränderungen nur einen Teil, oft einen verschwindend geringen, der gelebten Wirklichkeit betreffen. Es wird chronisch unterschätzt, wie viel die Routinen des Alltags, die gewohnten Abläufe, das Weiterbestehen von Institutionen, Medien, Versorgung dazu beitragen, dass man glaubt, eigentlich würde gar nichts weiter geschehen: Busse fahren, Flugzeuge fliegen, Autos stehen im Feierabendstau, die Geschäfte dekorieren weihnachtlich. All das bezeugt Normalität und stützt die tiefe Überzeugung, dass die bekannte Wirklichkeit noch in Kraft und nicht etwa durch eine ganz andere ersetzt worden ist, ohne dass man es bemerkt hätte.

In dem Augenblick, in dem Geschichte stattfindet, erleben Menschen Gegenwart. Soziale Katastrophen passieren im Unterschied zu Hurrikans und Erdbeben nicht abrupt, sondern sind ein für die begleitende Wahrnehmung nahezu unsichtbarer Prozess, der erst durch Begriffe wie »Kollaps« oder »Zivilisationsbruch« nachträglich auf ein eruptives Ereignis verdichtet wird. Fragen, warum nicht gesehen wurde, dass eine Entwicklung auf die Katastrophe zusteuerte, stellen Historiker in dem Wissen darum, wie die Sache ausgegangen ist. Sie blicken vom Ende einer Geschichte auf ihren Beginn und erzählen als Retro-Prognostiker, wie es zu diesem oder jenem Ergebnis kam, gar kommen musste. Damit füllen sie historische Prozesse immer mit mehr Sinn auf, als in der Gegenwart in ihnen zu entdecken war.

Bekanntlich wächst mit dem Wissen auch das Nichtwissen, aber bislang haben wir das mit Karl Popper eher optimistisch gedeutet, als Dauerherausforderung für Wissensgesellschaften. Die Metakrise macht aber deutlich, dass wir es an vielen Fronten mit einem uferlos gewordenen Nicht-Wissen über die Konsequenzen unseres Handelns zu tun haben. Wie könnte man als Zeitgenosse herausbekommen, ob man sich gerade an einem systemischen Kipp-Punkt befindet? Der Letzte liegt nicht einmal zwei Jahrzehnte zurück: der von niemandem vorhergesagte Zusammenbruch einer kompletten politischen Hemisphäre mit seinen tiefgreifenden Folgen für die Staatenfiguration. Damals wurde das Ende der Geschichte verkündet, weil der Siegeszug des Westens besiegelt schien, was – wie sich an der schon erwähnten Entwicklung von nicht-demokratischen, gleichwohl kapitalistischen Systemen wie China oder Russland zeigt – wohl etwas voreilig war.

Es könnte also durchaus sein, dass Historiker in hundert Jahren den Beginn des Untergangs der Demokratien und die Abwicklung des Kapitalismus auf 1989 datieren und die weltweite Finanzkrise nur 19 Jahre später als die nächste Stufe auf dem lange zuvor eingeläuteten Abstieg deuten. Jedenfalls zeigt sich, dass Stabilitätserwartungen etwa an das System der Bundesrepublik nicht schon dadurch gerechtfertigt sind, dass es sechzig Jahre gutgegangen ist. Der Blick in die Geschichte macht klar, dass Gesellschaften und Kulturen instabil geworden sind, die viel länger gut funktioniert haben, und das 20. Jahrhundert hat – 1914, 1917, 1933, 1939, 1945, 1989 – eindringlich vorgeführt, dass wir jederzeit mit extrem beschleunigten gesellschaftlichen Wandlungsprozessen zu rechnen haben. Und dass diese nicht immer gut ausgehen.

Die Antwort auf die Frage, warum Menschen nicht tun, was sie wissen, ist einfach: Zunächst mal sind es die faktisch vollständig unterschiedlichen Aufgaben und Interessen, die Individuen und Gesellschaften in der Komplexität von Erdsystem und Weltgesellschaft zu lösen haben: Es gibt kein soziales Kontinuum zwischen dem Flüchtlingskind in Darfur, dem Facharbeiter bei Opel und dem Vorstandsvorsitzenden von Exxon Mobil, und deshalb keine gemeinsame Vernunft, was ihr jeweiliges Handeln angeht. Vor diesem Hintergrund haben wir es bei der Suche nach Antworten auf die Frage, warum es so schwer ist, vom Wissen zum Handeln zu kommen, mit einer künstlich verrätselten Frage[90] zu tun: Weil zwischen dem Wissen und dem Handeln sozial und psychisch immer eine Reihe von intervenierenden Faktoren stehen. Oder einfacher: Weil Menschen keine Wesen sind, die wie Pawlow'sche Hunde auf Reize mit voreingestellten Reaktionen antworten.

Sie versuchen vielmehr, zu bewältigen, was sie als Anforderungen wahrnehmen – das heißt, sie nehmen selektiv wahr und deuten diese Wahrnehmungen, bevor sie etwas tun. Meist können sie, da sie immer nur mit partikularen Mitteln an partikularen Lösungen arbeiten, nicht absehen, wohin das im Ganzen führt. Zudem sind menschliche Bewältigungsversuche niemals reine Auseinandersetzungen mit materiellen Gegebenheiten, sondern immer kulturell formatiert – ohne dass dies den Einzelnen bewusst wäre, weshalb »bessere« oder »naheliegende« Lösungsmöglichkeiten oft außerhalb der mentalen Reichweite der Akteure liegen. Von Edgar Allan Poe gibt es die wunderbare Geschichte des verschwundenen Briefes, der deshalb nicht entdeckt wird, weil er mitten auf dem Tisch liegt – also im Rahmen des Konzepts »etwas Verstecktes suchen« nicht entdeckt werden *kann*.[91] Die Bewohnerinnen und Bewohner scheiternder und gescheiterter Gesellschaften können in diesem Sinne oft nicht sehen, dass die Lösung manchmal ganz offen zutage liegt – die Wikinger hätten nur Fisch zu essen brauchen, um einen großen Teil ihrer Probleme los zu sein.

Diese kulturelle Wahrnehmungsbarriere wird zu beiden Seiten flankiert von den psychologischen Phänomenen der *shifting baselines* und der kognitiven Dissonanz: Verstellen *shifting baselines* die Aufmerksamkeit auf das, was sich beunruhigend oder gar alarmierend verändert, helfen die Mechanismen der Dissonanzreduktion bei der Umdefinition dessen, was zu schwierig zu verändern scheint – sie verkleinern und verharmlosen, was in Wahrheit gefährlich ist und dringend bearbeitet gehörte, und sie erzeugen Indifferenz und Indolenz. Die gelebte Erfahrung, dass nichts Weltbewegendes passiert und die Dinge schon so weitergehen werden, und das Bedürfnis, Dissonanzen zum Verschwinden zu bringen, sorgen dafür, dass unsere Wahrnehmungen der Entwicklung der Dinge chronisch hinterherhinken. Wir sind noch, was wir gestern über uns geglaubt haben, schrieb der Philosoph Günther Anders[92] vor vierzig Jahren im Angesicht der atomaren Selbstauslöschungsgefahr, unsere Einstellungen synchronisieren sich nicht mit veränderten Bedrohungslagen.

»Apokalypseblindheit«, diese Unfähigkeit, künftige Gefahren angemessen einschätzen und dies für die Gegenwart handlungsleitend zu machen, erklärt das beunruhigende Phänomen, dass einerseits – wissenschaftlich betrachtet – kaum Zweifel daran bestehen kann, dass vielen Gesellschaften ein klimabedingter Kollaps bevorsteht und sich die Lebensbedingungen für alle Menschen mittelfristig stark verändern werden, dass das aber andererseits kaum jemand wirklich glaubt. Wie man am Beispiel derjenigen sieht, die an ihrer Auserwähltheit keinen Zweifel hegten, obwohl die Prophezeiung falsch war, ist die Fähigkeit von Menschen zu Anpassung der Wirklichkeit an ihre Illusionen grenzenlos. Das kann oft hilfreich sein, manchmal aber auch selbstmörderisch.

Warum wir uns nicht bewegt haben

Die Metakrise, die sich im Hintergrund unserer scheinbar unbeschädigten Lebenswelt aufgetürmt hat, konnten wir lange nicht zur Kenntnis nehmen, weil es uns die im Weltmaßstab äußerst komfortablen und sicheren Lebensumstände erspart haben, mit existentiellen Problemlagen der Gegenwart konfrontiert zu werden. Das ist vielleicht das Überraschendste an dieser Gegenwart: Sie hat – über die Institutionen, die Infrastrukturen, den Reichtum, die Dächer über dem Kopf – eine solche Schwerkraft des So-Seins entwickelt, dass das leicht mit dem Eindruck verwechselt werden kann, eigentlich sei doch alles noch ganz in Ordnung. Unter der Hand ist die Interventionsfähigkeit moderner Gesellschaften via Markt und Staat schwer beschädigt worden. Wenn das richtig ist, müssen wir nun zu einer Kritik der Stellschrauben des aktuellen Krisenmanagements kommen. Erst der illusionslose Blick auf die Erosionsprozesse in den westlichen Demokratien erlaubt eine Einschätzung, ob von der Welt, wie wir sie kannten, noch etwas zu retten ist. Und wenn ja, was.

Kapitel III

Business as usual. Zur Kritik der Krisenbewältigung

Das chinesische Geld brauchte die Bush-Regierung, um das Vermögen der saudischen Königsfamilie noch ein wenig zu vergrößern, damit Öl in ineffizienten Maschinen, deren Technik aus dem vorvorherigen Jahrhundert stammt, verbrannt werden kann, so dass übergewichtige Westler im SUV zum Bäcker kommen.

Nils Minkmar

Die Welt, wie wir sie kannten, wurde einem prominenten Erklärungsversuch der Soziologie zufolge durch vier Funktionssysteme zusammengehalten: Wirtschaft, Politik, Kultur und Gemeinschaft.[93] Diese stahlharte Systematik scheint nun angeschlagen. Systemtheoretiker und eingefleischte »Luhmenschen« warnen gern vor Aufregungsschäden, weil sie reale Schäden vergrößern. Dirk Baecker etwa lobt »die große Moderation, innerhalb derer die Gesellschaft lernt, nicht nur nach außen, sondern auch nach innen mit verschiedenen Umwelten zu rechnen und daher davon auszugehen, dass Kirchen, Schulen und Unternehmen, Behörden, Theater und Krankenhäuser, Parteien, Verbände und Redaktionen ihre eigenen und jeweils guten Gründe haben, so zu agieren, wie sie agieren.«[94] Das klingt wie die Betrachtung eines Unpolitischen, die in Deutschland von Thomas Mann über Helmut Schelsky bis Niklas Luhmann Tradition hat: »Das heißt in keinem Fall, dass man mit den Ergebnissen einverstanden sein muss, im Gegenteil. Aber es heißt in jedem Fall, dass man nur mit diesen Einrichtungen und nicht gegen sie operieren kann. Ihren Dreck produziert die Gesellschaft auf einer Ebene erster Ordnung. Sie tut, was sie tut, und sie tut es so lange, wie es nicht auffällt beziehungsweise wie die Beobachter auf Abstand gehalten werden können. Ihre Lösungen jedoch kann die Gesellschaft nur auf einer Ebene zweiter Ordnung produzieren.«[95]

Aber wie kommt man auf die zweite Ebene? Indem man zwei Illusionen aufgibt: dass wir es mit einem in seinen Dimensionen und seinem weiteren Verlauf schon verstandenen Problem zu tun hätten, das mit hergebrachten Strategien der Beobachtung, Moderation und Korrektur zu bearbeiten wäre. Das ist es nicht. Genau das meinen wir mit Metakrise, ein Zustand, in dem das System selbst gefährdet ist, weshalb wir den Bezugsrahmen verändern müssen, in dem wir es betrachten. Jede Krise kann, bevor sie womöglich zur Chance wird, auch Zusammenbruch bedeuten – eine »Chance«, die Systemtheoretiker meist gar nicht auf der Rechnung haben und die im Ernstfall selbst linke Systemkritiker nicht mehr erwarten. Anders als noch Friedrich Engels: »Die kapitalistische Produktion kann nicht stabil werden, sie muss wachsen und sich ausdehnen, oder sie muss sterben. (…) Hier ist die verwundbare Achillesferse der kapitalistischen Produktion. Ihre Lebensbedingung ist die Notwendigkeit fortwährender Ausdehnung, und diese fortwährende Ausdehnung wird jetzt unmöglich. Die kapitalistische Produktion läuft aus in eine Sackgasse.«[96]

Diese von Wunschdenken getragene Theorie hat der Kapitalismus mehr als hundert Jahre überlebt, was aber nicht heißt, dass sie endgültig widerlegt ist. Vielmehr zeigen sich die Grenzen des Wachstums in nie dagewesener Deutlichkeit. Nicht nur der Klimawandel kann aus dem Ruder laufen und Gesellschaften scheitern lassen. Die erwähnten Kipp-Punkte stellen eine Gefahr dar, die bis dato der Fantasiewelt von Katastrophenfilmen vorbehalten schienen. Die sind aber realer als der in der Katastrophensoziologie beliebte Meteorit, der den blauen Planeten irgendwann aus der Bahn werfen kann.

Globale Umwelt- und Klimaveränderungen tangieren alle Instrumentarien sozialer Steuerung – Märkte, globale Kooperationen und nicht zuletzt die Demokratie. Man muss sich nur klarmachen, wie entdemokratisierend das Verfahren wirkt, mit dem 2009 Banken und Unternehmen gerettet wurden und andere nicht – Demokratie lebt von Vertrauen und erodiert, wenn es verlorengeht. Misstrauen ist jetzt erste Bürgerpflicht.

Marktversagen

Die soziale Markwirtschaft hat seit 2008 einfühlsame Nachrufe und trotzige Verteidigungsreden bekommen, und anders, als es Friedrich Engels prophezeite, hat sie heute jedenfalls eine glorreiche Vergangenheit. Den Klimawandel hat der ehemalige Weltbankökonom Nicholas Stern 2008 als das »größte Marktversagen der Geschichte« bezeichnet, ohne sein Vertrauen in marktwirtschaftliche Lösungen der Klimakrise zu verlieren. Eine *Ökonomie des Klimawandels* hat grob drei Facetten:

- die *Ursachen* des Klimawandels in der auf der Verbrennung fossiler Energien beruhenden Produktionsweise,
- die Berechnung der *Kosten* und
- die marktwirtschaftlichen *Instrumente* des Klimaschutzes.

Der Klimawandel wirft die Systemfrage auf: Wenn die Destruktivkräfte des Kapitalismus dafür verantwortlich waren, kann man ihn dann noch »systemimmanent«, mit marktwirtschaftlichen Mitteln bewältigen? Wie die Industrieproduktion die globale Erwärmung verursacht hat, haben wir schon erörtert, so dass nun noch zu unterstreichen bleibt, wie wichtig eine wirtschafts- und sozialhistorische Reflexion dieses Prozesses ist. Die ist in der ganz ahistorisch gewordenen Wirtschaftswissenschaft fast kaum zu finden, was ihre Expertise für die Politikberatung nachhaltig entwertet. Klima- und Wirtschaftskrise entspringen dem gleichen Muster organisierter Unverantwortlichkeit: Der 2008 massenhaft aufgeflogene »faule Kredit« zeichnet nicht nur das amerikanische Immobilienwesen aus, er offenbart auch »die Grundmethode, mit der die Schätze des Planeten auf den Markt kommen«[97]: Ausbeutung und Profit jetzt, die Schäden sind für später. Natur und Umwelt können wir aber nicht länger als Bank betrachten, der wir Nahrung, Wasser, Rohstoffe wie Kreditschulden entnehmen, die wir in Kohlendioxid begleichen. Die wahren Kosten der Zerstörung von Anfang eingerechnet haben nur Ausnahme-Ökonomen wie der Brite Arthur Cecil Pigou vor hundert Jahren[98] und nachträglich Autoritäten wie eben Nicholas Stern.

Die meistbeachtete Berechnung der Kosten des Klimawandels enthielt sein Report aus dem Jahr 2006, ein 650 Seiten starkes Gutachten, das für die britische Regierung erstellt wurde. Seither hat der Klimawandel ein Preisschild: Wenn wir in den nächsten Jahren nicht ein bis zwei Prozent des Weltbruttoproduktes für Klimaschutz aufwenden, wird uns der Klimawandel in den nächsten Jahrzehnten ein Viertel oder weit mehr davon kosten. Und wir bringen damit gar kein großes Opfer, weil Klimainvestitionen sich rechnen. Investitionen in erneuerbare Energien und alternative Technologien zahlen sich aus, schaffen Arbeitsplätze und befördern die Entwicklung des Südens. Die Botschaft lautet also: Nicht nur kann sich das Marktsystem die Kurskorrektur leisten, es wird sogar davon profitieren.

Der Kapitalismus hat die *Low Carbon Economy* im Visier, eine »dekarbonisierte« Wirtschaftsweise ohne Kohle, Öl und Gas, die Treibhausgasemissionen mittelfristig gegen null führt. Dieses Paradigma beherrscht die Vereinten Nationen, viele nationale Regierungen, die Europäische Kommission, das World Economic Forum und sogar Konzerne, die hauptsächlich Kohle verstromen. Das Beratungsunternehmen McKinsey hat einen jährlichen Investitionsbedarf von ca. 530 Milliarden Euro bis 2020 für die Realisierung des Zwei-Grad-Zieles berechnet, bis zum Jahr 2030 erhöht sich das jährliche Volumen auf ca. 810 Milliarden Euro.[99] Nach einer Studie des Umweltprogramms der Vereinten Nationen sollten Industrieländer jährlich ein Prozent ihres Bruttoinlandsprodukts für Investitionen in eine kohlenstoffarme und ressourceneffiziente Wirtschaft verwenden.[100] Der Aufschub von Investitionen um zehn Jahre würde dazu führen, dass eine Begrenzung des Anstiegs der globalen Mitteltemperatur auf zwei Grad plus unmöglich würde und künftig mit weit höheren Kosten der Klimaanpassung zu rechnen sei.

Die Finanzierung dieses ökologischen Marshall-Planes erfolgt zum einen über die rasche Amortisation des eingesetzten Kapitals durch wachsende Absatzmärkte und Energieeinsparung, zum anderen durch Einnahmen aus dem Emissionshandel. Der Mainstream der Ökonomen und Umweltpolitiker sieht den Ausweg aus der Klimakrise nicht in der Erhebung von Steuern[101], sondern in wiederum marktwirtschaftlichen Instrumenten. Der Emissionsrechtehandel (*Handel mit Emissionszertifikaten, »cap and trade«)* ist das derzeit bevorzugte Instrument der Umweltpolitik, um die Schadstoffemissionen mit möglichst niedrigen volkswirtschaftlichen Kosten zu verringern. Das geschieht auf folgende Weise: Nationale Gesetzgeber legen, in der Regel veranlasst durch internationale Abkommen, eine Obergrenze für bestimmte Gesamtemissionen in einem definierten Zeitraum fest und geben dafür Umweltzertifikate aus, die frei handelbar sind. Anders als bei anderen Ökosteuern wird über ein Mengenziel gesteuert, was nach herrschender Meinung eine höhere ökologische Treffsicherheit aufweist als Preisziele. Der beabsichtigte Effekt: Wer mehr Emissionen verursacht, als er Zertifikate besitzt, muss solche erwerben; wer ohne Rechte emittiert, wird mit einer Strafe belegt. Dadurch entsteht der ökonomische Anreiz, Emissionen durch Energieeinsparung bzw. mehr Energieeffizienz zu verringern. Der Emissionsrechtehandel wird der ordnungsrechtlichen Festlegung von Schadstoffobergrenzen deshalb vorgezogen, weil er sich einfach verwalten lasse, effizient sei und die besten technischen Lösungen so am ehesten erreicht würden. Zwingende Voraussetzung wäre allerdings,

- dass Emissionsrechte kostenpflichtig versteigert (nicht politisch zugeteilt) werden,
- dass verbindliche Obergrenzen gesetzt und respektiert werden, dass der Handel nicht selektiv einzelne Sektoren (wie Kraftwerke und Industrie), sondern alle Emissionsverursacher (wie Verkehr und Gebäude) erfasst,
- dass er Anstöße zur Konversion der Energieerzeugung auf erneuerbare und dezentrale Technologien bietet und
- dass schließlich regionale Handelssysteme global verbunden und harmonisiert sind.[102]

Die kapitalistische Marktwirtschaft käme also, wenn das funktionieren würde (was derzeit bei weitem nicht der Fall ist), mit einem blauen Auge davon, eben weil sie ihre Stärke – die Regulierung über Preise – zum Einsatz bringen kann.

Es gab einige Detail-Kritik an den Berechnungsgrundlagen Sterns[103], aber kaum jemand bezweifelt diese Möglichkeit der praktischen Selbstaufklärung des Kapitalismus: Die Marktwirtschaft korrigiert ihr früheres Wirtschaftshandeln, indem Umweltschäden, die bis dato externalisiert wurden, nun in die Kosten von Produkten und Dienstleistungen eingerechnet werden. Sie ist lernfähig genug, um punktuelle Effizienzmängel eines im Großen und Ganzen hocheffektiven Produktionsregimes zu überwinden, und sie kann es schaffen, sich wie der Baron Münchhausen mit Hilfe einer »Dritten Industriellen Revolution« am eigenen Schopf aus dem Morast zu ziehen. Am Horizont taucht das Projekt eines *grünen* Marktes auf, der in soziale Normen wie Umweltschutz und Nachhaltigkeit eingebettet ist.

Indem Stern ans Portemonnaie der Menschen appelliert, spricht er eine Sprache, die Politik und Öffentlichkeit verstehen: Lieber jetzt zahlen, damit später nicht alles noch teurer wird. Ähnlich argumentierte auch die *Münchner Rück*, neben der *Swiss Re* die größte Rückversicherungs-Gesellschaft[104] der Welt, als sie einen großen Teil der Katastrophen 2008 auf Klimafolgen zurückführte. Das Vorstandsmitglied Torsten Jeworrek zog drei Konsequenzen für den Konzern:

»In unserem Kerngeschäft übernehmen wir Risiken nur zu risikoadäquaten Preisen. Das bedeutet: Ändert sich die Gefährdungslage, passen wir das Preisgefüge an. Zweitens: Wir entwickeln mit unserer Expertise im Kontext der Klimaschutz- und Anpassungsmaßnahmen neue Geschäftsmöglichkeiten. Und drittens: Wir setzen uns als Unternehmen in der internationalen Diskussion für wirkungsvolle und verbindliche Regeln bei den CO_2-Emissionen ein, damit der Klimawandel gebremst wird und kommende Generationen nicht mit schwer beherrschbaren Wetterszenarien leben müssen.«[105]

Die Einpreisung der Klimafolgen, also die Verbindung einer systemkonformen Regulierung mit neuen, systemstabilisierenden Geschäftsmöglichkeiten, lässt Klimawandel realer erscheinen. Das ist ein psychologischer Gewinn. Die Klima-Prognosen der Naturwissenschaftler waren offenbar zu abstrakt – jetzt geht es um Euro und Cent und den klaren Handlungsauftrag des Rückversicherers: »Auf dem nächsten Klimagipfel in Kopenhagen [im Dezember 2009, L/W] muss ganz klar der Weg zu einer mindestens fünfzigprozentigen Reduzierung der Treibhausgas-Emissionen bis 2050 mit entsprechenden Meilensteinen festgeschrieben werden. Bei zu langem Zögern wird es für künftige Generationen sehr teuer.«[106]

Die politische Ökonomie des Klimaschutzes

Umfragen zeigen, dass der Kapitalismus viel von seinem Glanz und seiner Glaubwürdigkeit eingebüßt hat. Zwei kurze

Jahrzehnte wähnten sich die Vordenker des Kapitalismus als Endsieger in der Systemkonkurrenz mit dem Sozialismus, nun bemerkt das staunende, zu Teilen erfreute Publikum, dass vielleicht nicht nur dieser »historisch überholt« war, sondern sein Widersacher ebenfalls. Margaret Thatchers berühmtes TINA-Verdikt (»There is no alternative«) wirkt schal, auch wenn nach dem Bankrott des »realexistierenden Sozialismus«, der das industrielle Wachstum bekanntlich noch rücksichtsloser gegen Natur und Mensch durchsetzte, keine Alternative zur Hand ist. In Ermangelung dessen hoffen auch die Kritiker, dass der Kapitalismus seine Hasardeure überleben und aus dieser Krise erneut wie Phönix aus der Asche auferstehen möge.

Gegen die Zusammenbruchstheorien sprach immer die selbstkritische Fähigkeit, gegen einzelne Exzesse ein »gesamtkapitalistisches Interesse« (Karl Marx) zur Geltung zu bringen und Krisenphasen als »schöpferische Zerstörung« zu nutzen. Nachdem in den ersten Monaten der Finanzkrise noch naives Erstaunen und trotzige Uneinsichtigkeit vorherrschten, sind die klügeren Verteidiger des Kapitalismus nun in eine selbstreflexive Phase eingetreten, die genau diese Reinigungswirkung erreichen soll.[107]

Selbst wenn der Kapitalismus alternativlos bleiben sollte, muss man sich das kolossale Versagen der Märkte und der neoliberalen Wirtschaftspolitik im Blick auf die Umwelt- und Klimakrise in aller Klarheit vergegenwärtigen. Eine wesentliche Voraussetzung für die Selbstrettung wäre eine politische Ökonomie der Nachhaltigkeit, die Wiedereinbettung der Märkte in soziale Netzwerke und Institutionen, womit übrigens die Wirtschaftswissenschaft auch wieder als Kulturwissenschaft verstanden würde.[108] *Embeddedness*, das Konzept des Sozialanthropologen Karl Polanyi, wird damit wieder aktuell. Der Autor des Klassikers »The Great Transformation« von 1944 sah in der modernen Geschichte zwei große ökonomische Organisationsprinzipien am Werk: Das eine drängt auf die ungebändigte Freiheit des selbstregulativen Marktes, also seine »Entbettung« aus allen nicht-ökonomischen Bezügen, das andere sucht die selbstzerstörerischen Wirkungen des Marktprinzips zu begrenzen. Polanyi ruft in Erinnerung, dass Wirtschaften nicht nur ein über Marktpreise integriertes Tauschsystem rational kalkulierender Individuen ist, sondern über soziale Netzwerke, Haushalte und Genossenschaften stets auch Muster von Wechselseitigkeit (Reziprozität) und über politische Organisationen wie den Staat Muster der Umverteilung (Redistribution) aufweist.

Demgegenüber ist die herrschende Wirtschaftsdoktrin weltfremd, dogmatisch und affirmativ. *Weltfremd* ist sie, weil sie sich in einem ökonometrischen Wolkenkuckucksheim eingerichtet hat, das mit dem wirklichen Wirtschaftsleben kaum noch etwas zu tun hat; das Menschenbild des Homo oeconomicus ignoriert die kulturelle Einbettung der Wirtschaft oder verneint sie ausdrücklich. Die Wirtschaftslehre ist zudem *dogmatisch*, weil sie konträre Lehrmeinungen innerhalb wie außerhalb der Disziplin meist ungeprüft zurückweist.[109] Wer in Zukunft ökonomisch erfolgreich sein will, darf sich das Weltbild des *rational man* nicht länger als »Realismus« verkaufen lassen. Die Finanzkrise ist mehr als eine wirtschaftshistorische Zäsur, sie markiert einen tiefen kulturellen Einschnitt, der gängige Entscheidungstheorien ablöst und menschliches Risikoverhalten einer seriösen Prüfung unterzieht. Schließlich ist die herrschende Wirtschaftslehre *affirmativ*, weil sie zu ihrem Untersuchungsgegenstand – der kapitalistischen Wirtschaft – kein Verhältnis kritischer Distanz hat, sondern für sie ständig Reklame läuft.[110]

Das Resultat dieser drei Eigenschaften ist die vor aller Augen zutage getretene diagnostische wie prognostische Schwäche der Wirtschaftswissenschaft, die sie für die Politikberatung und die allgemeine Diskussion unbrauchbar macht. Eigentlich, so zeigt sich jetzt, war sie nur gut darin zu erklären, wieso die

Dinge sich anders entwickelt hatten, als sie selbst vorhergesagt hatte. Solange der Betrieb funktionierte, fiel das nicht weiter auf. Von daher sind alle Vorschläge mit Vorsicht zu genießen, die Ratschläge für eine »rationale Klimapolitik« mit dem Mantra versehen, die »Freiheit der Märkte« nicht durch staatliche Verbote und Gebote zu stören.[111] Eine ökonomisch fundierte und sozialkulturell eingebettete Klimapolitik muss erst heraustreten aus den von Wirtschaftstheorie und Wirtschaftspolitik bereiteten Pfadabhängigkeiten.

Unter diesem Gesichtspunkt kann man die politische Ökonomie des Klimaschutzes noch einmal reflektieren. Um Schadstoffemissionen zu begrenzen, gibt es prinzipiell drei Möglichkeiten: die ordnungspolitische Festlegung von Obergrenzen, die Erhebung von Steuern, die die Umweltverbrauchskosten einrechnen, und der Handel mit Emissionszertifikaten. Emissionshandel gilt, wie gesagt, als marktkonform, günstig für den technischen Fortschritt und leicht administrierbar. Der Teufel liegt aber wie immer im Detail, und bislang sind Emissionszertifikate den Beweis schuldig geblieben, dass sie tatsächlich das effizienteste Mittel zur Reduktion von Treibhausgasen darstellen. Hans-Werner Sinn hat das »grüne Paradoxon« herausgearbeitet, wonach ungewollte Preissenkungseffekte sogar zu einer Steigerung des globalen Schadstoffausstoßes führen können: »Die Angst vor grüner Politik, die ihren Instrumentenkasten immer weiter ausdehnt, erhöht das Angebot fossiler Brennstoffe, statt es zu drosseln.«[112]

Andere Kritiker stellen den Mechanismus der Verwandlung eines globalen öffentlichen oder Allmendegutes wie der Atmosphäre in handelbare Verschmutzungsrechte grundsätzlich in Frage: »Man will zwar, so sagt man, die Emissionen beseitigen, aber man schafft ein Instrument, mit dem man gerade Emissionen erzeugen muss, damit überhaupt gehandelt werden kann. (…) Weniger fossile Energieträger zu verbrauchen und zu einer fossilfreien Ökonomie überzugehen und auf erneuerbare Energieträger auf vernünftige Weise umzuschalten, ist jenseits des Horizonts der Akteure im Emissionshandel. Daher ist schon prinzipiell der Emissionshandel ein unzureichendes klimapolitisches Instrument. Monetäre Mechanismen sind ungeeignet, denn die Reserven, die in der Erde sind und verschlossen werden müssten, wenn man denn zu einer fossilfreien Ökonomie übergeht, würden ja als Kapital entwertet.«[113] Diese Folge zeigt sich etwa auch darin, dass jede private Einsparung, die man unternimmt, um die CO_2-Bilanz zu drücken, vom Energieanbieter in einen Handelsvorteil gemünzt wird, was bedeutet, dass er weniger Verschmutzungsrechte kaufen muss oder mehr verkaufen kann. Die Energie, die Sie guten Willens *nicht* verbraucht haben, verbraucht dann jemand anderes. So funktioniert der Markt.

Wachstum muss sein

Die mit dem Begriff »Wachstum« verbundene Vorstellungswelt durchzieht jede Faser unserer gesellschaftlichen und privaten Existenz: So wie ein Individuum an seinen Aufgaben »wächst« und das am besten lebenslang, soll die Gesellschaft und die sie tragende Wirtschaft unablässig expandieren, sonst geht sie angeblich ein. (Man vergleicht den Kapitalismus gelegentlich mit einem Fahrrad – wenn man anhält, fällt es um …) Die privat genutzte Wohnfläche nimmt in reichen Ländern kontinuierlich zu, wachsender Fleischkonsum gilt als Ausweis für die wirtschaftliche Entwicklung der Schwellenländer, Motoren und Karosserien von Autos werden ständig größer, Oberbürgermeister brüsten sich mit der Zahl der »Einpendler«, die ihre Stadt täglich anzieht. Ganz und gar ungewollte Vorfälle und Zerstörungsfolgen, also selbst ein Reaktorunfall oder Erdbeben, steigern das Bruttoinlandsprodukt (BIP), an dem Wirtschaftswachstum fast überall gemessen wird.[114] Der

Begriff »Wachstum« hat magische und parareligiöse Qualität, weshalb man sogar im Fall einer Rezession vom »negativen Wachstum« spricht, als sei Schrumpfen der Wirtschaftsleistung um sechs, sieben Prozent, wie es die Bundesrepublik derzeit durchmacht, der Leibhaftige, den ein guter Christ nicht beim Namen nennen darf. Und in der Tat hat die Fahrradtheorie des Kapitalismus soviel habituelle Selbstverständlichkeit, dass niemand nach seiner Plausibilität fragt. Dabei ist diese weder ökonomisch noch ökologisch vorhanden.

Dass die Produktivkräfte bis zur Industrialisierung nur um geschätzte 0,05 Prozent jährlich wuchsen[115], gilt heute als zentrales Argument für eine Wachstumsökonomie, die auf fünf Prozent mehr pro Jahr aus ist. Doch selbst in kapitalistischen Ökonomien gilt das Wachstumsparadigma nur segmentär; die Wirtschaft kann wachsen, während andere Rechnungseinheiten, zum Beispiel die Bevölkerung, rückläufig sind, »jobless growth« die Börse freut und das Wachstum der Lohnnebenkosten sie unruhig macht. Ebenso wenig wie die Massenarbeitslosigkeit ist die weltweite Armut durch das Wachstum der Weltwirtschaft beseitigt worden,[116] was ebenfalls zeigt, dass Wachstum nur segmentäre Wirkung entfaltet: Wenn die Wirtschaft wächst, steigen Umsätze und Gewinne der Marktteilnehmer, aber natürlich nicht automatisch das Wohlstandsniveau oder das Arbeitsvolumen. Auch wenn der Wachstumsindikator BIP seit Jahrzehnten der Kritik unterzogen wird, ist er aus der wirtschaftswissenschaftlichen Expertise ebenso wenig zu verbannen wie aus dem öffentlichen Diskurs. Die dauernde Externalisierung von Kosten (etwa für Umweltschäden) und der privaten Aneignung der Gewinne, das die kapitalistische Wirtschaftsform prägt, zeigt, dass Wachstumsziffern per se keine Aussagekraft besitzen – jedenfalls sagen sie nichts darüber, ob das Leben besser wird. In einer endlichen Welt ist unendliches Wachstum undenkbar; dass man trotzdem denkt, das ginge, zeigt nur, zu welchen Illusionen unser Habitus führt – und dass Wachstum keine ökonomische Kategorie ist, sondern eine zivilreligiöse.

Die Wachstumsreligion ist mit allen Merkmalen des Sakralen ausgestattet – mit Priestern, Ritualen, Geboten, Verboten, Sünden und Strafen. Und wenn diese Kosmologie brüchig wird, wie mit der Finanz- und Wirtschaftskrise, dann wird das – ganz wie bei den Sektenmitgliedern aus Wisconsin, die Leon Festinger zur Theorie der kognitiven Dissonanz (s. S. 78) verhalfen – nur als Prüfung interpretiert. When prophecy fails, nämlich die des Neoliberalismus, gibt das seinen Protagonisten keinen Anlass zu bemerken, dass man irrtümlich geglaubt hatte, sondern führt nur dazu, dass noch heftiger geglaubt wird. Der Kapitalismus wird auch diese Krise überwinden …

Wenn eine Wirtschaftsform in dieses Stadium der Anbetung eingetreten ist, hat sie sich so von den realen Bedingungen ihres Funktionierens entfernt wie die Kuhhaltung von der Wirtschaft der grönländischen Wikinger; sie muss daher säkularisiert und entweiht werden. Nur eine wirtschaftlich säkulare Gesellschaft kann mit dem Klimawandel und anderen Zukunftsproblemen adäquat umgehen, weil in ihr der theologische Begriff des Wachstums und die darauf bezogene Expertokratie keinen Wert haben.[117]

Auch bei »qualitativem Wachstum« müssen die überentwickelten Länder des Nordens ihren Energie-, Rohstoff- und Landschaftsverbrauch, ihr Transport- und Verkehrsaufkommen und natürlich ihre Emissionen drastisch senken. Ironischerweise ist eine Absenkung des Ausstoßes von Treibhausgas heute nur in einer dramatischen Krise möglich, wenn Welthandel und Weltwirtschaft stagnieren oder schrumpfen. Für 2009 ist ein Rückgang um bis zu acht Prozent prognostiziert[118], doch alle Wirtschaftsinstitute fiebern schon dem Jahr entgegen, wenn die globale Wirtschaftsleistung wiederum zwei und mehr Prozent steigt – und damit die Klimaerwärmung um drei Grad.

Green Recovery, oder: Wird der Kapitalismus grün?

»Die Nachrichten, welche die zwei in dieser Woche eingetroffenen Dampfer aus Europa mitgebracht haben, scheinen offenbar den endgültigen Zusammenbruch der Spekulation und des Börsenspiels zu verschieben, dem die Menschen auf beiden Seiten des Ozeans instinktiv wie in furchtsamer Erwartung eines unvermeidlichen Schicksals entgegensehen. Dieser Zusammenbruch ist trotz der Verzögerung gewiss; in der Tat kündigt der chronische Charakter, den die gegenwärtige Finanzkrise angenommen hat, nur einen heftigeren und unheilvolleren Ausgang dieser Krise an. Je länger die Krise andauert, umso schlimmer wird die Abrechnung. Europa befindet sich augenblicklich in der Lage eines Menschen am Rande des Bankrotts, der gezwungen ist, zugleich alle Unternehmungen weiter zu betreiben, die ihn ruiniert haben, und zu allen möglichen verzweifelten Mitteln zu greifen, mit denen er den letzten furchtbaren Krach aufzuschieben und zu verhindern hofft.«[119]

Was sich streckenweise wie ein aktueller Kommentar liest, schrieb Karl Marx vor mehr als hundert Jahren. Im Lauf des Jahres 2009 wurde deutlich, wie tief die Wirtschaftskrise ist. Der Internationale Währungsfonds (IWF), die OECD und nationale Institute prognostizieren ein weltweites Nullwachstum und den Rückgang der Wirtschaftsleistung in den industriellen Kernländern zwischen 4 und 7 Prozent. Branchenweise brach die industrielle Produktion um 30 Prozent und mehr ein. Der damit verbundene Anstieg der Arbeitslosigkeit soll seinen Höhepunkt im Jahr 2010 oder zu Beginn des Jahres 2011 erreichen und zu Arbeitslosenquoten im zweistelligen Bereich führen. Die Auswirkungen auf die öffentlichen Haushalte und Sozialkassen lassen sich noch gar nicht abschätzen.

Diese Aussichten haben die Mobilisierung beispielloser Summen zur Ankurbelung der Konjunktur bewirkt: Geschätzte drei Billionen US-Dollar wurden für die Jahre 2009 und

2010 weltweit für Konjunkturprogramme vorgesehen. Dem stehen Schätzungen des World Economic Forum (WEF) respektive der IEA gegenüber, nach denen jährlich 515 Milliarden US-Dollar investiert werden müssten, um eine gefährliche Veränderung des Weltklimas zu vermeiden, und insgesamt 45 Billionen US-Dollar bis 2050, um neue und saubere Energietechnologien zu installieren.[120] So lautet die Alternative: Entweder werden die Summen vergeudet, die für die Transformation benötigt werden, oder das Kapital nützt die Chance, mit der Konjunkturbelebung auch den Umbau der Wirtschaft und der Energiesysteme voranzubringen. Daraus ergibt sich der nur scheinbar paradoxe Befund, dass der Kapitalismus nur zu retten sein wird, wenn er sich neu erfindet: die Formel lautet »Green Recovery oder No Recovery«. Die Fortsetzung der Vernutzung aller Umweltressourcen wird ihn dagegen umbringen wie der Tod des Patienten den Krebs.

Global erforderliche Reduktion bis 2050 (unter das Niveau von 1990)	Emissionseinsparung durch grüne Anteile in den Konjunkturprogrammen EU[121]
50–80 Prozent	0,44 Prozent

Staatliche Konjunkturpakete haben zwei Funktionen: Sie sollen rasch für Investitionsimpulse sorgen, um Massenarbeitslosigkeit abzuwenden, und weitere Investitionsvorhaben aus privater Initiative anstoßen, also zu einem sich selbsttragenden Wachstum zurückführen. Unter diesem Gesichtspunkt müssen Klimaschutz- und Energieeffizienzmaßnahmen als Schwerpunkte der »grünen Investitionen« in den Konjunkturprogrammen bewertet werden: Wirken sie rasch, schaffen sie Arbeit, sind sie nachhaltig? Generell darf man alle drei Fragen mit Ja beantworten, und die Pointe lautet, dass sie neben der Konjunkturförderung zugleich industrielle Strukturen transformieren, also den Weg in die allseits geforderte *Low Carbon Economy* ebnen können.

Das Gros der »grünen« Investitionen 2009/10 umfasste Energieeffizienz, insbesondere energetische Gebäudesanierung, ferner den Ausbau des Schienenverkehrs, die Förderung erneuerbarer Energien, Abfallentsorgung und Wasserversorgung. Umwelt- und Biodiversitätsschutz hatten dagegen nur geringes Gewicht. Überraschender Vorreiter war Südkorea. Im Januar 2009 verabschiedete das Land einen »Green Growth Act«, mit dem Mittel in Höhe von 36 Milliarden US-Dollar (ca. 26,6 Mrd. Euro) bis zum Jahr 2012 verausgabt werden sollen.[122] Das entspricht rund 3,5 Prozent des für 2009 erwarteten südkoreanischen BIP, also weit mehr als das eine Prozent, dass die UNEP (das Umweltprogramm der Vereinten Nationen) für grüne Konjunkturprogramme empfohlen hat. Und ein solches war das koreanische jedenfalls zu Teilen: 26 bis 28 Milliarden US-Dollar (19 bis 21 Mrd. Euro) sollen für Maßnahmen in den Bereichen »Erneuerbare Energien und Energieeffizienz« (42 % des Gesamtvolumens) sowie »Abfall, Abwasser und Luftreinhaltung« eingesetzt werden, insgesamt betragen die Ausgaben für »grüne« Investitionen über zwei Drittel des Konjunkturpaketes. Die wichtigsten Projekte betreffen im Einzelnen:

- Energieeffizienz in öffentlichen Gebäuden
- Erneuerbare Energien und Energieeffizienz in der Automobiltechnologie
- Ausbau des Schienenverkehrs und des öffentlichen Nahverkehrs
- Umweltfreundliche Lebensraumgestaltung
- Restaurierung von Flussläufen und Wäldern
- Bauen von kleineren und mittelgroßen Dämmen
- Recycling
- Schaffung einer nationalen Infrastruktur zur Verbreitung von Umweltschutzinformationen

Zusätzlich plante die Regierung Südkoreas die Einrichtung

eines erneuerbaren Energien-Fonds, welcher mit 72,2 Millionen US-Dollar ausgestattet sein wird und private Investitionen in erneuerbare Energien fördern soll.[123] Der erhoffte Arbeitsplatzeffekt wird auf etwa 140 000 Arbeitsplätze im Jahr 2009 und insgesamt 960 000 neue Stellen bis 2013 geschätzt, insbesondere im Bausektor.[124]

Man muss anerkennen, dass Südkorea mit diesem Konjunkturpaket einem *Green New Deal* immerhin nahe gekommen ist und den Beweis angetreten hat, dass ökologische und ökonomische Wirkungen in einem Konjunkturprogramm zu vereinbaren sind. Von Südkorea lernen heißt, siegen lernen? Nicht in Deutschland. Die Bundesrepublik ist zwar im Vergleich zu anderen europäischen Ländern in ihren Klimaschutzbemühungen weit fortgeschritten, das Erreichen des Kyoto-Ziels mit einer Reduktion von 21 Prozent Treibhausgas-Emissionen scheint gesichert, und darüber hinaus führte die intensive Förderung von erneuerbaren Energien dazu, dass Deutschland im Bereich der Wind- und Solarenergie weltweit an führender Stelle rangiert.[125] Umso irritierender ist, dass die beiden Konjunkturprogramme vom November 2008 (Volumen 31,5 Mrd. Euro) und Januar 2009 (50 Mrd. Euro) in dieser Hinsicht auf ganzer Linie enttäuschen.

Die deutschen Konjunkturpakete weisen maximal 15 Prozent grüne Anteile auf, die energetische Gebäudesanierung bildet den größten Posten und durch die Energieeinsparung werden langfristig Mittel freigesetzt, die reinvestiert werden können. Investitionen in erneuerbare Energien (insbesondere in Wind und Solar-Photovoltaik) werden in den Konjunkturpaketen hingegen nicht explizit gefördert. Dagegen ist eine unsinnige Konzentration auf den automobilen Individualverkehr feststellbar, also umwelt- und klimapolitisch *kontraproduktive Maßnahmen* wie Straßenbau, Straßenerhalt und, als eklatanteste Fehlleistung, die ungenierte Subvention von Teilen der Automobilindustrie durch die »Abwrackprämie«. In diesem

Maßnahmen der deutschen Programme 2008/09

Tendenziell förderliche Maßnahmen (in Euro)		Tendenziell hinderliche Maßnahmen (in Euro)		Tendenziell neutrale Maßnahmen (in Euro)	
Energetische Gebäude-sanierung/ Förderung energieeffizienten Bauens	3,2 Mrd. (3,9 %)	KfZ-Steuer-befreiung	0,57 Mrd. (0,7 %)	Steuerliche Entlastungen für Bürgerinnen und Bürger	30,87 Mrd. (37,9 %)
Forschung im Bereich der Entwicklung innovativer Antriebe	0,5 Mrd. (0,6 %)	Straßenbau (Fern-straßen, Parkplätze)	1,8 Mrd. (2,2 %)	Sonstige Ent-lastungen für Bürger und Unternehmen	17,57 Mrd. (21,6 %)
ÖPNV	2 Mrd. (2,5 %)	»Abwrack-prämie«	5 Mrd. (6 %)	Ausbau Wasserstraßen	0,78 Mrd. (1 %)
Ausbau Schienenver-kehr	1,32 Mrd. (1,6 %)			Programm »Zukunfts-investitionen der Kommunen und Länder	13,33 Mrd. (16,4 %)
kombinierter Verkehr	0,1 Mrd. (0,1 %)				

Quellen: Nils Meyer-Ohlendorf u. a.: Konjunkturprogramme in Deutschland, Großbritannien, Südkorea und USA. Kurzexpertise für den Wissenschaftlichen Beirat der Bundesregierung Globale Umweltveränderungen (WBGU), Berlin 2009; HSBC: A Climate for Recovery – The Colour of Stimulus Goes Green, o. O. 25. 2. 2009 (modifiziert).

Fall hat sich die Bundesregierung gegen einheitliche Kritik klar für zukunftsfeindliche Optionen gegen zukunftstaugliche entschieden.[126]

Aus einer vergleichenden Analyse des Wissenschaftlichen Beirats der Bundesregierung Globale Umweltveränderungen (WBGU) geht hervor, dass die Chance, mit der Konjunkturbelebung zugleich den Einstieg in eine emissionsarme Ökonomie voranzubringen, also gewissermaßen zwei Fliegen mit einer Klappe zu schlagen, in allen OECD-Ländern verpasst worden ist. Die Regierungen haben durchweg auf konventionelle Entlastungsmaßnahmen in Form von Steuererleichterungen und Subventions- bzw. Transferzahlungen gesetzt. Mit Ausnahme Südkoreas ist in keinem Land ein echter *Green New Deal* gelungen. Und die Chance war real: Der Emissions-Reduktionseffekt der US-amerikanischen Konjunkturmaßnahmen wird auf ein Prozent geschätzt, wäre das gesamte Paket auf erneuerbare Energie und Energieeinsparung ausgerichtet worden, hätte man sechs Prozent Reduktion erreichen können.[127] Mit anderen Worten: Milliarden Euro und Dollar wurden mit ungewissen und meist schon verpufften Effekten verschleudert – Mittel, die vor der Krise für den Ausstieg aus der fossilen Energieproduktion nicht vorhanden waren und nun wohl nicht mehr zur Verfügung stehen.

Betrachtet man die ungelösten Probleme des Emissionshandels und die geringe Transformationswirkung der Konjunkturprogramme, dann ist das kapitalistische System einstweilen den Beweis schuldig geblieben, dass es sich klimapolitisch selbst aufklären, Marktversagen korrigieren und für seine Zukunftsfähigkeit sorgen kann. Wir möchten dies jetzt an einer besonders klimaschädlichen Branche zeigen, die nicht erst seit 2008 in einer tiefen Krise ist und es bis dato komplett versäumt hat, »sich neu aufzustellen« – die Automobilindustrie.

Demobilisierung: nicht Konjunkturspritzen, Konversionsprogramme!

Schwerter zu Pflugscharen hieß der erste Vorschlag der Weltgeschichte für ein Konversionsprogramm, ihm war auf Dauer bekanntlich wenig Erfolg beschieden. Günstiger verlief die Umrüstung der kalifornischen Militärindustrie am Ende des Kalten Krieges. Darbende Rüstungsbetriebe wandelten sich in multinationale Elektronikkonzerne. Auch der deutsche Osten machte Erfahrungen mit der Zivilisierung der Wehrtechnik des militärisch-industriellen Komplexes, der ganze Landstriche der DDR geprägt hatte. Nicht, dass das einfach gewesen wäre – das Wort Strukturwandel hat auch im Ruhrrevier, in Bremen und in Brandenburg immer noch keinen schönen Klang. Und nun ist eine neue Demobilisierung angesagt, die noch tiefer einschneiden und weiter reichen muss: es geht um die notleidende Autoindustrie. Zu Beginn der Finanzkrise traten die Branchengroßen noch gewohnt arrogant auf – unter anderem deshalb, weil Porsche das Kunststück gelang, mehr Gewinn als Umsatz zu machen, was nichts mit den schicken Autos, sondern mit Finanzmarktspekulationen zu tun hatte. Porsche-Chef Wendelin Wiedeking ließ sich dafür feiern – und hat schließlich die Quittung dafür bekommen.

Als es klimapolitisch ans Eingemachte ging, setzten die Branchenverbände Bataillone von Lobbyisten gen Brüssel und Berlin in Marsch, um die Klimaauflagen der Europäischen Union zu kippen. Mit einigem Erfolg, aber die deutschen Autobauer, gefühlte Weltspitze auf immer und ewig, demonstrierten damit nur ihre Rückständigkeit. Denn die Entwicklung zu kleineren Fahrzeugen, die Sprit sparen oder mit Strom fahren, hatten sie schlicht verschlafen. Dafür waren sie durch Fehlinvestitionen und Peinlichkeiten hervorgetreten: Die einen erstanden überteuerte Luxusmarken, die anderen verspekulierten sich in Detroit, wieder andere trugen Testosteron-getriebene Machtspiele um Aktienmehrheiten aus oder machten Schlagzeilen mit Lustreisen.

Wer die Fahrt des Automobils – schon bald sollen 2,3 Milliarden davon unterwegs sein – stoppen will, betreibt also eine echte Kulturrevolution. Systemische und symbolische Macht des Automobils machen es für Politiker und Normalverbraucher fast unmöglich, öffentlich über alternative Verkehrsmittel und Mobilitätsmuster auch nur nachzudenken. Der amerikanische Präsident Obama möchte ein grünes Erholungsprogramm für Amerika, aber auch er muss als Erstes an die Fußkranken in Detroit denken. Die Bundeskanzlerin Merkel verteidigt die ordnungspolitischen Todsünden, die sie in den Augen ihrer Parteifreunde begeht, damit, dass ungewöhnliche Zeiten ungewöhnliche Maßnahmen erfordern – aber sie ergreift sie eben nicht. Nötig gewesen wäre nämlich keine Konjunkturspritze für die deutschen Autobauer, sondern ein Konversionsprogramm für die Belegschaften, die ihre einstige Rolle als Arbeiteraristokratie verloren haben und nun den Kopf hinhalten müssen für die Managementfehler ihrer Bosse, darunter der eine oder andere Arbeitsdirektor. Warum sollten sich Automobilkonzerne mit all ihrem Know How nicht als Mobilitätsdienstleister verstehen lernen, die ihre Kompetenzen in Alternativen zum Individualverkehr investieren und zum Beispiel intelligente und flexible Konzepte für den öffentlichen Verkehr entwickeln? Wenn man einen Stahl- zu einem Tourismuskonzern umbauen kann (Beispiel TUI) oder einen verschlafenen Gummistiefelhersteller zu einem der führenden Handyproduzenten (Beispiel Nokia), warum kann dann die Automobilindustrie nur Autos und nichts anderes entwickeln? Und dann noch derart am Markt vorbei?

Aber wer sich an der Autoindustrie vergreift, ist nicht »nah bei den Menschen« (Frank-Walter Steinmeier). Die Grünen haben es zu spüren gekommen, als sie auf einem Nebenschauplatz den Liter Benzin einmal fünf D-Mark kosten lassen wollten. Inzwischen trauen sie sich kaum noch, ein Tempolimit auf Autobahnen zu fordern, geschweige denn die Union, die den ehemaligen Verkehrsminister und heutigen VDA-Chef Matthias Wissmann, hervorgebracht hat, oder die SPD, die ihre privilegierte Beziehung zur IG Metall längst verspielt hat. Das politische System der Bundesrepublik, in dem so viel Auto steckt, ist längst nicht mehr repräsentativ für eine wachsende Zahl von Deutschen, die das Auto keineswegs hassen, sich aber um seine Einbettung in rationalere Verkehrssysteme und Lebensstile bemühen – und damit um eine intelligente Demobilisierung der übermobilen Weltgesellschaft.

Wer die Übermacht des Autos relativiert, will es nicht partout abschaffen; auch wir haben keine Schwierigkeiten zuzugeben, dass uns Geruch und metallischer Lärm von Reparaturwerkstätten faszinieren und wir gerne mit dem Cabrio französische Landschaften und sizilianische Berge durchzuckeln. Aber das sind Urlaubsfreuden der Welt von gestern – so wie die Zeiten vorbei sind, in denen reiche Briten in Rhodesien oder im Kongo ihre Ferien verbrachten und sich den Fünf-Uhr-Tee vom schwarzen Personal servieren ließen. Entwöhnung überall, und die Argumente, den Patienten Weltwirtschaft von der Auto-Nadel zu nehmen und ihm auch nicht länger Auto-Methadon zu verschreiben, liegen seit Jahrzehnten auf dem Tisch – von der Straße auf die Schiene, dezentrale Standorte, alternative Antriebe. Wer noch Argumente braucht, kann die massive Verursachung von Klimawandel durch Individualverkehr zu Lande und Massenreisen zu Luft einrechnen. Wenn sich die Autoproduktion tatsächlich erhöht, wie gegenwärtig prognostiziert, versetzt der Ausstoß von zehn oder mehr Milliarden CO_2-Äquivalent pro Jahr dem Planeten den endgültigen Todesstoß.

Die Abwrackprämie als Umweltanreiz feiern zu lassen, war der Gipfel des Hohns, weil Umwelteffekte und Nachhaltigkeit darin höchstens in Spurenelementen hineinzulesen sind. Rechnet man mit der Energiegesamtbilanz eines ganzen Autolebens, also auch damit, was an Energie und damit Emissionsausstoß in die Produktion des Autos geflossen ist, wird es absurd, es nach nur neun Jahren zu verschrotten, weil es noch lange Zeit weiter genutzt werden könnte. Und das Argument der erzielbaren Energieeinsparung würde überhaupt nur dann ziehen, wenn man über die Abwrackprämie ausschließlich verbrauchs- und emissionsoptimierte Fahrzeuge kaufen könnte.

Aber wenn man will, kann man einen Polo verschrotten und sich die »Umweltprämie« auf einen Porsche Cayenne anrechnen lassen. So sieht der *Green New Deal* hierzulande aus – und auch die konjunkturfördernde Wirkung der auf fünf Milliarden Euro aufgestockten Prämie ist mehr als fraglich.

Weil man keine Konzepte hat, gaukelt man Belegschaften und Kunden vor, der an gigantischen Überkapazitäten leidende Weltmarkt für Automobile werde sich rasch erholen, und es könne alles so automobil weitergehen wie bisher, wenn nur erst das tiefe Tal der Absatzkrise durchschritten sei. Zwei Millionen mal zweitausendfünfhundert Euro in diesen maroden Markt hineinzuschießen, ist ebenso irrwitzig, wie Billionensummen für die Bankensanierung bereitzustellen, die vor kurzem für Klimaschutz und Katastrophenvorsorge nicht in Bruchteilen zu haben waren. Wer das im korporatistischen Schulterschluss zwischen Kapital, Arbeit und Staat angeblich für die Kollegen in Bochum oder Rüsselsheim tut, missbraucht ihre Existenzängste. Denn Arbeitskraft und Intelligenz müssten längst für wirklich zukunftsweisende Ideen zum Einsatz gekommen sein, nämlich für umweltfreundlichere und klimaschonende Fortbewegung und eine intelligente Demobilisierung.

Der größte Teil der gegenwärtigen Mobilität entspringt purem Zwang – zum Beispiel der Tatsache, dass weder Arbeit noch Läden in erreichbarer Nähe liegen, dass der öffentliche Nahverkehr meist suboptimal ist, dass sich Manager zu sinnlosen Meetings karren lassen und Angestellte Stunden in Regionalzügen verbringen, um an einem siebzig Kilometer entfernten Bildschirm exakt jene Operationen auszuführen, die sie auch zuhause machen könnten, dass sich schließlich die Mehrgenerationenfamilie dem Mobilitätswahn auch am Wochenende hingeben muss, um Reste von Privatleben und Intimität zu pflegen. Stellt man das alles in Rechnung, sieht man, wie viel Freiheit der Verzicht auf Mobilität bringt (vgl. S. 176).

Und die Brotaufstände der Epoche gingen nicht mehr darum, wie das Auto zu erhalten ist, sondern wie man es zurückfahren kann auf seine Restbedeutung als eher gelegentliches Fortbewegungsmittel. Nachdem am Ausgang des Kalten Krieges die Friedensdividende durch umfassende Konversion verpasst wurde, sollte nun nicht auch noch die Umweltdividende flöten gehen, die uns die Koinzidenz von Energie-, Klima- und Wirtschaftskrise als Chance bietet. Dazu müssen Autofahrer und Autopolitiker Prioritäten verändern: Der postautomobile Strukturwandel kommt nicht anstelle von Klimainvestitionen, sondern, wenn überhaupt, allein durch sie.

Geo-Engineering: die Wunderwaffen im Klimakampf

Den Klimawandel, der nicht zuletzt durch die negativen Folgen von Großtechnologien verursacht worden ist, mit *mehr* Großtechnologie bekämpfen zu wollen, ist ein naheliegender Reflex von Unternehmen, Regierungen und Großforschungsinstituten. Hatte man Klimaschutz und Geo-Engineering bisher meist als Gegensätze betrachtet, traten bei der Kopenhagener Klimakonferenz im März 2009 die Klima-Ingenieure auf den Plan. Ihr Sprecher, der Wirtschafts-Nobelpreisträger Thomas Schelling, wurde plötzlich nicht mehr als eine Art Klima-Frankenstein abgetan; die von ihm propagierte Verheißung, den Klimawandel durch gigantische Technikprojekte aufhalten zu können, soll Forschungspolitiker und die Entwicklungsabteilungen nachhaltig beeindruckt haben. Der Grund liegt auf der Hand: Großtechnik erlaubt es, die herkömmliche Wachstumsstrategie fortzusetzen und womöglich noch zu übertreffen. Statt CO_2-Emissionen *jetzt* einzudämmen und dauerhaft zurückzufahren, sollen sie zerstäubt, verbuddelt und entsorgt werden.

Die Palette der Vorschläge ist groß, man kommt sich vor

wie in der Erfinderwerkstatt. Das beginnt mit der eher handwerklichen Idee des Geophysikers Ning Zeng (Maryland), der 200 000 Teams von je zehn Arbeitern in die Wälder schicken will, damit sie verrottendes Holz, das Kohlenstoff freisetzt, einsammeln und in 30 000 Gruben versenken. Mit ferngesteuerten Segelschiffen möchte ein Edinburgher Ingenieur mit dem passenden Namen Stephen Salter Salzwasser in den Himmel blasen lassen, damit die Wolken mehr Sonnenlicht reflektieren und die Atmosphäre abkühlt. Die Utopie der Salzdüngung des Himmels wird noch übertroffen durch die Schwefel-Methode, ein großtechnisches Experiment, das man bisher nur von Vulkanausbrüchen kennt. Als 1991 auf den Philippinen der Pinatubo 17 Millionen Tonnen Schwefel ausstieß, soll der großräumig verteilte Fallout die Erde für ein Jahr um ein halbes Grad abgekühlt haben. Der niederländische Ozonforscher und Chemie-Nobelpreisträger Paul Crutzen möchte diesem Vorbild folgen und gewaltige Schwefelmengen in die Stratosphäre ausbringen. Schließlich gibt es ein Vorhaben der Universität Bristol, bei Getreidepflanzen den Winkel der Blätter am Stengel so zu justieren, dass eine günstigere Reflektion des Sonnenlichts erreicht wird.

Weniger nach Daniel Düsentrieb klingen Vorhaben der Abscheidung und Lagerung von Kohlendioxid. *Carbon Capture and Storage* (CCS) soll das bei der Verbrennung entstehende Klimagift auffangen, in Pipelines einspeisen und tief unter der Erde oder im Meer ablagern. Als Lagerstätten werden Öl- sowie Gasfelder, nicht abbaubare Kohlebetten und tiefe Salzformationen erwogen; für eine Ablagerung im Ozean könnte CO_2 entweder direkt in den Wasserkreislauf eingespeist oder auf dem Tiefseeboden abgelagert werden. Nach heutiger Technik könnten bis über 90 Prozent des CO_2 abzufangen sein, dabei würde ein Kraftwerk mit einer CCS Anlage ca. 10–40 Prozent mehr Energie verbrauchen als ein herkömmliches.

CCS-Projekte werden vorangetrieben, weil 40–45 Prozent

der weltweiten Energieversorgung derzeit durch Kohlekraftwerke gewährleistet wird, die bekanntlich einen besonders hohen Ausstoß an CO_2 zu verzeichnen haben. CCS könnte nach heutigen Erkenntnissen bis 2100 mit 15–55 Prozent zur (einstweiligen) Reduzierung von CO_2 beitragen. Das Ruhrgebiet verbucht auf 10 Prozent des deutschen Territoriums 75 Prozent an CO_2-Ausstoß, womit es besonders prädestiniert wäre für große CCS Werke. Das böte vor allem großen Kohleverstromern die Chance, weiter auf fossile Ressourcen zu setzen; die besonders CO_2-intensive Kohle wird dann zur »grünen Kohle« umetikettiert. Der Stromerzeuger RWE will für ein Kombikraftwerk mit integrierter Kohlevergasung bei Köln zwei Milliarden Euro investieren, weitere Vorhaben der CO_2-Wäsche sind in der Pilotphase.[128] Kohlestaaten wie Deutschland, Großbritannien und die Vereinigten Staaten finden Gefallen an der Sequestrierung, auch der Weltklimarat und der Stern-Report ließen sich davon beeindrucken. Da Gaslieferungen aus Russland problematisch sind und der Durchbruch regenerativer Energien auf sich warten lässt, erscheint die Speicherung und Einlagerung von CO_2 wie eine Wunderwaffe gegen Energiekrise und Klimakatastrophe.[129]

Besonders attraktiv erscheint das in energiehungrigen Schwellenländern wie China und Indien, die vier Fünftel respektive mehr als zwei Drittel ihres Stroms aus Kohle gewinnen; weltweit sollen angesichts des (allerdings vor der Weltwirtschaftskrise prognostizierten) Anstiegs des Kohleverbrauchs noch rund 3000 Kohlekraftwerke gebaut werden. Und da ein konventionelles 1000-Megawatt-Kraftwerk sechs Millionen Tonnen CO_2 und mehr freisetzt, will sich der neuen, wie eine Erpressung daherkommenden Techno-Vision kaum jemand verweigern: »CCS-Technologien«, heißt es in einem Antrag der FDP-Fraktion im Deutschen Bundestag, »haben das Potenzial, einen unverzichtbaren Beitrag zur Sicherheit der Energieversorgung und zur Unabhängigkeit von den volatilen

Öl- und Gasmärkten zu leisten.« Wer nicht anwenden will, soll wenigstens forschen dürfen[130], und wer schon Wind- und Solarenergie reichlich subventioniert hat, lautet der Analogieschluss, der müsse auch CCS eine Chance geben.

Der nüchterne ökonomische und ökologische Vergleich mit regenerativen Energien zeigt jedoch, dass Kohlenstoffabscheidung auch als Brückentechnologie kaum geeignet ist.[131] Nach derzeitigen Preisen kostet jede Tonne eingesparten Kohlendioxids die Betreiber von Kraftwerken (also den Kunden und Steuerzahler) 40 bis 90 Euro, weit mehr, als in absehbarer Zeit für eine Tonne CO_2 im Emissionshandel gezahlt wird.[132] Entscheidend ist aber, dass der Transport mittels Pipelines und Schiffen und vor allem die Speicherung von Kohlenstoffen im Meeresboden, in leeren Gasfeldern und salinen Aquiferen erhebliche Sicherheitsrisiken aufwerfen, die in Deutschland bereits zu Widerständen von Anrainern gegen entsprechende Vorhaben und zu einem faktischen Moratorium geführt haben. Leckagen, die Versauerung des Meerwassers und die Toxizität hoher CO_2-Konzentrationen für marine Organismen sind die Hauptprobleme.

Ein plötzlicher, starker Austritt von CO_2 würde bei einer Konzentration von 7–10 Prozent von CO_2 per Volumen Luft große Gefahren für das Leben von Mensch und Tier bedeuten. Bei einem Aufsteigen eines CO_2-Lagers könnte das Grundwasser verseucht werden, Pflanzen und Tiere unter der Erde könnten geschädigt werden. Bei einem Austritt könnte es zu regional hohen CO_2-Konzentrationen kommen. Es gibt nur wenig Erfahrung mit geologischer Lagerung. Was passiert, wenn sich eine Lagerstätte wider Erwarten als durchlässig erweist?

Bei der ozeanischen Speicherung ist ungenügend erforscht, inwieweit das CO_2 in den atmosphärischen Kreislauf zurückfinden kann und wie sich der pH-Wert des Ozeans verändern würde. Der IPCC vermutet, dass 30–85 Prozent des CO_2 nach

500 Jahren in den Kreislauf zurückgelangen, wenn sie in 1000 bis 3000 m gelagert wurden. Der Pipeline-Transport selbst gilt als sicher, bildet aber eine geostrategische Schwachstelle. Der Streit zwischen Befürwortern und Gegnern von CCS geht auch durch die Umweltverbände hindurch. Im April 2009 hat das Bundeskabinett ein Gesetz beschlossen, das Erfahrungen mit CCS auswerten soll, die in Dutzenden von Pilotprojekten großer Energieunternehmen weltweit gemacht werden. Im Jahr 2015 soll über die Wirksamkeit des Gesetzes sowie die Wirtschaftlichkeit von CCS entschieden werden.

CCS teilt mit den anderen, skurriler wirkenden Formen des Geo-Engineering die verführerische Illusion, man könnte sich jahrelange politische Verhandlungen über Emissionsreduzierung schenken, müsse auf Wirtschafts- und Energiewachstum nicht verzichten und könne dennoch die Gefahr des Klimawandels bannen. Man kann solche Fantasien leicht als Ausgeburt von Technikgläubigkeit bezeichnen, deren Nebenwirkungen niemand absehen kann. Und die Nebenfolgen des Geo-Engineering *können* verheerend sein – die Pinatubo-Explosion zum Beispiel kühlte die Atmosphäre ab, verstärkte aber auch die Trockenheit in Südostasien und den Starkregen in Peru. Und die Katastrophe am Nyos-See in Kamerun, als im Jahr 2006 der plötzliche Ausstoß von 1,6 Millionen Tonnen CO_2 über 1700 Todesopfer forderte, führte vor, was im Extremfall passieren kann; in dichter bewohnten Regionen hätte es Millionen Tote gegeben.

In Kamerun wussten die Menschen aber wenigstens aus alter Überlieferung, dass sie den Kratersee meiden sollten; bei uns träumen unerschrockene Zauberlehrlinge den uralten Menschheitstraum weiter und spielen Wettergott. Und ganz nebenbei fallen einem die Deutschen ein: Als ihr »Drittes Reich« im Zweiten Weltkrieg unterzugehen drohte, glaubten sie lieber an die »Wunderwaffe«, die das Kriegsglück in der letzten Sekunde noch wenden würde. Auch in Zeitnot geratene Staaten, die ihre Klimaschutz-Verpflichtungen nicht eingehalten haben, finden natürlich Gefallen an großtechnischen Hauruck-Verfahren, deren Risiken sie damit legitimieren, dass die Temperatur langsamer steigt, was Zeit gibt, bis erneuerbare Energien ausreichend vorhanden sind. Und die Losungen im Klimakampf werden denen aus dem Kalten Krieg immer ähnlicher.[133]

Viele Geo-Ingenieure entstammen der Schule Edward Tellers, des Erfinders der Wasserstoffbombe, der große Sonnensegel im Weltraum ausfalten will, um Sonnenlicht zu reflektieren. Der Geophysiker Ken Caldeira von der Stanford University ist hingegen ein Veteran der Anti-AKW-Bewegung und spielt Kassandra, wenn er sagt: »Wenn wir weiter Geländewagen fahren und Kohlekraftwerke bauen, wenn weiter das Grönland-Eis schmilzt, Methan aus den Permafrostböden austritt und die Eisbären aussterben, was dann? Wenn es nun tatsächlich möglich wäre, eine Art Schild in der Stratosphäre zu bauen? Sollte man dann das Ökosystem in Grönland kollabieren lassen, nur um der Gesellschaft beizubringen, dass es falsch ist, was wir tun?«[134]

Mit solchen Milchmädchenrechnungen potenziert Geo-Engineering die Fehler der sprichwörtlichen Risiko-Technologie, der »friedlichen Nutzung der Atomenergie«. Auch Atomkraftwerke müssen wir angeblich weiterlaufen lassen, um den Klimawandel zu stoppen. Aber jede Großtechnologie dieses Typs verlangt nach strengen und großflächigen Sicherheitsmaßnahmen, und solche verlangen erfahrungsgemäß nach dem Ausbau des Sicherheits-Staats, der wiederum erhebliche Risiken für die Freiheit und damit für die Demokratie in sich birgt. Darin liegt die Gefahr aller politischen Technologien wie Geo-Engineering: Auf bestehende Risiken werden weitere draufgepackt, weil es angeblich nicht anders geht.

Doch das gedankenlose Hantieren mit solchen Gefahren für Leib und Leben mobilisiert auch den gesunden Menschenverstand, der sich dem Größenwahn widersetzt, und Gegenexperten aus der wissenschaftlichen Gemeinschaft.[135] Risiken sind keine objektiven Einheiten, sie sind kollektive Konstrukte, und insofern hängt die Akzeptanz des vermeintlichen Königswegs Geo-Engineering sehr stark am Kontext seiner Durchsetzung, am Ansehen seiner Befürworter in Politik und Wirtschaft und an der Glaubwürdigkeit der Institutionen. Daher gehört diese Diskussion in die breitere Öffentlichkeit. Und daran müssen sich natürlich auch andere großtechnische Projekte wie die groß angelegte Solarpartnerschaft mit Afrika messen lassen, die einem vielleicht sympathischer erscheinen.

Der »Supersmartgrid«, die technische Vernetzung von Solarfabriken in Nordafrika und anderen Regionen mit hoher Sonnenintensität mit Europa und anderen Industrieregionen wirkt wie das Ei des Kolumbus: Man stellt auf kohlenstofffreie und ewig regenerierbare Energieversorgung um und gibt den ärmsten Ländern der Welt zugleich einen mächtigen Entwicklungsschub. Doch auch der »Elektrizitätsgesamtplan für Afrika«, der 2008 in Addis Abeba und Brüssel zwischen der EU und afrikanischen Staaten verhandelt wurde, steht in der Tradition technischer Megaprojekte der kolonialen und postkolonialen Zeit und hebt ebenso wenig wie das Gros der nachfolgenden Entwicklungspolitiken darauf ab, das Nord-Süd-Gefälle und die Abhängigkeit der Völker Afrikas von der schmalen Schicht politischer und wirtschaftlicher Potentaten zu verringern. Echte Energiepartnerschaften müssten im Übrigen direkt und indirekt zur Eindämmung der schwersten und langfristigen Klimawandelfolgen in Afrika beitragen, einem Kontinent, der besonders wenig zum Klimawandel beigetragen hat, aber besonders schwer davon betroffen ist.[136]

Renaissance, oder: Abgesang der Staatlichkeit?

Das Geo-Engineering und die Vorschläge einer Dritten Industriellen Revolution bringen den Staat ins Spiel, der seit 2008 als Retter, Unternehmer und Planer gesamtkapitalistischer Interessen eine erstaunliche Renaissance erfahren hat, also genau in den Rollen, in denen ihn die Neoliberalen als Problemfall auf den Müllhaufen der Geschichte befördert hatten. Die Staaten der OECD und der G20-Länder haben sich angesichts der Wirtschaftskrise tatsächlich in einer Weise ins Zeug gelegt und zur Disposition gestellt, wie sie es angesichts der Klimakrise nicht im Entferntesten tun wollten. Die Lehrbuch-Begründung des Politischen ist, dass die Politik kollektive Entscheidungen verbindlich machen kann. Das gilt besonders im Notfall, wo, wie man seit dem Herbst 2008 gesehen hat, staatliche Politik den Kollaps aufzuhalten bemüht ist. Sie will ihre Reservegewalt gegenüber den Wirtschaftsakteuren – das sind Manager und Banker genauso wie Konsumenten und Kreditnehmer – zurückerobern.

Ein großer Verfechter des Planungsstaates ist der britische Soziologe Anthony Giddens, der über die Denkfabrik Policy Network Einfluss auf weltweite politische, wissenschaftliche und journalistische Akteure sucht.[137] Lord Giddens will die politischen Autoritäten kräftigen und rehabilitiert den Planungsstaat: »Internationale Vereinbarungen à la Kyoto oder Bali, die Klimaziele der Europäischen Union, der Handel mit CO_2-Emissionsrechten, die Aktivitäten von Unternehmen und NGOs, all dem kommt zweifellos größte Bedeutung zu. Unbestreitbar ist trotzdem, dass in allen Ländern der Staat eine bedeutsame Rolle zu spielen haben wird als die Instanz, die Rahmenbedingungen für diese Anstrengungen setzt. Die Rolle, die in fortgeschrittenen Gesellschaften dem Staat zukommt, ist besonders wichtig, weil diese Länder eine Vorreiterrolle bei der Reduzierung ihrer Emissionen spielen müssen.«[138]

Dem Staat wird hier eher als dem Markt zugetraut, in die Zukunft schauen und planvoll handeln zu können, und er soll, wie der Philosoph Ludger Heidbrink sagt, den Märkten nun ein Regelwerk vorgeben, »und zum Manager industriegesellschaftlicher Risikoprozesse werden [...]. Nachhaltige Umweltpolitik fußt auf einem Staat, der Trends nicht nur erkennt, sondern setzt. Der zukünftige Umweltstaat muss schneller als bisher auf die Änderung kultureller Lagen wie zum Beispiel das *Greening* der Märkte reagieren, sie institutionell verstärken und stabilisieren.«[139] Die offene Flanke bei all dem ist natürlich, wie der eigentlich langsame, schwerfällige und auf Aushandlung angewiesene Planungsstaat auf höchst dynamische Veränderungen in den sozialen und physikalischen Umwelten flexibel reagieren kann – zum Planen muss er sich ja auf bekannte, also *alte* Parameter beziehen. Und woher sollen die Akteure die Kompetenz für ihre vorsorgliche Planung nehmen? Offenbar handelt es sich hier um eine etwas abrupte Gegenreaktion auf das radikale Versagen der Märkte.

Erst die globale Terrorgefahr und dann der Banken- und Börsencrash trübten die Deregulierungseuphorie seit den 1970er Jahren; der nationale Staat, laut Ronald Reagan »das Problem, nicht die Lösung«, wird als Damm- und Deichbauer in seine klassische Schutzfunktion zurückberufen, aber auch als Wirtschaftsaufsicht und Gesellschaftslenker aufgerufen. Doch das schanzt ihm eine Herkulesaufgabe zu, die ihn faktisch auf die uralte Rolle zurückwirft, Straßen und Brücken zu bauen, und ihm kaum Spielräume in anderen Politikfeldern wie Sozial- und Bildungspolitik belassen dürfte. Und das Risiko einer solchen »Sozialisierung« liegt auf der Hand: Wie soll dieser Super-Staat Zustimmung und Partizipation in schwierigen Zeiten sichern, wenn er »Sicherheit« nicht wie gewünscht liefert und andere Aufgaben zurückfährt?

Die Dritte Industrielle Revolution

Doch schauen wir uns die Ideen des grünen Planungsstaates genauer an, die eine Dritte Industrielle Revolution in Aussicht stellen. Sie soll vor allem zwei Dinge leisten: die Fehlentwicklungen der ersten beiden industriellen Revolutionen durch eine nachhaltige Ressourcenpolitik und einen ökologisch so sensiblen wie effizienten Technikeinsatz korrigieren und blühende neue Wirtschaftszweige mit einer Vielzahl neuer Arbeitsplätze im Rahmen einer »grünen Wirtschaft« schaffen. Der Übergang in das karbonarme Zeitalter soll vor allem mit erneuerbaren Energien und radikal erhöhter Energieeffizienz geschafft werden und insgesamt auf eine ökologisch renovierte Marktwirtschaft hinauslaufen.

Tatsächlich zeigen die Berechnungen unterschiedlicher Institutionen, dass im Umweltsektor die höchsten Arbeitsplatzzuwächse zu verzeichnen sind[140] – in der Bundesrepublik beschäftigen grüne Industrien wie die Solarwirtschaft inzwischen 1,8 Millionen Menschen. Allein zwischen 2005 und 2007 wuchs dieser Sektor um 27 Prozent.[141] Wenn also in der Wachstumsökonomie tatsächlich noch etwas wächst, dann sind es Unternehmen, die grüne Technologien wie zum Beispiel Wind- und Solaranlagen entwickeln und verkaufen. Hier liegt in der Tat eine Modernisierungschance für die frühindustrialisierten Gesellschaften, die im Übrigen auch dazu führen könnte, dass bestimmte Entwicklungsschritte, die zu den Umweltschäden geführt haben, mit denen die Welt zu kämpfen hat, übersprungen werden: indem etwa in Entwicklungsländern gleich die Infrastrukturen der Zukunft installiert werden und nicht erstmal die der Vergangenheit. Wie solches Überspringen (»leapfrogging«) geht, zeigt gerade die massenhafte Verbreitung des Mobiltelefons in Afrika, ohne dass es dort jemals ein flächendeckendes Festnetz gegeben hätte.

Das deutsche Bundesumweltministerium etwa entwirft in

seinem instrumentell sehr beeindruckenden Konzept[142] eine intelligente Kombination[143] aus technischer Innovation und politischer Steuerung – »Solaranlage aufs Dach, Elektroauto in die Garage, Fördermittel mitnehmen« – könnte die smarte Werbe-Formel lauten, die für die Länder des Nordens klimapolitisch die erwünschte »Win-Win-Situation« suggeriert. Sie baut im Wesentlichen auf drei Strategien der Veränderung: Erstens soll die Produktivität über eine erhöhte Innovationsgeschwindigkeit verbessert werden – wofür exemplarisch in Projekte zu intelligenten Netzen der Energieversorgung, zu Vermarktungsstrategien von Energieeinsparmöglichkeiten und zum energieeffizienten Siedlungsbau investiert werden soll. Zweitens will man entlastende Innovationen fördern, also »die emissionslose Fabrik, ›schlanke‹, recyclebare Produkte, stadtgerechte Produktionsweisen (urban-type industries), Rohstoffe aus der Stadt (womit die gezielte Wiederverwertung von Baumaterialien etc. gemeint ist – »urban mining«). Hinzu kommen ein ökologisches Steuersystem und Medienaktivitäten, »die Unterhaltung und Sachaufklärung verbinden«.[144]

Drittens soll der Bildungssektor aufgewertet werden, »weil die Steigerung der Öko-Effizienz von Verfahren und Produkten in besonderem Maße wissensintensiv ist und hohe Qualifikationen erfordert.«[145] Für all das sei »eine Verbesserung der Steuerungsbedingungen und die Steigerung der Steuerungsfähigkeit der Politik« die Voraussetzung[146] – vor allem deshalb, weil nur so langfristig wirksame Maßnahmen gegen kurzfristige Einzelinteressen durchsetzbar seien. Dass dabei auch an eine »besser informierte Wählerschaft« gedacht wird, deutet die Optik an, in der die Bürgerinnen und Bürger hier betrachtet werden: als Adressaten, nicht als Gestalter von Veränderung.

An solchen Ideen sieht man, dass »Grün« kein Randthema mehr ist, sondern ein Siegerthema, das das politisch-administrative System im Kern erreicht hat. Doch ohne die Bürgerinnen und Bürger, die Subjekte des politischen Gemeinwesens also, wird kein neues umweltpolitisches Paradigma umsetzbar sein, gerade dann nicht, wenn es um regionale und lokale Klimaschutz- und Anpassungsprogramme geht. Aber die Ebenen, auf denen Bürgerinnen und Bürger in den vorliegenden Konzepten auftreten, sind ausschließlich steuer- und anreizpolitisch definiert. Dass eine Politik vor erheblichen »Implementierungsproblemen« steht, wenn man die lebensweltlichen, milieuspezifischen und kulturellen Rahmen unberücksichtigt lässt, in die hinein »implementiert« werden soll, hat in einem anderen Politikfeld die Agenda 2010 gezeigt. Wie immer man diese inhaltlich bewertet – auch hier hatte man es mit einem allein auf Output fixierten Politikprogramm zu tun und vergessen, das Projekt des Sozialstaatsumbaus kulturell einzubetten. Bundeskanzler Gerhard Schröder ist seinerzeit nicht vor das Volk und besonders nicht vor seine Wähler, das sozialdemokratische Traditionsmilieu, getreten, um den Sinn der Reform zu erklären. Die Konsequenzen sind offensichtlich: die Selbstzerlegung der SPD und die eklatanten Mängel der Arbeitsmarktreform. Und von der Agenda 2010 ist im öffentlichen Bewusstsein nicht mehr übrig geblieben als das übel beleumundete Hartz IV.

Eine Dritte Industrielle Revolution, die noch zeitig genug käme, um die schlimmsten Klimaerwärmungsfolgen abzuwenden, kann nur eine Bündelung verschiedenster Maßnahmen sein, die gleichzeitig getroffen werden – erst dann sind die Einspareffekte zu erzielen, die notwendig sind. Vor allem aber könnte erst dann ein sich selbst verstärkender Umbauprozess der Gesellschaft ausgelöst und die Erfahrung gemacht werden können, dass Veränderung möglich ist und keineswegs Verzicht bedeutet, sondern die Lebensqualität erhöht (vgl. S. 176).

Gegenwärtig spielt die Lebenswelt in den Konzepten zur Dritten Industriellen Revolution jedoch keine Rolle. Man konstruiert eine grün aufgeklärte Monarchie und setzt vor allem auf Technik und Steuerungsinstrumente, nicht auf einen Wandel des Lebensstils, den eine Revolution ja zuallererst bedeutet. Denn jede Technik braucht Anwendung, jedes Geld sinnvolle Verwendung, jedes Gesetz Ausführung. Und jeder Rettungsring einen, der ihn entschlossen ergreift und sich aus der Gefahrenzone herausbewegt.

Für die insgesamt immer noch nicht sehr populäre Klimapolitik bedeutet das: Erst wenn flankierend zur Entwicklung innovativer Konzepte der Steuer-, Subventions-, Struktur- und Forschungspolitik die Mitglieder des politischen Gemeinwesens als aktive Gestalter *ihrer* Gesellschaft angesprochen werden, können die künftig notwendigen Veränderungen in den Lebensstilen und Handlungsoptionen realisiert werden. Dazu gehört die Formulierung normativer und identitätsstiftender Zukunftsziele: Welche Gesellschaft wollen *wir* im Jahr 2010, 2015, 2025 sein? Und zugleich gehört dazu eine positive Bestimmung der Notwendigkeit, eine solche Zukunft unter Beteiligung und Engagement der Bürgerinnen und Bürger zu gestalten, nicht zuletzt, um von vornherein der Passivität fördernden Illusion gegenzusteuern, der Staat werde es schon richten. Ein so radikaler Umbau der Industriegesellschaft, wie er nötig ist, funktioniert nur, wenn er als *Projekt* angelegt wird, in das sich die Gesellschaftsmitglieder identitär einschreiben können, wenn sie ihn als *ihr* Projekt begreifen. Dann ist Veränderung keine Frage von Implementierung und Akzeptanz, sondern wird, wie die politische Mobilisierung in den USA 2008 gezeigt hat, zu einer Identitätsquelle: yes, *we* can. Das wiederum geht auch hierzulande nur, wenn das Angebot der Politik partizipatorisch und aktivierend verwirklicht wird.

Wir sind das Volk

Wir haben uns in diesem Kapitel den Systemen zugewandt, die im Wesentlichen die Moderne angestoßen und vorangentwickelt haben – Technik, freie und soziale Marktwirtschaft und nationaler Staat. Sie bildeten das Rückgrat der »karbonen Gesellschaft«, und seit Ende des 19. Jahrhunderts gingen von ihnen die Kontrollversuche aus, wo Naturvernutzung und Umweltverschmutzung die Gefahr eines ökologischen Kollaps' herbeiführten. So wurden technische Filter entwickelt, die den sprichwörtlichen »Himmel über der Ruhr wieder blau« machten, staatliche Umweltverwaltungen und Aufsichtsbehörden geschaffen und über mehr Energie- und Materialeffizienz Marktanreize geschaffen. Technik, Staat und Markt geben heute dem Kapitalismus ein grünes Gewand, aber sie versagen dabei, den gefährlichen Klimawandel einzudämmen und die Klimakrise abzuwenden. Da zeigt sich, dass wir nicht nur in einer kapitalistischen Wirtschaft, sondern auch in einer kapitalistischen Gesellschaft leben, und eine solche kombiniert eine »schwache interne Ordnungsbildung der Wirtschaft mit deren starker externer Ordnungsgefährdung«[147], will sagen: Alle sozialen Systeme, darunter der zunehmend entkräftete Staat, hängen stärker von Preis und Geld ab als umgekehrt, so dass eine entregelte Wirtschaft das Gesamtsystem auf nunmehr äußerst schädliche Weise regieren konnte. Dass die Rettung von Banken und Unternehmen für »systemrelevant« erklärt wird, die Abwendung der Klimakrise aber weiterhin nicht, zeugt von der mangelnden Lern- und Zukunftsfähigkeit aller drei Funktionssysteme. Abhilfe kann hier nur geschaffen werden, wenn der politische Souverän sie machtvoll zu Räson bringt: Das sind in der Demokratie die Bürgerinnen und Bürger. Was gebraucht wird ist also: mehr Demokratie.

Kapitel IV
Demokratie unter Druck

»Democracy is the worst form of government, except for all those other forms that have been tried from time to time.«
Winston Churchill

Von *Obamamania* und einer machtvollen Beteiligungsoffensive scheint die bundesrepublikanische Demokratie allerdings denkbar weit entfernt. Immer mehr Deutsche beginnen daran zu zweifeln, dass sie in der besten aller politischen Welten leben, und die Wirtschaftskrise dürfte die Skepsis verstärken. Laut einer Studie der Friedrich-Ebert-Stiftung ist bald jeder Dritte der Auffassung, die Demokratie funktioniere schlecht; unter den Ostdeutschen waren sogar 60 Prozent dieser Meinung. Angesichts »großer Themen« wie Klimawandel, globale Gerechtigkeit und demographische Entwicklung verfestigt sich der Eindruck, das politische System könne den Herausforderungen nicht gerecht werden, das heißt, die Demokratie »liefere« nicht mehr. Damit verfehlte sie eine wesentliche Säule ihrer Glaubwürdigkeit: Output-Legitimation, von Helmut Kohl einmal treffend in die Formel übersetzt: »Wichtig ist, was hinten dabei rauskommt.« Ein Viertel aller Befragten wollen »mit der Demokratie, wie sie bei uns ist«, schlicht nichts mehr zu tun haben. Die sinkende Wahlbeteiligung und der Mitgliederschwund in Parteien und anderen Großorganisationen (trotz Wiedervereinigung) zeigen, dass dies keine punktuellen Stimmungsbilder sind, sondern Momentaufnahmen eines Trends.[148] Nur wenige sind prinzipiell gegen Demokratie, aber viele sind ausgesprochen unzufrieden mit der Demokratie, wie wir sie kannten.

Unzufriedene Demokraten

Als Verantwortliche für die Demokratieverdrossenheit gelten bislang die üblichen Verdächtigen: Langzeitarbeitslose, Hartz IV-Empfänger und schlecht Qualifizierte, bei denen die Umfragewerte besonders katastrophal ausfallen, auch Migranten der zweiten und dritten Generation, bei denen eine kulturelle Entfremdung hinzukommt. Globalisierungsfolgen und steigende Energiekosten ziehen aber auch die Mittelschichten in einen gefühlten Abwärtssog, und so regen sich auch in der Mitte der Gesellschaft vermehrt Zweifel an der Funktionsfähigkeit des Systems. In einigen Umfragen wähnen bis zu 90 Prozent der Deutschen, dass die demokratischen Parteien schwierige Probleme schlicht nicht lösen können, und fast alle sind auch der Auffassung, dass die Eliten vor allem an ihrem eigenen Wohlergehen interessiert sind.[149] Zu diesen zählen die demokratie- und staatsabgewandten Teile des Managements.[150]

Demokratie als Staatsform findet weltweit Zustimmung, die Praxis demokratischer Politik wird aber gerade außerhalb Deutschlands zunehmend mit Skepsis betrachtet. In der Europäischen Union wird das faktische Funktionieren der Demokratie im Schnitt von etwas mehr als der Hälfte der Bevölkerung für befriedigend gehalten, wobei Finnland mit 77 Prozent am höchsten und Italien mit 35 Prozent am niedrigsten rangiert.[151] Die weltweite Zustimmung zur Demokratie als Staatsform liegt bei 79 Prozent,[152] die Zufriedenheit mit ihr durchschnittlich 10 Prozent niedriger, wobei die skandinavischen Länder bei 90 Prozent Zufriedenheit rangieren, die osteuropäischen zum Teil unter 50 Prozent (Serbien 43 Prozent, Russland 39 Prozent), wobei deutlich wird, dass nicht immer ganz klar ist, auf welche Form von Demokratie sich die Befragten beziehen. Die Diskrepanz zwischen der allgemeinen Akzeptanz der Staatsform Demokratie und der relativen Unzufriedenheit mit ihrer Praxis (in Deutschland liegt sie bei 48 Prozent Unzufriedenen)[153] reflektiert die zum Teil erhebliche Distanz, die zwischen den politischen Akteuren und der Bevölkerung besteht.

Wenn Demokratievertrauen schwindet, zeigt das nicht bloß autoritäre oder populistische Tendenzen an. Es spiegelt auch die Hilflosigkeit der politischen Eliten, Zukunftsprobleme glaubhaft zu thematisieren und Transformationen überzeugend in Angriff zu nehmen. Deshalb muss man die innere Erosion der Demokratie ernst nehmen: Sie bringt Zukunftsängste derjenigen zum Ausdruck, die sich als Modernisierungsverlierer wahrnehmen, zugleich aber die realistische Einschätzung, dass die Führungseliten auch nicht wissen, wie es weitergehen soll. Dass sich die Betroffenen vom Staat verlassen fühlen, und oft auch von der Demokratie, liegt nicht zuletzt daran, dass ihre Vertreter nicht aufhören, eine Fürsorgebereitschaft zu behaupten, die sie in Wahrheit nicht mehr leisten können. Meinungsumfragen zeigen eine große Skepsis über die diversen Rettungsaktionen des Staates und noch mehr Unmut darüber, dass ungeahnte Geldbeträge an zuvor völlig unbekannte Bankinstitute gingen, über Kleinanleger und Belegschaften aber kein Rettungsschirm aufgespannt wurde.

Ein anderes Beispiel: 2008 stiegen die Energiepreise ins Uferlose und verteuerten die Mietnebenkosten so drastisch, dass Leute mit geringen Einkommen Schwierigkeiten bekamen, über die Runden zu kommen. Heizöl und Erdgas wurde billiger, aber das Problem ist nicht aus der Welt: Wir haben die Prognose der International Energy Agency (IEA) für 2013 zitiert (s. S. 39). Die spätestens dann wieder laut werdende Forderung nach Kompensation für die unteren und mittleren Einkommensgruppen muss in Enttäuschung umschlagen: Kein Sozialstaat der Welt kann dafür einstehen, wenn Ressourcen knapper und damit teurer werden; und wenn sie Vertrauen erhalten oder zurückgewinnen wollen, müssen demokratische Politiker einräumen, dass er es nicht kann. Und dass er auch die 2009 vollmundig gegebenen Versprechen brechen muss, an den Renten keinerlei Kürzungen zuzulassen.

Mächtig ist, wer die politische Tagesordnung bestimmt und den Aufgabenkatalog benennt.[154] Und hier hat sich die »Finanzkrise« seit dem Herbst 2008 ganz klar vor die Klimakrise gesetzt. Nachdem sich einige politische Spitzen der G7-Länder (Deutschland war hier führend) seit einigen Jahren auf die Folgen des Klimawandels eingestellt hatten, zogen viele Entscheidungsträger aus der Kumulation der Krisen die Konsequenz, ihre Prioritäten zu ändern und das Krisenmanagement zu »sequentialisieren« – erst Bankenrettung, dann Klimareparatur. Wichtig bei der Selektion von Themen waren die Massenmedien. Die Gewichtung von Nachrichtenfaktoren im Mediensystem folgt stets drei Aspekten: »aktuell vs. veraltet«, »kurzfristig vs. langfristig«, »sichtbar vs. unsichtbar«. Wirtschaftsentwicklungen gelten dabei als naheliegende Brot-und-Butter-Themen, da sie das Portemonnaie der breiten Bevölkerung berühren, Klimawandel als eine eher langfristige Entwicklung, die für die meisten Bürger noch unsichtbar und unfassbar ist und erst mit entfernten Katastrophen ins Bewusstsein vordringt. Die Folgen des Klimawandels rückten in der medialen Agenda daher weiter nach hinten; nur eine für Entscheidungsträger und Journalisten schlüssige Aktualisierung könnte das Thema wieder »hochziehen«, wobei Meinungsumfragen anzeigen, dass die Mehrheit daran sehr wohl ein Interesse behalten hat.

So gaben in einer Erhebung im Auftrag der Europäischen Kommission und des Europäischen Parlaments aus dem Jahr 2008 insgesamt 90 Prozent der mehr als 26 000 befragten Europäer an, in der globalen Erwärmung ein »ziemlich ernsthaftes« (15 Prozent) oder »sehr ernstes Problem« (75 Prozent) zu sehen. Und 65 Prozent der Europäer halten die Kritik von Klima-Skeptikern, dass die Bedeutung des Klimawandels übertrieben werde, für nicht zutreffend. In Deutschland erachten sogar 75 Prozent der Befragten die Bedeutung des Klimawandels für nicht übertrieben. Diese Ergebnisse werden durch eine Forsa-Befragung aus dem Jahr 2009 unterstützt, die zeigt, dass die Sorge um die Umwelt bei den Ängsten der Deutschen einen zentralen Stellenwert einnimmt. Nach den Ergebnissen der Umfrage haben 61 Prozent der befragten Frauen und 48 Prozent der befragten Männer Angst, dass sich »der Zustand der Umwelt verschlechtert«. Zum Vergleich: 47 Prozent der Frauen und 27 Prozent der Männer fürchten sich vor terroristischen Anschlägen und 26 Prozent der Frauen und 19 Prozent der Männer vor persönlichem Arbeitsplatzverlust (n = 1000 Befragte; Quelle: Stern 2009).

Dementsprechend verwundert es nicht, dass in einer Umfrage der Europäischen Kommission aus dem Jahr 2008 65 Prozent von 1534 Befragten in Deutschland der Ansicht waren, dass Umweltschutz selbst dann Vorrang haben sollte, wenn es das Wirtschaftswachstum beeinträchtigt. Und die Forschungsgruppe Wahlen kam 2008 im Auftrag des ZDF-Politbarometers in einer Befragung unter 1268 Wahlberechtigten in Deutschland zu dem Ergebnis, dass eine Mehrheit von 72 Prozent der Meinung ist, dass trotz der Wirtschaftskrise an den Klimaschutzzielen festgehalten werden sollte. Das Nachlassen der Anstrengungen der Bundesregierung beim Klimaschutz erscheint vor dem Hintergrund dieser Ergebnisse als eine Art des »vorauseilenden Gehorsams«, der sich nicht mit den tatsächlichen Interessen der Wähler deckt. Der größte Anteil der befragten Europäer und Deutschen sieht nach Angaben der bereits zitierten Studie der Kommission und des Europäischen Parlaments vor allem die Regierungen, Firmen und die Industrie in der Verantwortung, den Klimawandel zu bekämpfen. Nach Meinung zahlreicher Bundesbürger sollte sich die Regierung nicht scheuen, neue Gesetze und Richtlinien zum Umweltschutz zu erlassen. Zudem wird vor allem eine stärkere Förderung erneuerbarer Energien gefordert (n = 2034; Quelle:

BMU 2008). Zudem sprechen sich in Meinungsumfragen zahlreiche Befragte für die Entwicklung neuer Verkehrskonzepte sowie die Unterstützung des Energiesparens aus (n = 1004; Quelle: Emotion 2008).

Die Umfrage der EU zeigt schließlich auch, dass bis zu 87 Prozent der befragten Deutschen sowie 76 Prozent der befragten Europäer insgesamt bereit sind, einen persönlichen Beitrag zum Umwelt- und Klimaschutz – wie Reduzierung des Energieverbrauchs und Mülltrennung – zu leisten. Bemerkenswert an der europäischen Umfrage ist, dass bei den abgefragten persönlichen Möglichkeiten des Klima- und Umweltschutzes die Bereitschaft zur Mitwirkung der befragten Deutschen stets über der Bereitschaft im europäischen Durchschnitt liegt. Weiter ist auffällig, dass sich insbesondere Personen in der Altersgruppe von 40 bis 54 aktiv im Umweltschutz zeigen. So gaben 30 Prozent der befragten Europäer in dieser Altersgruppe an, in den letzten 30 Tagen »viele oder zumindest einige Umweltschutzmaßnahmen im Alltag« umgesetzt zu haben. Anlass zur Sorge gibt, dass die Zustimmungswerte bezüglich dieses Aspekts bei der jüngsten Altersgruppe (15 bis 24 Jahre) mit 16 Prozent relativ am geringsten sind. Nach den Parteien gefragt, gilt für den Klima- und Umweltschutz, dass am ehesten »keiner Partei« Lösungskompetenz zugesprochen wird, ansonsten eher der Union und den Grünen (eventuell auch in dieser Kombination).

Wichtiger als wahlkampftaktische Rücksichtnahmen und demoskopische Trends sind institutionelle Transformationsbarrieren. Darunter verstehen wir parlamentarische Konstellationen und negative Politikverflechtungen, die den Übergang in eine Low Carbon Society behindern, auch wenn Technologien und finanzielle Ressourcen prinzipiell zur Verfügung stehen. Hier wird das in den Sozialwissenschaften diskutierte Problem der Pfadabhängigkeiten bedeutsam.[155] Pfadabhängige Prozesse und Entwicklungen führen in Politik und Wirtschaft dazu, dass sich alte Fehler verfestigen und Lerneffekte ausbleiben. Entscheidungsträger und öffentliche Meinung orientieren sich an Vorgängen und Standardprozeduren aus vergangenen Problemfällen, sie wählen die darauf bezogenen Krisenbewältigungsroutinen. So wurden bei der Bearbeitung der Banken- und Beschäftigungskrise Lösungen ausgeschlossen, deren Erfolg ungewiss erschien, stattdessen wählte man scheinbar bewährte Muster der Problemdefinition und Krisenintervention. Pfadwechsel erfordern aber institutionelle Fantasie, fachübergreifende Netzwerke und die Einbeziehung neuer, vielleicht schwer einschätzbarer Akteure.

Dieser Konservatismus beherrscht Gesetzgebungsverfahren und den Zuschnitt von Ressortverantwortlichkeiten genau wie die politische Willensbildung durch die Parteien und die Bündelung von Interessen durch Verbände. Das Krisenmanagement der OECD-Länder zielt generell auf die Wiederherstellung einer »Normalität« wie vor der Krise ab. Der Übergang in eine klima- und ressourcenverträgliche Wirtschaft und Gesellschaft erfordert jedoch komplexere Sichtweisen und ein kreativeres Krisenmanagement. Der Politikbetrieb ist behäbig wie jeder andere und hasst es, wenn bestehende Regelwerke, Routinen, Leitbilder und ganze »Landkarten in unseren Köpfen«[156] in Frage gestellt werden. Er müsste erheblich flexibler werden, um den Herausforderungen des Klimawandels gerecht zu werden. Organisationen und Akteure reagieren gewöhnlich auf neue Herausforderungen und Unsicherheit entweder mit Ignoranz und einer Bestärkung der etablierten Handlungsorientierungen oder mit selektiver Wahrnehmung, also einer Aufnahme nur der Anforderungen, die zum vorhandenen Wissen, zu bestehenden Deutungs- und Regelungsmustern anschlussfähig sind. Grundstürzende Innovationen werden nicht durch gute Krisendiagnosen und Ursachenanalysen bewirkt, sondern erst durch neue Orientierungsangebote und Handlungskonzepte.[157]

Dagegen stand und steht aber die Vorherrschaft altindustrieller Interessen im organisierten Kapitalismus. Damit sind industrielle Schwerpunkte wie die Montanindustrie, die Automobilindustrie und bestimmte Sparten der chemischen Industrie gemeint, die die Bundesrepublik Deutschland und Europa einst, nämlich in der Ära »fordistischer Massenproduktion« nach 1945, stark geprägt haben, oft in einer engen Interessengemeinschaft zwischen Arbeitgeberverbänden und Gewerkschaften. Produktions- und Dienstleistungsbereiche, die Nachhaltigkeit und Energieeffizienz von Produktion und Konsum in den Vordergrund stellen, wie etwa die Solarindustrie, haben in der Regel auch andere Organisations- und Verhandlungskulturen, die in den altindustriellen Komplex keinen Eingang finden. Dieser möchte unerwünschte Dinge von der politischen Agenda fernhalten und in für ihn kritischen Situationen zunächst Nichtentscheidungen herbeiführen. Die Erfolge der Autohersteller bei der Aushöhlung der EU-Klimabeschlüsse und der Durchsetzung bzw. Verlängerung der Abwrackprämie sind die neuesten Beispiele für das Verhinderungs- und Durchsetzungsgewicht ihrer Lobby in Brüssel und Berlin.

Die Krise tangiert somit ganz verschiedene Organisationswelten. Bei der Automobilindustrie wurde sichtbar, dass partikulare Interessen, zu einer übergreifenden Kapital-Arbeit-Allianz gebündelt (man denke nur an den gemeinsamen Fernsehauftritt der trauerumflorten Großunternehmerin Maria-Elisabeth Schaeffler mit dem rotbeschalten IG-Metall-Chef Berthold Huber), wieder besser organisierbar und schlagkräftiger waren als allgemeine Umweltinteressen. Hier der bei Ministern und Kommissaren hochfrequentig vorsprechende VDA (Verband der Automobilindustrie), dort der VCD (Verkehrsclub Deutschland), ein umweltorientierter Mitgliederverband, der sich an die breite Öffentlichkeit richtet; hier der Schulterschluss der Automänner, dort die selbstgenügsamen

Fahrradfahrer. Gemeinwohlorientierte Interessen, die in der Umweltpolitik und Nachhaltigkeitsagenda unterdessen erhebliches Renommee und Standing gewonnen haben, werden aufgrund der Aufmerksamkeits- und Interessengewichte in der Krise kaum in den politischen Reflexions- und Diskussionsprozess einbezogen. Hier mangelt es der Verhandlungsdemokratie eindeutig an der Repräsentation der Interessen des Gemeinwohls.

Notwendige Kursänderungen und Innovationen sind zum Scheitern verurteilt, wenn Akteure ihr Veto einlegen, deren Zustimmung verfassungsmäßig oder realpolitisch unabdingbar ist.[158] Je mehr solche »Vetospieler« auftreten und je homogener sie agieren, desto unwahrscheinlicher ist die Veränderung des Status quo. In Deutschland sind das Koalitionspartner mit Profilierungsbedarf, Landesväter mit ihren regionalen Sorgen, oft auch parapolitische Instanzen ohne Mandat, aber von hohem Ansehen wie das Bundesverfassungsgericht oder die Europäische Zentralbank. Mitten in der Krise erfolgte die Entzweiung der Großen Koalition, während in anderen OECD-Staaten Koalitionsregierungen eher im Schulterschluss blieben und vor allem die Obama-Administration mit einem starken Auftritt hervorstach.

So hob die breite Mehrheit der Großen Koalition im Bundestag die Qualität der Krisenbewältigung nicht, vielmehr verzettelten sich Regierung und Fraktionen in Themen sekundärer Bedeutung, obwohl im Kern überhaupt kein gravierender ordnungspolitischer Dissens zu erkennen war. Dabei hätte man gerade von einer Großen Koalition proaktives Verhalten erwarten dürfen, also unpopuläre Maßnahmen und ungewöhnliche Vorschläge. Obwohl die vertrauensbildende Devise ausgegeben wurde, der Standort Deutschland werde »gestärkt aus der Krise hervorgehen«, lagen keine Rezepturen und Roadmaps der Transformation vor, so dass sich die Rettungs- und Konjunkturpakete in Feuerwehraktionen und

Formelkompromissen ergingen, die das entscheidende Ziel – die Dekarbonisierung von Wirtschaft und Gesellschaft – völlig aus den Augen verloren. Auch international konnte Deutschland keine Führungsrolle übernehmen, weder im bewährten deutsch-französischen Tandem noch als Teil einer erneuerten transatlantischen Klima-Allianz; die 2007 beim G8-Gipfel in Heiligendamm gewonnene Rolle als Antreiber der europäischen und globalen Klimapolitik ging weitgehend verloren.[159]

Als Vetospieler traten auch Ministerpräsidenten der Länder auf, die lokale Interessen des altindustriellen Komplexes (Opel in vier Bundesländern, Schaeffler in Bayern) vortrugen und sie in den »systemischen« Rang der Banken im Finanzsystem erhoben. Das führte bei den Ländern und SPD-Ministern zu einer Versteifung auf punktuelle Rettungsanstrengungen, in der Union zu einem ordnungspolitischen Reflex gegen zu viel Staat – nicht aber zu einer klimapolitisch günstigen Alternative. So führte die Politikverflechtung zwischen Bund und Ländern[160] erneut zu horizontalen und vertikalen Selbstblockaden im Staatsapparat; konzeptionelle oder praktische Durchbrüche im Bereich der gesamtstaatlichen Finanzverfassung blieben aus, bei der Umsetzung der Konjunkturprogramme regierten der Proporz und das Gießkannenprinzip.

Zum verursachenden Marktversagen trat somit ein reaktives Politikversagen. In solchen Fällen versuchen es die politischen Eliten in den letzten Jahrzehnten mit mehr Public Relations. Obwohl der Kommunikationsaufwand immer größer wird, sind die Eliten immer weniger in der Lage, zu vermitteln, was sie und warum sie etwas tun. Als »Mediendemokratie« bleibt Volksherrschaft eingespannt in mediale, vor allem visuelle Übersetzungen. Politik konkurriert dabei aber mit Medienangeboten und Präsentationsformaten, die zweifellos mehr Unterhaltungswert besitzen. Auch die Krise produzierte die üblichen Bild-Stereotypen – karikaturhaft wirkende Shakehands und Catwalks, denen sich selbst eine Klimakanzlerin beugen muss. Damit korrespondiert die Suggestion aktiver Beteiligung durch bloßes Zuschauen – selten wusste das Publikum mehr als heute, aber es bleibt mehr denn je auf der Couch sitzen. Die »gefühlte Partizipation« ist jedenfalls stärker als die tatsächliche, und diese Schieflage wird unterstützt durch die Allzuständigkeitsanmutung, die Politikerauftritte erzeugen. In dieser Lage gelingt es telegenen Links- und vor allem Rechtspopulisten, sich »als jene Kraft zu präsentieren, die außerhalb der geschlossenen Welt der politischen Eliten steht, die für und mit den Menschen spricht und der es gelingt, jener formlosen Masse in der Mitte der modernen Gesellschaften Identität zu verleihen.«[161]

So gibt es auch in vermeintlich gefestigten Demokratien einen schleichenden Wandel zur »Postdemokratie«, wie der Politologe Colin Crouch das Ende der demokratischen Welt, wie wir sie kannten, bezeichnet: »Während die demokratischen Institutionen formal weiterhin vollkommen intakt sind (und heute sogar in vielerlei Hinsicht weiter ausgebaut werden), entwickeln sich politische Verfahren und die Regierungen zunehmend in eine Richtung zurück, die typisch war für vordemokratische Zeiten. Der Einfluss privilegierter Eliten nimmt zu, in der Folge ist das egalitäre Projekt zunehmend mit der eigenen Ohnmacht konfrontiert.« Crouch, ein leidender Sozialdemokrat, meinte damit die Wirtschaftseliten, die unterdessen als »Die Schamlosen« (Spiegel 8/2009) viel Kredit verloren haben, ohne dass allerdings Staatslenker und Parteiführerinnen dadurch im Gegenzug nennenswert an Ansehen gewonnen hätten.

Was kommt nach der Demokratie? »In einem gewissen Sinne haben wir die Idee der Herrschaft des Volkes hinter uns gelassen, um die Ideen der Herrschaft selbst in Frage zu stellen.«[162] Diese Sorte Anarchie ist nicht nach unserem Geschmack, beruht sie doch auf einem Populismus, der die Manipulationsmacht und Korruption der Wirtschaftseliten nicht nur nicht einschränkt, sondern – Silvio Berlusconis skandalöses Comeback ist der Beweis dafür – mit Brot und Spielen feiert, während der Cavaliere die Verfassung mit Füßen tritt und er den italienischen Staat als Selbstbedienungsladen versteht. Vor der TV- und Stadionkulisse agieren Parteien ohne Mitglieder, rabulieren Spin-Doktoren, ziehen Lobbyisten Strippen, wird Korruption endemisch.

Die indolente und egoistische Haltung politischer Eliten in vielen Ländern der europäischen Peripherie, aber auch in Kernländern der Europäischen Union kann nur mit so düsteren Worten beschrieben werden.[163] Interessant ist aber, wie Crouch seine pessimistische Diagnose durch die Wirtschaftskrise korrigiert sieht und die Offenheit der Situation beschreibt: »Es ist ein sehr gefährlicher Moment. Aber es ist auch ein interessanter Moment, weil die Hegemonie des neoliberalen Modells fundamental in Frage gestellt ist. Und es ist auch ein schizophrener Moment: Was die Möglichkeit betrifft, dass es wieder eine lebendigere Politik gibt, ist es ein hoffnungsfroher Moment.«[164] So hat bereits der italienische Kommunist Antonio Gramsci vorrevolutionäre Lagen beschrieben – die alte Welt ist noch nicht ganz untergegangen, die neue zeichnet sich erst ab. Diese Situation öffnet ein Gelegenheitsfenster für den nachhaltigen Umbau der Gesellschaft, das aber nur dann offen bleibt, wenn sich die intelligenten Akteure des politisch-administrativen Systems mit der Bürgergesellschaft und besonders mit den achtsamen und vorausschauenden Personen aus den wirtschaftlichen und akademischen Eliten zusammentun und eine Gegenmacht zu den Vertreterinnen und Vertretern des »weiter so« bilden, denen an nichts mehr gelegen ist, als das Fenster so schnell wie möglich wieder zuzuwerfen.

Phasen »großer Transformation« waren in der Geschichte stets geprägt durch neue Technologien und Leitsektoren der Wirtschaft, aber mehr noch durch aufstrebende soziale Klassen, die den Wandel von Institutionen und Mentalitäten vorantrieben. Strategische Gruppen wirkten gesellschaftsweit und über nationale Grenzen hinweg und verschafften anfangs isolierten Innovationsimpulsen eine »kulturelle Hegemonie«. Diese Akteure kann man als »change agents« bezeichnen.[165] Solche »Agenten des Wandels« wirken als Rollenmodelle und verbreiten Innovation, indem sie Weltbilder erschüttern, Einstellungs- und Verhaltensmuster herausfordern und bei anderen Motivation schaffen.

In der Metakrise müssen also nicht nur die politischen Technologien, sondern vor allem die demokratischen Institutionen der Bürgergesellschaft modernisiert werden. Integration bedeutet Teilhabe, nicht Versorgung, und diese muss – so wenig das im Trend zu liegen scheint – durch »mehr Demokratie«, also innovative Formen direkter Beteiligung, gestärkt werden. Um zu verhindern, dass sich strukturell große Gruppen ausgeschlossen fühlen oder auch Mittelschichten »abgehängt« werden, muss erfahrbar werden, dass politische Partizipation echte Wirksamkeit bedeuten kann. In vielen Fällen ist das Rückzugsverhalten bei Wahlen kein Wissensproblem, dem man mit politischer Bildung begegnen könnte, sondern eine nachvollziehbare Enttäuschungserfahrung bei Bürgerinnen und Bürgern, die durchaus politisch gebildet sind und »etwas tun« wollen. Oft mangelt es nur an »Wissen zum wie«, an praktisch-instrumentellen Demokratiekompetenzen, um Ideen und Interessen wirksam werden zu lassen. »Politik« ist zu einem opaken sozialen Raum geworden.

Demoautoritarismus

Besitzt die liberale Demokratie diese Kraft noch? Man sollte es ihr zutrauen, denn immerhin hat sie sich in ganz verschiedenen Varianten und Schattierungen und über mehrere Schübe hinweg zwischen 1945 und 1990 als Weltmodell politischer

Herrschaft etablieren können. Ein solches Modell kann aber durchaus abgelöst werden. Die Zeitschrift »The Economist« lässt alle zwei Jahre die weltweite Entwicklung der Demokratie messen; zum Demokratie-Index zählen Wahlverfahren, Pluralismus, Regierungshandeln, politische Partizipation, politische Kultur und die Freiheitsrechte. Es erstaunt kaum, dass die skandinavischen Länder auf der Demokratieskala ganz oben rangieren, Länder wie Ungarn, Venezuela oder Kambodscha mittlere Werte haben und Myanmar, der Tschad oder Nord-Korea die Schlusslichter bilden. In der aktuellen Studie kommen die Autoren zu dem Befund, dass die Ausbreitung der Demokratien stagniert. Daran zeigt sich eine bedenkliche Entwicklung: Während die US-amerikanische Demokratie in der Ära Bush an Überzeugungsmacht vor allem in der islamischen Welt verloren hat, gilt der autoritäre Kapitalismus Chinas besonders in Entwicklungsländern als attraktives Modell, wobei die Finanzkrise das Vertrauen in den Westen weiter unterminiert hat.[166]

Besonders bedrückend ist der Rückzug der Demokratie in Ostmitteleuropa: Die neuesten Beispiele sind Georgien, Kirgisien und die Ukraine,[167] wo die Vertreter demokratisch gewählter Regierungen unter massivem Druck stehen. Was 1989 so verheißungsvoll begann, zeigt inzwischen bei 19 von 28 Ländern ein Absinken der Werte im Vergleich zur letzten Studie 2006; lediglich ein Land, Tschechien, liegt besser als vor zwei Jahren.[168] Im Westen verzeichnet der Report ein Absinken der politischen Partizipation, zunehmendes Regierungsversagen und die wachsende Einschränkung von Freiheitsrechten, die auf Anstrengungen zur Erhöhung der innerstaatlichen Sicherheit zurückgehen.[169]

Das alles stimmt nicht hoffnungsvoll: Auch wenn der Anteil der im weitesten Sinn demokratischen Gesellschaften auf der Welt bei knapp unter fünfzig Prozent liegt, lässt sich von einer globalen Rezession der Demokratie sprechen. Anscheinend verläuft die Entwicklungsrichtung nicht vom wirtschaftlichen Erfolg zur Demokratie, sondern nur vom wirtschaftlichen Erfolg zum höheren Lebensstandard. Das scheint den meisten Aufsteigernationen ausreichend.[170] Mit dem ökonomischen Aufstieg von China, Indien, Russland und Brasilien und mit der Herausforderung der westlichen Führungsmacht durch den Iran, Venezuela und andere südamerikanische Linksregierungen ist die weltpolitische Tektonik in Bewegung geraten. Gegenüber den Staaten des Pacific Rim (Anrainer des Pazifischen Ozeans) schwindet generell die Dominanz des nordatlantischen Westens sowohl ökonomisch wie politisch. Auch heißt es nicht mehr G7 oder G8, sondern G20, eine vor kurzem noch schwer vorstellbare Erweiterung.

Auch die G8-Welt ist nicht mehr, wie wir sie kannten. Die Gruppe der 20 wurde schon 1999 beim Weltwirtschaftsgipfel in Köln als informelle Versammlung der Finanzminister und Notenbankgouverneure der wichtigsten Industrie- und Schwellenländer der Welt über Fragen der internationalen Wirtschafts- und Währungspolitik ins Leben gerufen. Auslöser war die damals noch regionale Finanzmarktkrise in Asien, nach den Terroranschlägen vom 11. September 2001 kam die Koordination von Maßnahmen gegen Geldwäsche und Terrorfinanzierung hinzu. In der G20 sind neben den G7-Staaten (Deutschland, Frankreich, Großbritannien, Italien, Japan, Kanada und die USA), der Europäischen Union, das G8-Mitglied Russland sowie eine nach Wirtschaftskraft und Regimetyp buntgemischte Gruppe von Schwellenländern vertreten (Argentinien, Australien, Brasilien, China, Indien, Indonesien, Süd-Korea, Mexiko, Saudi-Arabien, Südafrika und Türkei). Die G20-Staatengruppe repräsentiert rund neunzig Prozent des Weltsozialprodukts, achtzig Prozent des Welthandels sowie zwei Drittel der Weltbevölkerung.

In diesem informellen Gremium, das seit 2008 an Einfluss gewonnen hat und die G8 mittelfristig ablösen oder in ihrer

Bedeutung relativieren könnte, gibt es eine unausgesprochene Konkurrenz nicht nur um die Restauration des Weltfinanzsystems, sondern auch um die Modernisierungspfade der Mitglieder, die keineswegs mehr – wie der autokratische Kapitalismus Russlands oder der Politbüro-Kapitalismus Chinas – dem Modell des Westens folgen.

Durch den Anfangserfolg der »vierten Demokratisierungswelle« nach 1989 entstand die Hoffnung, die Welt würde über kurz oder lang ein einziger großer Westen sein. Doch Kapitalismus geht auch ohne Demokratie, vielleicht sogar schneller – ohne die umständlichen und langwierigen Prozeduren der Meinungs- und Urteilsbildung, die Partitur der Vorlagen, Anhörungen, Feststellungen und Abstimmungen, ohne Pressefreiheit und Verfassungsklagen, all die zeitraubenden Verfahren des Rechtsstaates. Man kann einfach drauflos modernisieren. Wo bei uns die Einrichtung eines Windparks zu einer jahrelangen Ochsentour wird, kann ein Zentralkomitee Kohlekraftwerke buchstäblich im Wochentakt in die Landschaft setzen. Und zwar gestern totale Dreckschleudern, morgen womöglich aber technisch avancierte und klimaverträgliche Anlagen. Und übermorgen erneuerbare Energien im großen Stil?

Der Verzicht auf Demokratie erweist sich, wie gesagt (S. 65), offenbar nicht als Hemmschuh der wirtschaftlichen Entwicklung, sondern als Modernisierungsbeschleuniger. Wer sieht, wie subtil die chinesische Führung daran arbeitet, das Systemvertrauen durch die Abmilderung von Härten und die Verteilung von Gratifikationen stabil zu halten, kann nicht so sicher sein, dass dieses System schon deshalb verlieren wird, weil es nicht demokratisch ist. Und womöglich treibt dieses »Erfolgsmodell« auch hier zu Lande technokratische Planungsillusionen hervor; der New-York-Times-Autor Thomas Friedman formuliert jedenfalls probeweise schon mal den Wunsch, Amerika möge doch wenigstens für einen Tag China sein, um alles für den grünen Umbau der Gesellschaft regierungsamtlich anordnen zu können. Am nächsten Tag könne es ja zur Demokratie zurückkehren.[171]

Unterm Strich folgt nur etwa ein Fünftel der Gegenwartsgesellschaften der Entwicklungslinie der OECD-Staaten[172], die selbst nicht gefeit sind vor einem Rückfall. Dass sich die anderen vier Fünftel erst gar nicht auf den Pfad begeben, den wir für erfolgreich halten, bringt demokratische Gesellschaften nicht nur zahlenmäßig unter Druck; Alternativmodelle könnten für andere aufstrebende Gesellschaften möglicherweise attraktiver sein als der Westen. Auf jeden Fall ist der liberaldemokratische Staat nicht das ultimative Ende der Geschichte politischer Organisation, wie Francis Fukuyama 1992 prophezeit hatte[173], sondern ein historisch ziemlich junger Aggregatzustand, der immer wieder Varianten bilden kann. Die Welt ist voller defekter Demokratien, und Globalisierung vollzieht sich über Regionalisierung, weshalb sie, wie es ein chinesischer Sozialwissenschaftler ausdrückt, »nicht unbedingt zur Vereinheitlichung, sondern möglicherweise auch zur Fragmentierung der Welt [führt], da die Potentiale der Fragmentierung durch die Dialektik der Globalisierung nicht nur verhindert, sondern auch erweckt oder gefördert werden können.«[174] Yongnian Zheng[175] hat gezeigt, dass die chinesische Regierung ihre staatliche Verwaltung nicht am westlichen Vorbild orientiert, sondern pragmatisch an einheimische Erfordernisse anpasst. Ausländische Erfolgskonzepte werden je nach Gebrauchsfähigkeit aufgegriffen und einer institutionellen Melange hinzugefügt, die die Legitimität des chinesischen Staates erhöht.

Autoritären Regimen wird jede Fähigkeit zur Herstellung von Legitimität kategorisch abgesprochen. Autoritarismus wird als ein »Zustand« gesehen, aus dem demokratische Regime hervorgehen und in den sie im Falle ihres Scheiterns zurückkehren – um am Ende doch wieder den Weg zurückzufinden.[176] Wolfgang Merkel charakterisiert autoritäre Regime als »partizipationsfeindlich, geschlossen, unflexibel, adaptions-

und innovationsträge«.[177] Da in autoritären Regimen Partizipation und Pluralismus *per definitionem* eingeschränkt sind[178], könnten sie nur schwer auf gesellschaftliche, wirtschaftliche und politische Herausforderungen reagieren und seien permanent vom Zusammenbruch bedroht. Aber unter welchen Bedingungen bricht ein autoritäres Regime zusammen? Unter welchen ist es womöglich erfolgreicher als demokratische Staaten?

Die Volksrepublik China betrachtet sich selbst jedenfalls als eine attraktive Alternative zur OECD-Welt. Nach dem Tod Maos 1976 wandelte sich das totalitäre Regime in eine Autokratie, die wirtschaftliche Liberalisierung mit der strikten Begrenzung bürgerlicher Freiheiten verband. Die Studentenproteste Ende der 1980er Jahre und die Einführung von Dorfwahlen nährten Hoffnungen auf eine Demokratisierung[179], die im Massaker auf dem Platz des Himmlischen Friedens zerbrachen. Die in Zahl und Gewaltsamkeit zunehmenden Demonstrationen der Landbevölkerung Anfang der 1990er Jahre wurden als die nächsten Signale eines baldigen Kollapses des Einparteienregimes betrachtet[180], doch wieder konnte das Regime den sozialen Protest auffangen.

Heute sieht man, dass der Erfolg der chinesischen Autokratie vor allem darauf beruht, dass sich die Kommunistische Partei durch ihren »Output« legitimiert – und dabei in erster Linie durch das Wirtschaftswachstum und eine fühlbare Verbesserung der Lebensbedingungen für erhebliche Teile der Bevölkerung. Das Regime hat auf innere und äußere Herausforderungen erstaunlich flexibel mit Reformpolitiken reagiert, die den Prozess einer politischen Liberalisierung gerade dadurch vermeiden konnten, dass sie schnell und meist erfolgreich waren. Diese flexible Reformpolitik operiert auf verschiedenen Ebenen: mit der Formulierung flexibler Entwicklungsziele[181], mit nationalistischer Propaganda[182] und mit selbstbewusster Großmacht-Diplomatie.[183] Mit der Aufnahme in die Welthandelsorganisation im Jahre 2001 wurde Chinas gleichberechtigte Stellung in den internationalen Wirtschaftsbeziehungen anerkannt. Der Kooperation mit den industrialisierten Demokratien stehen Konfliktfelder entgegen, beispielsweise Chinas bi- und multilaterale Bündnis- und Ressourcenpolitik.[184] Konservative Beobachter in den USA sehen gerade in diesen zweckgerichteten Allianzen mit autoritären Staaten einen erfolgreichen Versuch, der liberalen Demokratie ein gleichberechtigtes autoritäres Gegenmodell entgegenzustellen.[185]

In den Beziehungen zwischen Staat und Gesellschaft lassen sich gleich mehrere Anpassungen erkennen: Während die Partizipationsmöglichkeiten in den gesteuerten Repräsentativorganen (Volkskongresse und Konsultativkonferenzen) auf allen Ebenen nur sehr zögerlich und langsam erweitert werden, bieten das teilliberalisierte Internet, ein Beschwerdesystem sowie die interne Auswertung und Weiterleitung von Leserbriefen an Zeitungen Kanäle, die der chinesischen Führung ein Bild über die Probleme und Stimmungen in den verschiedenen Bevölkerungsgruppen verschaffen.[186] Weiterhin existieren inzwischen 300 000 registrierte soziale und *Non-profit*-Organisationen; die Anzahl nicht registrierter sozialer Assoziationen wird auf über drei Millionen geschätzt.[187] Da der überwiegende Teil dieser Organisationen in den relativ unpolitischen Sozial- und Umweltsektoren aktiv und ihre Beziehung zur Partei größtenteils kooperativ ist, kann sich der Staat dadurch aus der Lösung sozialer Probleme zurückziehen.[188]

Dabei lassen sich auch im politischen System wichtige Veränderungen feststellen, zum Beispiel durch eine Verjüngung und Professionalisierung der politischen Führung.[189] Die Beziehungen zwischen Zentrum und Peripherie haben sich durch eine begrenzte Dezentralisierung verbessert, die lokale Innovationen fördert, aber die Kontrolle der Zentralregierung in der Sozial- oder Wirtschaftspolitik beibehält.[190] Das Innovationspotential von Chinas Wirtschaft ist anhaltend hoch und wird durch den intensiven Ausbau höherer Bildung und Technologieaustausch weiter erhöht.[191]

Alles in allem entspricht China keineswegs dem oft karikaturhaften Bild des autoritären oder totalitären Staates – aber es enttäuscht auch die Hoffnungen auf Demokratisierung, sofern sie an den wirtschaftlichen Aufschwung gekoppelt waren.[192] China geht ganz offensichtlich einen anderen Weg als der Westen, und es ist eine offene Frage, was das für den zukünftigen Erfolg der Demokratie bedeuten kann. Dabei wird auch der Klimawandel zusammen mit den gravierenden anderen Umweltschäden für China in Zukunft ein wachsendes Problem darstellen. Wenn man sieht, dass der »grüne« Anteil im chinesischen Konjunkturprogramm bei 34 Prozent liegt und damit erheblich höher als in der EU, wird man nicht mehr sagen können, dass die chinesische Führung klimapolitisch blind sei, und den Eindruck wird auch nicht gewinnen, der sieht, dass mit Dongtan eine komplette Zero-Emissions-Stadt geplant ist und gebaut wird. Ein solches Projekt findet sich in Europa jedenfalls bis heute nicht.

(Wie) Können Demokratien den Klimawandel bewältigen?

Wie umweltfreundlich ist Demokratie, und wie demokratiefreundlich ist der Klimawandel? Lange schien sich diese Frage von selbst zu beantworten: Natürlich lösen liberal-demokratische Systeme Umweltprobleme normalerweise besser als autokratische; selbstverständlich werden sich westliche Demokratien bei der Abwendung der Klimakatastrophe und bei der Anpassung an schleichende und dramatische Klimafolgen besser bewähren als Diktaturen. Die Forschung zur Umweltpolitik kam zu dem beruhigenden Schluss, »dass Demokratie die besseren Voraussetzungen für Umweltpolitik bietet als Autoritarismus […]. Das bedarf gar keiner Erklärung.«[193] Gilt also

Winston Churchills Diktum von 1947, »die Demokratie [sei] die schlechteste aller Regierungsformen mit Ausnahme aller anderen [...]«, auch in klimapolitischer Hinsicht?

Wie Demokratie- und Umweltperformanz zusammenhängen und wie man die aus beidem resultierende Produktivität politischer Systeme bewerten soll, ist eine echte Forschungslücke, die nicht nur akademischen Charakter hat. Denn es geht hier um die Chancen der Demokratie, wie wir sie kannten, oder – positiv gewendet – darum, wie aus der Bearbeitung des Klimawandels ein Mehrwert für die Demokratisierung der Demokratie zu ziehen ist. Eine neue Studie hat gezeigt, dass die Demokratiezufriedenheit in 24 OECD-Staaten mit der Umweltqualität signifikant steigt.[194] Das heißt, dass man schon deshalb eine nachhaltige Umwelt- und Klimaschutzpolitik betreiben sollte, um wiedergewählt zu werden. Auf der anderen Seite läuft der kurze Zeittakt demokratischer Politik einer langfristigen und nachhaltigen Problemlösung chronisch zuwider, und das führt zu der fatalen Zurückstellung von Umweltpolitiken in Zeiten ökonomischer Krisen, wie wir sie gegenwärtig erleben.

Einer anderen Studie zufolge unterscheiden sich demokratische Staaten untereinander deutlich. Dass die Wohlfahrtsstaaten Nordeuropas bei der Adaptation an den Klimawandel vorn liegen[195], wirft interessante Fragen auf: Korrespondieren die unterschiedlichen staatlichen Leistungen von Demokratien mit Präferenzen der Bevölkerungen in den betreffenden Staaten, eventuell auch mit entsprechenden Partizipationsstrukturen und -chancen? Ist in solchen Konsensdemokratien eine »Klimakultur« der Nachhaltigkeit eher angelegt als andernorts? Oder gibt es eine Beziehung zwischen der Klima-Effektivität von Staaten mit dem Grad sozialer Gerechtigkeit? Ihren sozialen Härtetest haben die meisten Demokratien noch vor sich. Und ihre Leistungsfähigkeit beruht in vieler Hinsicht auf Voraussetzungen, die sie selbst nicht geschaffen haben – neben der Rechtskultur von Verfassungsstaaten ist dies sicherlich ein gewisses Wohlfahrtsniveau. Wenig wissen wir über die Fähigkeit liberaler Demokratien, Umweltkrisen zu erkennen und zu bearbeiten, zumal dann, wenn sie so tiefgreifend und bedrohlich sind wie die Klimakrise.

Demokratien geraten unter Stress: Zu den allfälligen Leistungs- und Legitimationsproblemen des Wohlfahrtsstaates, die vor allem durch den demographischen Wandel (»Überalterung«) entstanden sind, und zu den durch Terroranschläge provozierten Angstreaktionen treten weitere Verluste sozialer Gewissheiten und Sicherheiten: durch »Naturkatastrophen« aller Art. Das vielleicht größte Problem, nämlich das schrumpfende Vertrauen der Bürgerschaft, haben wir schon erörtert. Daneben gibt es aber noch drei weitere große Probleme, die als Bedrohungen *für die* Demokratie, aber auch *durch die* Demokratie wirken:

- die wachsende Diskrepanz zwischen Anspruch und Wirklichkeit,
- die kurze Dauer von Legislaturperioden,
- das Globalisierungsdilemma

Erstens hat es bislang keine Demokratievariante und auch kein noch so ausgeklügeltes Wahlrecht geschafft, die Aufgabe repräsentativer Demokratien, den Willen des Volkes möglichst getreu abzubilden und in Regierungshandeln umzusetzen, mit dem tatsächlichen Handeln der Regierungsmehrheit in Einklang zu bringen. Das beginnt bei unübersichtlichen und unzulänglichen Abstimmungsmodalitäten und dem Unvermögen der Wählerschaft, Alternativen rational zu durchdenken, weitet sich aus mit Koalitionszwängen (oder in Wettbewerbsdemokratien mit der schwachen Mehrheit von Regierungen), und endet in dauerhaft labilen Mehrheiten, die ihre Regierungsprogramme nicht verwirklichen oder diesen völlig entgegengesetzt handeln. Das bedeutet: Wähler oder Regierungen könnten noch so hervorragende klimapolitische Ambitionen verfolgen, deren Realisierung bleibt stets suboptimal.

Demokratien vernachlässigen *zweitens* systematisch Zukunft. Die politischen Lager haben sich in weit zurückliegenden historischen Konstellationen entwickelt, deren Programme symbolisch fortgeschrieben werden – an der Sozialdemokratie etwa ist hauptsächlich noch sozialdemokratisch, dass sie sich mit Themen wie »Mindestlohn« und »Reichensteuer« symbolisch als Partei der »kleinen Leute« etikettiert, während sie faktisch das ganze Entstaatlichungsprogramm der 1990er Jahre mitgetragen und exekutiert hat. Der Zeittakt der antretenden Parteien und politischen Eliten ist auf die jeweilige Legislaturperiode ausgerichtet, kurzfristige Strategien des Machterwerbs und Machterhaltes stehen deshalb im Vordergrund. Politiken werden kurzsichtig und sprunghaft formuliert und variiert, der Neoliberalismus hat die Kurzfristigkeit noch verstärkt. Mit anderen Worten: Wer längerfristig klimapolitisch gestalten will und wer gar auf die Sanierung und den Umbau der Industriegesellschaft setzt, steht auf verlorenem Posten, zumal dann, wenn mächtige Lobbyisten und Mitregenten die Chance einer mittel- und langfristigen Einflussnahme für weniger gemeinwohlverträgliche Sonderinteressen haben.

Demokratisches Regieren findet *drittens* üblicherweise auf der nationalstaatlichen Ebene statt, wird aber zunehmend durch demokratisch schwach legitimierte Vollzüge auf supra- und transnationaler Ebene ergänzt oder ersetzt, denen keine demokratische Kommunikation und Aushandlung entspricht. Dieser Globalisierungsspagat versetzt die politischen Akteure in einen permanenten Zwiespalt zwischen ihren nationalen Referenzrahmen (vor allem bei Wahlen und in der Ansprache der Öffentlichkeiten) und globalen Aushandlungsprozessen, die kein demokratisches Mandat haben, oder allenfalls ein höchst indirektes. Das bedeutet: Klimapolitische Maßnahmen bleiben zwischen nationaler Ohnmacht und supranationalen Sachzwängen stecken.

Last Exit Kopenhagen: Schwierigkeiten globalen Regierens

Es ist ein Gemeinplatz, dass globale Probleme nur in globaler Kooperation bearbeitet und gelöst werden können. Der Fachbegriff dafür ist *Global Governance* – gemeint ist ein Regieren jenseits des Nationalstaates und damit ohne formale Regierung, wenn auch unter Beteiligung der Nationalstaaten. Alle Sektoren der internationalen Politik sind dazu übergegangen, wobei halbprivate Akteure, die Nicht-Regierungs-Organisationen (NROs) eine wichtige Rolle übernommen haben. Schwierig ist, dass diese Politik, selbst wo sie Probleme löst, meist nicht gerecht ist und an einem Demokratiedefizit leidet. Hinzu kommt der normative Aspekt: Man kann niemanden, weder national noch zwischenstaatlich auf die Erfüllung von *Good Governance* festlegen, da es keine effektive Sanktionsgewalt gibt. Politikbereiche, die unter *Good Governance* fallen, reichen von der Rüstungskontrolle über den Menschenrechtsschutz, die Entwicklungszusammenarbeit, die Festlegung von Arbeits- und Sozialstandards und einer Weltinformationsordnung bis hin zur Regulierung der Weltfinanzmärkte.

Die Umweltpolitik ist der klassische Fall einer Materie, die nur transnational zu bearbeiten ist; Emissionen aller Art machen keinen Bogen um nationale Rechtsräume und Politikstile. In den Jahrzehnten, die seit dem Bericht der Brundtlandt-Kommission und der UN-Konferenz über Umwelt und Entwicklung in Rio de Janeiro[196] vergangen sind, entstanden knapp zwei Dutzend Umweltregime, die in einzelnen Feldern Verbesserungen bewirkt haben (das beste Beispiel war das Verschwinden der FCKW-Emissionen), eine Verschlechterung der Umweltsituation oft aber auch nicht verhindern konnten (das traurigste Beispiel ist die Biodiversität). Erfolgreich ist die globale Umweltpolitik, wo sie auf einen normativen Konsens, soziale Träger- und Resonanzgruppen sowie effektive

Kontrollmechanismen zurückgreifen kann. Wesentlich ist die Bereitstellung finanzieller und technologischer Transfers, hilfreich öffentlicher Druck von Umweltgruppen und NROs, unverzichtbar sind schlagkräftige Umweltinstitutionen und ein verbindliches Umweltvölkerrecht. Wesentlich ist ferner, dass sich die Teilordnungen – zum Beispiel Welthandel und Klimaschutz – ergänzen und nicht durch einseitige Prioritätensetzungen zueinander in Widerspruch geraten.

Ein herausragendes Beispiel für transnationale Kooperation im Klimaschutz ist das Kyoto-Protokoll, das im Dezember 1997 beschlossene und Februar 2005 in Kraft getretene Zusatzprotokoll zur Klimarahmenkonvention (UNFCCC) der Vereinten Nationen. Es hat völkerrechtlich verbindliche Zielwerte für den Ausstoß von Treibhausgasen in den Industrieländern festgelegt und diesen in der ersten Runde (2008 bis 2012) eine Reduktion des jährlichen Ausstoßes an Treibhausgasen um durchschnittlich 5,2 Prozent gegenüber dem Basisjahr 1990 auferlegt. Das Abkommen steht in der Kritik, weil eine effektive Verringerung der Treibhausgase weltweit bisher ausgeblieben ist; aber man erkennt darin immerhin den aus der Not geborenen und der Vernunft gehorchenden »kosmopolitischen Blick«: 183 Länder haben durch Beitritt, Ratifizierung oder andere formelle Zustimmung des Protokolls das Prinzip der »gemeinsamen, aber unterschiedlichen Verantwortlichkeiten« aller Vertragsstaaten anerkannt.

Eine Weltklimaregierung ist das nicht, doch weist diese abgestufte Kooperation typische Merkmale globalen Regierens auf. Global Climate Governance ist ein Mechanismus der Koordination, der Steuerungselemente des Marktes, der Hierarchie und des Vertrauens in Netzwerke grenzüberschreitend verbindet und, da es keine Weltregierung geben kann und soll, auf Konsens durch Verhandlung beruht. »Kyoto« basierte auf wissenschaftlichen Erkenntnissen, vor allem dem Zweiten IPCC-Sachstandsbericht von 1995, der die schädlichen Treibhausgase identifiziert, die gemindert werden sollen. Das vollzieht sich in einer Serie von Arbeitsgruppentreffen und kulminiert in periodischer Gipfeldiplomatie, darunter die namensgebende dritte Vertragsstaatenkonferenz (COP-3) von 1997 in Kyoto. Der abgestufte Einsatz von Ge- und Verboten berücksichtigt den ungleichen Entwicklungsstand und die politischen Machtverhältnisse in der Klimawelt.

Neben dem Emissionsrechtehandel *(Emissions Trading)* (s. S. 104 f.) gibt es das Instrument der Gemeinsamen Umsetzung *(Joint Implementation)*, das ermöglicht, Verpflichtungen durch Investitionen in Länder mit leichter erzielbaren Einsparungen nachzukommen. Dazu kommt der Mechanismus für umweltverträgliche Entwicklung *(Clean Development Mechanism, CDM)*, der erlaubt, Maßnahmen zur CO_2-Reduktion in einem Entwicklungsland durchzuführen und sich die dort eingesparten Emissionen aufs eigene Emissionsbudget anrechnen zu lassen. Der Mechanismus der Lastenteilung *(Burden Sharing)* besagt, dass eine Gruppe von Vertragsstaaten ihre Reduktionsziele gemeinsam erfüllen kann, wie vor allem in der Europäischen Union. Deutschland verpflichtete sich zu einer Verringerung seiner Treibhausgas-Emissionen um 21 Prozent, Großbritannien um 12,5 Prozent, Frankreich wollte den Ausstoß auf dem Niveau von 1990 belassen, und Spanien durfte seine Emissionen noch um 15 Prozent steigern.

Der Kyoto-Prozess hat den Klimaschutz nicht wie erwünscht und erforderlich befördert, viele Akteure haben sich faktisch längst auf eine »Drei-Grad-Welt« eingestellt und höhlen die Wirkung des Abkommens durch zahlreiche Schlupflöcher und in der Hoffnung auf künftige »Joker« aus, die Großtechniker aus dem Ärmel ziehen. Global verliefen die Konfliktlinien zwischen der Europäischen Union als kollektivem Vorreiter des Klimaschutzes, und Japan, Russland, den USA und Kanada als Bremsern, die auf Ausnahmeregelungen (wie der Anrechnung von Senken und Waldgebieten) bestanden; im Blick auf

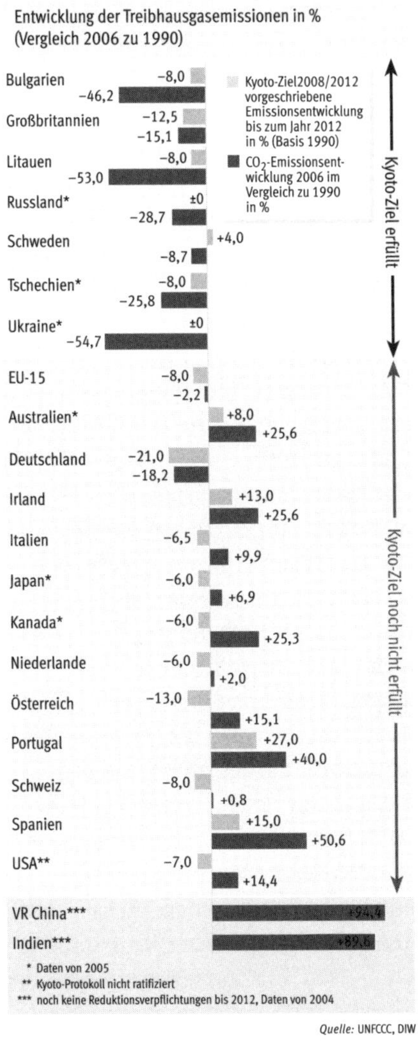

Abbildung 4: Kyoto-Ziele – Ist und Soll

Quelle: Eva Berié u. a. (Red.): Der Fischer-Weltalmanach 2009, Frankfurt am Main 2008, S. 715.

die Finanzierung gibt es Differenzen auch zwischen den sogenannten Annex I-Staaten[197] und den G77-Staaten. Mit Blick auf die Rechte künftiger Generationen wird man auch die Entwicklungsländer nicht aus der gemeinsamen Verantwortung entlassen können.

Die Vereinigten Staaten, die das Protokoll zunächst durch Vizepräsident Al Gore symbolisch unterzeichnet hatten, verweigerten sich in der Ära Bush dem Kyoto-Prozess völlig, weil sie darin einen Verlust nationaler Souveränität erblickten, und die USA werden auch unter Präsident Barack Obama trotz eines spürbaren Kurswechsels in der US-Klimapolitik kaum in eine multilaterale Formation vom Kyoto-Typ zurückkehren. Aber sie haben sich nach acht weitgehend verlorenen Jahren unter George W. Bush als ernsthafte Verfechter des Klimaschutzes in ein multilaterales Verhandlungsgefüge zurückgemeldet. Präsident Barack Obama steht mit seiner Person für eine Klima- und Energie-Wende und hat eine ehrgeizige Klimapolitik der US-Bundesregierung annonciert. Damit sind die Vereinigten Staaten nicht länger nur auf der lokalen und einzelstaatlichen Ebene aktiv, das Vorpreschen besonders ambitionierter Staaten (wie Kalifornien) wird von Washington nicht länger behindert. Ob die USA am Verhandlungstisch aber wirklich eine so konsequente Wende vollziehen, muss sich erst noch erweisen. Aussagen des Klima-Unterhändlers Todd Stern deuten auf ein Szenario hin, dass man die Emissionen bis 2020 nur auf das Niveau von 1990 zurückfahren und danach bis 2050 durchstarten will. Das kann Folge einer realistischen Einschätzung der eigenen Kapazitäten sein, aber auch des manifesten Widerstands beider Parteien im Kongress, der wieder auf eine aufschiebende Politik hindeutet. Wenn die USA als zweitgrößter Emittent von Treibhausgasen noch über Jahre hinweg von echten Reduktionen befreit bleiben, kann Washington eine mehr als rhetorische Führungsposition nicht beanspruchen.

Die Volksrepublik China ist nach einer Phase zum Teil exorbitanten Wachstums zum Weltemittenten Nummer eins aufgerückt. Dadurch haben sich Chinas Umweltprobleme verschärft und lokal bereits zu zahlreichen Protesten geführt (exemplarisch am gesamten Verlauf des Gelben Flusses). Seit einigen Jahren werden diese Probleme in der Kommunistischen Partei, in der Verwaltung und in wissenschaftlichen Einrichtungen intensiv und kontrovers diskutiert; es entstanden Politikpapiere, die Emissionsminderung und Energiesparen als Ziele deklarierten (vor allem im Umfeld der Olympischen Spiele 2008), die teilweise auch umgesetzt und in die Provinzen hineingetragen wurden, deren Effekte aber geringer als erhofft waren. China profitiert stark vom CDM-Mechanismus und entnimmt dessen Mittel zu fast drei Vierteln. 2008/09 hat das Land ein beachtliches grünes Konjunkturprogramm aufgelegt, das den Anteil der erneuerbaren Energien auf 15 Prozent und mehr steigern und einen Wachstumsschub für lokale Produzenten bringen soll.

Diese von oben gesteuerte Entwicklung verläuft vor dem Hintergrund sozialer Unruhen, die sich bereits in Tausenden von Protestereignissen artikuliert haben und durch die zu Hunderttausenden nach Hause geschickten Wanderarbeiter verstärkt werden könnten. Im Winter 2008 wurden auch wieder Demokratieforderungen laut. Die »Charta 08« wurde von 303 Intellektuellen formuliert, von mehreren Tausenden Chinesen unterzeichnet und durch eine unübersehbare Zahl von Bloggern weitergetragen. Innerhalb der Partei hat sich eine postmaoistische Linke gemeldet, die den bisher eingeschlagenen Kurs der wirtschaftlichen Modernisierung sozialverträglicher gestalten will. Auch diese linke Position stärkt einen Nationalismus, der sich vom westlichen Modell absetzt, das besonders in der Konsumsphäre wirkt und Lebensstile der oberen Mittelschicht in den Städten prägt. Der anhaltende Energie- und Rohstoffhunger hat aber die chinesische Kooperationsbereitschaft bei der Bewältigung der Wirtschafts- und Umweltkrise eher gestärkt, wobei sich das Land nun auf Augenhöhe mit Amerika fühlt und Europa und Japan schon abgehängt zu haben glaubt.

Insgesamt wachsen Kooperationszwang und Koordinationsdruck auf die Klima-Unterhändler. Die Stabilisierung des Klimas ist ein globales öffentliches Gut. Der Nutzen solcher Güter ist nicht-exklusiv und nicht-rivalisierend, das heißt: wenn sie erfolgreich verteilt werden, nützen sie Menschen überall in gleicher Weise. Scott Barrett hat eine vierstufige Taxonomie erarbeitet[198], die Typen und Mittel des Zusammenwirkens beschreibt: Alle ziehen unter Führung eines Landes oder einer internationalen Organisation an einem Strang (zum Beispiel bei einem drohenden Meteoriteneinschlag); es kommt auf das schwächste Glied der Kette an (bei der Bekämpfung einer Pandemie); es bedarf multilateraler Anstrengung (wie im Fall des Klimawandels) oder allseitiger Beschränkung (Atomwaffenverzicht). Was hält Nationen von Anstrengungen ab, ein globales Desaster wie den Klimawandel zu vermeiden?

Scott Barrett hat vier auf den ersten Blick sehr einleuchtende Gründe angeführt: Klimawandel führt nicht zur Auslöschung der gesamten menschlichen Spezies, die Länder werden unterschiedlich davon betroffen sein (und einige glauben, davon profitieren zu können), Klimaschutz ist extrem teuer und zieht Ressourcen von anderen Gütern ab (darunter Katastrophenschutz), und schließlich: Wo alle mitwirken müssen, benehmen sich viele als Trittbrettfahrer. Vor allem dieses aus dem Alltagsleben bekannte »free rider«-Problem ist bisher nicht gelöst. Es entstand, weil die Umwelt (hier die Atmosphäre und die Ozeane) als »Allmende« betrachtet wurde, an der sich alle, vor allem die Industriestaaten, reichlich bedient haben, ohne für die Nachhaltigkeit der öffentlichen Güter zu sorgen. Auch wenn ein virtueller Klimasuperstaat der CO_2-Reduzierer ein Gesamtinteresse sicherstellen wollte, könnte er niemanden von der Nutzung ausschließen, so dass Schwarzfahrer von der Verringerung der Emissionen profitieren, ohne dafür bezahlt zu haben.

Barrett und andere favorisieren deshalb nicht (mehr) die

Reduktion der Treibhausgase, sie setzen auf Katastrophenschutz, Anpassungsprogramme und Großtechnologien. Doch das wäre viel zu fatalistisch: Wenn das Klima kippt, wird es keine Nutznießer geben, so dass Trittbrettfahren keine wirklich vernünftige Strategie bleiben kann. Außerdem können Klimaschutz-Investitionen andere Bereiche der Gesellschaft durchaus voranbringen. Und man kann zeigen, dass der Klimawandel unter Umständen sehr wohl das Gesamtssystem bedroht, im Effekt also nicht weniger als der Meteorit, dessen Heranrasen sicher alle zum Mitmachen veranlassen würde. Das Hauptmotiv neuer Anstrengungen, um die Welt von Zwei-Grad-Plus zu vermeiden, ist die besondere Dringlichkeit von Emissionsvermeidung, die jüngste Ergebnisse der Klimaforschung noch einmal deutlich unterstreichen.

Über die Leitplanke

Die Zwei-Grad-Grenze ist im Jahr 2005 zur Leitlinie der EU-Klimapolitik erklärt und mittlerweile von über hundert Staaten als Richtlinie für ihre Klimapolitik angenommen worden. Als Basis des Zwei-Grad-Zieles dient das vorindustrielle Temperaturniveau; eine Erwärmung um 0,8 Grad liegt bereits hinter uns. Bei den Klimaverhandlungen im Dezember 2009 in Kopenhagen muss die Wende zur Erfüllung des Zwei-Grad-Zieles gelingen, die Umweltforscher als »Leitplanke« definiert haben, jenseits derer eine katastrophale Zuspitzung des Klimawandels nicht auszuschließen ist. Konsens unter den Klimaforschern bei einer wissenschaftlichen Vorkonferenz in der dänischen Hauptstadt im März 2009 war, dass man eine Stabilisierung bei 450 Teilchen CO_2 pro Million anderer Teilchen in unserer Atmosphäre erreichen muss – das ist das klimapolitische Maximum. Nach Berechnungen von James Hansen liegt der derzeitige Konzentrationsgrad bei 385 ppm und müsste so rasch wie möglich auf 350 ppm CO_2eq (Kohlendioxidäquivalente, unter Einbeziehung der anderen Gase) gesenkt werden. Die Alliance of Small Islands States (AOSIS), ein Bündnis von 43 Inselstaaten, fordern eine noch stärkere Begrenzung der Erwärmung auf maximal 1,5 °C, da ihnen bereits jetzt das Wasser buchstäblich bis zum Hals steht.

Zwei Grad definieren somit die absolute Obergrenze. Das heißt: In Kopenhagen geht kein Green Business as usual mehr, es müssen verbindliche Strategien festgelegt werden, in welchem Umfang, in welchem Zeitraum, in welchen Etappen und von welchen Akteuren die globalen Emissionen gesenkt werden müssen, um die Marke nicht zu verfehlen.

Wenn die Werte nicht bald zu fallen beginnen, muss jede künftig zu vereinbarende Absenkung unrealistisch groß und streng ausfallen. Im günstigsten Fall wird daher der Gipfel 2010 erreicht und danach linear reduziert, bis die Emissionen im Jahr 2050 weltweit halb so hoch sind wie das Niveau von 1990.

Verzögert man dagegen den Umschwung um weitere zehn Jahre und erreicht den Wendepunkt erst 2020, müssten die jährlichen Reduktionen in der folgenden Zeit dreimal so hoch ausfallen, um noch innerhalb der gleichen Gesamtmenge an Emissionen zu bleiben. Das wäre praktisch »ein Kyoto-Protokoll pro Jahr« für alle Länder und am Ende negative Emissionen.

Der Kyoto-Prozess ist nicht für diese Herausforderung gerüstet, der Einstieg in den Ausstieg schien den meisten Unterhändlern im Vorfeld der Kopenhagen-Konferenz 2009 zu anspruchsvoll. Die politischen Verhandlungen Nummer 14 und 15 in Bali und Poznan sowie der 2009 verschiedentlich in Bonn tagenden Arbeitsgruppen lassen es zweifelhaft erscheinen, ob der Einstieg in ein konsequentes Zwei Grad-Klimaregime gelingen kann. Weder haben es die Unterhändler bisher geschafft, sich auf eine von allen geteilte Vision zu einigen, noch einen Korridor für die Emissionsminderungen der Hauptindustrieländer des Nordens zu ermitteln; nicht einmal die Datengrundlagen wurden genau definiert. Mit anderen Worten: Weder über das Ziel noch über den Weg herrscht Konsens. Dafür wurde ein weiteres Kunstwort erfunden: »to mrv«; das bedeutet »to identify measurable, reportable and verifiable reduction targets«.[199] Solche Verfahrensweisen mögen in der internationalen Diplomatie üblich und zielführend sein, die Legitimität und Reputation globalen Regierens erhöhen sie gewiss nicht.

Während die EU, Norwegen, Chile und einige wenig entwickelte Länder das Zwei-Grad-Limit weiter hochhalten, können sich die USA und Russland sowie Schwellenländer wie China und Indien dazu nicht durchringen. Dagegen verficht die *Alliance of Small Islands* (AOSIS) ehrgeizigere Ziele, auch Mitglieder der Environmental Integrity Group (wie die Schweiz, Südkorea und Mexiko) haben sich unilateral verpflichtet, ihre Emissionen bis 2020 deutlicher zu senken. Umstritten bleiben vor allem Umfang und Modalitäten des Technologie- und Finanztransfers von Norden nach Süden, den die G77 auf bis zu ein Prozent des BIP aus öffentlichen Mitteln (zusätzlich zur Entwicklungszusammenarbeit) taxiert, während die betroffenen Industrieländer dafür vornehmlich private Gelder aus dem Kohlenstoffmarkt heranziehen wollen.

Die Klimaverhandlungen hinterlassen, wie so viele internationale Konferenzen, ein verheerendes Bild abgeschotteter Gipfeldiplomatie. In der Summe erscheint es so, als habe sich das Verhandlungskarussell stillschweigend auf eine Drei-Grad-Welt eingedreht. Doch zeigt eine Rückberechnung eindrucksvoll, dass eine weiterhin aufschiebende Politik sich auch wirtschaftlich nicht lohnt: Hätte man bereits 1992, mit der Klimarahmenkonvention in Rio de Janeiro, mit Emissionsreduktionen begonnen, hätte man das Problem in Ruhe mit weit weniger als einem Prozent Minderung jährlich lösen können. »Noch länger zögern [...] werden wir nicht können, ohne das Klima gegen die Wand zu fahren. Nach diesen Publikationen kann zumindest kein Politiker später sagen, er habe das nicht gewusst«, fasst Stefan Rahmstorf die brisante Lage zusammen.[200]

Warum kann sich die Welt nicht auf die Abwehr einer alle bedrohenden Gefahr einigen? Globale Kooperation gelingt stark vereinfacht in drei Varianten: Eine Nation geht mit einer Lösung voran und zwingt andere mit mehr oder weniger sanfter Macht zu folgen (*Hegemonie*). Oder gleichberechtigte und wechselseitig voneinander abhängige Akteure handeln gemeinsam eine Problemlösung aus (*Multilateralismus*). Oder Akteure starten nationale Alleingänge und regionale Netzwerke, deren Ansätze durch Überzeugung und Synergie zur Gesamtlösung zusammenwachsen (*Konvergenz*). Die erste und letzte Variante verringern den Verhandlungsaufwand, lassen aber Spielräume für Ausreißer und Trittbrettfahrer, die mittlere Variante schafft die höchste Verbindlichkeit für alle, hat aber hohe Transaktionskosten.

In der derzeitigen Metakrise greift leider keine Variante. Die Vereinigten Staaten, vor kurzem noch die »einzige verbliebene Supermacht«, haben erheblich an »soft power« verloren, um als Leitfigur vorangehen zu können; sie haben auch nicht genug »hard power«, um andere auf ihren Kurs zwingen zu können. Das hat sich bei der Bekämpfung des globalen Terrors und den Kriegen in Afghanistan und im Irak gezeigt, genauso in der Auseinandersetzung mit Nord-Korea und dem Iran. Und es zeigt sich nun auch im exklusiven Club der G20, wo die USA nicht mit ihrem keynesianischen Programm durchgedrungen sind, massiv Liquidität in die Märkte zu pumpen. Die Welt ist nach dem Zweikampf der Supermächte und der Interimsperiode scheinbarer US-Alleinherrschaft tatsächlich multipolar geworden, die wirtschaftliche und politisch-kulturelle Amerikanisierung hat starke Konkurrenz bekommen.

Die Europäische Union, in sich einmal die wohlfahrtsstaatliche Alternative und zudem geborene Bannerträgerin des Multilateralismus, verzettelt sich in nationale Einzelinteressen und tritt selbst ohnmächtig auf. Sie hat keine Zentralregierung, keinen Finanzapparat von globaler Bedeutung und ist auch klimapolitisch keine Adresse mehr. Nach innen ist dem historischen Projekt um Kohle und Stahl, den Geburtshelfern der Europäischen Gemeinschaft in den 1950er Jahren, keine »postkarbone« Vergemeinschaftung gefolgt, weshalb Europa auch so wenig Ausstrahlung hat und nur wenige mitreißen kann.

Die Gravitationszentren haben sich nach Osten und Süden verlagert. China ist nicht reif für die Rolle des Hegemons, tritt aber zusammen mit den weiteren BRIC-Ländern (Brasilien, Indien und Russland) vor allem über seine globalen Unternehmen zunehmend selbstbewusst auf. Alle diese Gesellschaften folgen nicht dem kapitalistischen Standardmodell, das ökonomische und politische Freiheit miteinander verband. In die G20 bringen sie eher eine »demo-autoritäre« Variante ein, bei der eine kommunistische Parteielite, ein Clan von Oligarchen oder auch eine machtvolle Familie das Kommando über die (zumeist stark konzentrierten) Wirtschaftsunternehmen in der Hand behalten, nationale Interessen ohne Wimpernzucken durchgekämpft und Unruheherde mit brutaler Härte niedergehalten werden. Dabei ist die G20-Welt so voneinander abhängig, dass diese Staaten als Partner unumgänglich sind. Leider ist es zweifelhaft, ob es gelingen kann, dem finanzwirtschaftlichen Reparaturbetrieb, als welcher sich die G20 geriert, ein klimapolitisches Fundament zu unterlegen und das Zwei-Grad-Ziel in der Reform der Weltwirtschaft selbst zu verankern.

Eine Drei-Grad(plus)-Welt ist dann in *jeder* Hinsicht das Ende der Welt, wie wir sie kannten. Drei, vier oder gar fünf Grad mehr bedeuten nicht ein bisschen wärmer oder kälter, sondern eine andere Lebensform, und zwar eine, die wir nicht kennen und auch nicht kennenlernen wollen.

Die Alternative

Nun könnte man sagen, dass die neue Naturgefahr einen Leviathan erforderlich macht, dem die Bürger ihre Freiheit opfern, um Sicherheit und Schutz zu gewinnen. Der ökologische Ausnahmezustand zöge dann eine Art Öko-Diktatur nach sich, die Naturressourcen autoritär verteilt. Aber selbst wer so etwas wollte, stünde erstens vor dem Problem, dass es in Ermangelung einer Weltregierung auch keine Welt-Öko-Diktatur geben kann, und zweitens vor dem historischen Befund, dass Diktaturen vor allem deshalb versagen, weil sie zu starr sind, um auf dynamische Veränderungsanforderungen reagieren zu können.

So bleibt die einzige ernsthafte Alternative: mehr Demokratie wagen. Bruno S. Frey hat gezeigt, dass es der »Prozessnutzen« ist, was Menschen an der Demokratie schätzen. »Ergebnisnutzen« zieht man aus dem schieren Output – also aus Gesetzen, Rentenerhöhungen, geringen Inflationsraten, was auch immer an wahrnehmbaren Ergebnissen von Politik bei den Bürgerinnen und Bürgern ankommt. Daneben gibt es aber den Prozessnutzen, also das Interesse und die Freude daran, auf Ergebnisse Einfluss nehmen zu können – und der ist eine extrem wichtige Vitalisierungsquelle der Demokratie, indem er nämlich für »jenes subjektive Wohlbefinden [sorgt], das die Leute unabhängig vom Ergebnis aus dem Entscheidungsprozess selber gewinnen.«[201] Ähnliches erlebt man bei Arbeitsfreude, einer würdigen und kollegialen Behandlung durch Vorgesetzte, einem fairen Fußballspiel, beim Zünden einer Idee.

Warum soll also politische Beteiligung das subjektive Wohlbefinden nicht erhöhen? Eine Studie von Infratest-Sozialforschung zeigt, dass der lokale Demokratieindex steigt, wenn der Service der Stadtverwaltung und die Bürgerfreundlichkeit der Kommune positiv bewertet werden. Besonders hervorgehoben wird in der Studie der Zusammenhang zwischen dem Demokratie-Index und dem Gefühl der Bürgerinnen und Bürger, Einfluss auf die lokale Politik und Entwicklung nehmen zu können.[202] Deswegen ist es angebracht, sich noch einmal der normativen und intrinsischen Aspekte der Volksherrschaft zu vergewissern, also jener Aspekte verwirklichter Freiheit, die moderne Staaten ganz ungeachtet ihrer systemischen Leistungen für Wohlfahrt und Sicherheit garantieren sollen. Demokratien gewähren ihrem Anspruch nach den Bürgerinnen und Bürgern mehr Freiheit und Chancen als andere Herrschaftsformen, vor allem machen sie es leichter, unliebsame Herrscher ohne Blutvergießen und lange Übergangsdramen wieder loszuwerden. Demokratien vertrauen dabei auf die »Weisheit der Massen« und beschneiden zugleich die Versuchung zur »Tyrannei der Mehrheit«, das heißt: Die unterlegene Minderheit kann der Mehrheit zustimmen und wird aktiv unterstützt, bei der nächsten Wahl ihre Siegeschance zu realisieren. Insgesamt sind Demokratien »responsiver« als andere Systeme, die politischen Abläufe sind berechenbarer, die öffentliche Meinung sorgt für permanente Kontrolle und Rechenschaftspflicht, ohne dass das alles in eine Dauerbeschäftigung der Bürger ausartet, die bekanntlich lieber ihren Alltagsgeschäften nachgehen. Die große institutionelle Stabilität – hier spielt dann der bereits vor der modernen Massendemokratie ausgebildete Rechts- und Verfassungsstaat eine entscheidende Rolle – sorgt sogar dafür, dass jeder Mensch seinen Privatgeschäften unbehelligt nachgehen kann.

Dass auch erfolgreiche Klimapolitik mehr Demokratie, genauer: eine neue Kultur der Teilhabe erfordert, muss begründet werden – warum soll Demokratie auf aktive Bürgerbeteiligung setzen, wo offenbar so viel auf dem Spiel steht? Eben darum.

Kapitel V

Die Große Transformation

Jeder Zusammenbruch bringt intellektuelle und moralische Unordnung mit sich. Man muss sich nüchterne und geduldige Leute schaffen, die nicht verzweifeln angesichts der schlimmsten Schrecken und sich nicht an jeder Dummheit begeistern. Pessimismus des Verstandes, Optimismus des Willens.

Antonio Gramsci, Gefängnishefte[203]

Eine nachhaltige Lösung der Probleme, die die Welt, wie wir sie kannten, hervorgebracht hat, erfordert nicht weniger als eine kulturelle Revolution, und damit kommt der Bürgergesellschaft eine viel gewichtigere Rolle zu, als wir, ihre Mitglieder bislang wahrzunehmen bereit waren. Und diese kulturelle Revolution erfordert mehr, nicht weniger Demokratie. Leider ist, wie wir gesehen haben, das Zutrauen in diese Lebens- und Herrschaftsform nicht mehr allzu groß; die Folgen der Metakrise und das Gefühl wachsender Ungerechtigkeit stellt die Glaubwürdigkeit der freiheitlichen Demokratie auf eine harte Probe. Doch ohne Schönfärberei kann man jede Menge Potentiale und Experimente für das kulturelle Projekt eines anderen und besseren Lebens entdecken, in das sich die Bürgerinnen und Bürger emotional einschreiben können. Wenn man die Große Transformation nicht als Veränderungs*zumutung*, sondern als Veränderungs*chance* begreift, kann man sie auch als ein ureigenes Projekt verstehen, das die Gesellschaft in vielerlei Hinsicht besser machen kann als sie ist.

Die Menschen wollen nicht verzichten: aus dem Wörterbuch des Unpolitischen

Zunächst sind da einige semantische Brocken aus dem Weg zu räumen. In jeder öffentlichen Diskussion, die nach wortreicher Klage über die Klimakrise Möglichkeiten gesellschaftlicher Veränderung in Betracht zieht, meldet sich zuverlässig jemand und teilt mit, dass Veränderung ohne Zweifel notwendig sei, »die Menschen« aber auf Nichts verzichten wollten, womit ebendiese Veränderung ganz und gar unrealistisch sei. Dann kommt der Nächste und fragt, ob man denn allen Ernstes Verzicht predigen wolle und wie man dazu komme, anderen Menschen vorschreiben zu wollen, was sie zu tun und zu lassen haben. Solche Reaktionen müssen einen tieferen Sinn haben, etwa den, dass Veränderung umstandslos mit Verzicht gleichgesetzt wird, weil in dem Augenblick, in dem man »Verzicht« sagt, der Status quo blitzartig als ein Optimum erscheint, an dem nicht herumgeschraubt werden darf. Dieser Reflex wertet den gegebenen Zustand auf, obwohl unter anderen Prämissen genau dieser Ist-Zustand oft genug Gegenstand heftiger Kritik ist.

Die nächste Wortmeldung schwingt sich dann zur Stimme realpolitischer Vernunft auf. Wer aus Klimagründen auf »Wachstum« verzichten wolle, sei bestenfalls ein Fantast und schlimmer noch: der Totengräber unserer Ökonomie. *Ohne Wachstum geht es nun einmal nicht.* Die Verzichtsgegner stimmen zu, denn die Summe der ihnen zugemuteten Verzichte führe ja zu *Null- oder Minuswachstum.*

Das vermeintliche Subjekt dieser Denkunmöglichkeiten bildet den dritten Topos. *Der Mensch* wolle ja nicht verzichten, sagen die Talkshowexperten, wenn jemand vom guten Leben spricht. *Die Menschen* sollen nicht verunsichert werden, sagt eine Kanzlerin, wenn jemand über die Eventualität sozialer Unruhen infolge der Wirtschaftskrise spricht. Und *die Men-*

schen sind auch nicht reif für eine demokratische Teilhabe, bei der sie mehr machen sollen als das Kreuzchen auf dem Wahlzettel. Bürgerinnen und Bürger, die politischen Subjekte des Gemeinwesens, haben sich in »die Menschen« verwandelt, in eine biologische Kategorie von Lebewesen, denen man Politik vermitteln und erklären muss, weil sie nicht verstehen, was »die Politik« und »die Wirtschaft« umtreibt.

Verzicht als Gewinn

Die Verzichtsrhetorik ist eine Verteidigungswaffe gegen die Aufforderung zur Selbstveränderung, und somit leicht zu entkräften: Man braucht nur darauf hinzuweisen, dass der aktuelle Zustand mit einer Fülle von Verzichtsleistungen erkauft ist – den Verzicht etwa auf *keine* Lärmbelästigung, wenn man an vielbefahrenen Straßen oder in Einflugschneisen von Flughäfen wohnt, den Verzicht auf Wohlbefinden, wenn man einer gesundheitsgefährdenden Tätigkeit nachgehen muss, den Verzicht auf Kinder, wenn Karriere und Mobilität Beruf und Familie unvereinbar erscheinen lassen. Verzichtsleistungen unterschiedlicher Intensität und unterschiedlicher Bewusstheit erbringen Menschen, weil sie keine bessere Verhandlungsposition haben. Sie unterliegen Zwängen, denen sie nach Modellen rationaler Wahl Vernunft einhauchen, etwa weil es sich unterm Strich mehr auszahlt, einen ungesunden Arbeitsplatz zu haben als gar keinen, oder eine laute Wohnung besser ist als eine ruhige, die man aber nicht bezahlen kann.

Komplizierter wird es mit Verzichtsleistungen, die Menschen erbringen, ohne dass die Rechnung für sie aufgeht: Viele Menschen sehen extrem viel fern (in den USA monatlich im Schnitt 151, in Deutschland 103 Stunden), bekunden aber, darunter zu leiden und würden eigentlich lieber nicht so oft vor der Glotze sitzen.[204] Ein anderes Beispiel: Eine neuere Studie belegt, dass

Pendler unglücklicher sind als Menschen, die kurze Wege zum Arbeitsplatz haben.[205] Dieser Befund klingt trivial, ist aber nach der klassischen Theorie vom Kosten und Nutzen abwägenden Homo oeconomicus ganz erstaunlich. Denn ihr zufolge wählen die Pendler ja ihren Arbeitsplatz, weil er Vorteile bietet: eine bessere Bezahlung, attraktivere Arbeitsbedingungen, gute Aufstiegsmöglichkeiten, höhere Arbeitsplatzsicherheit etc. In die Entscheidung, einen solchen Job anzunehmen, geht also die Verzichtskalkulation schon ein, ebenso wie bei den Vergleichspersonen, die sich für eine Stelle entscheiden, die in der Nähe liegt, aber nicht so toll ist. Deshalb müssten Pendler unterm Strich der Theorie nach ebenso glücklich sein wie Menschen, die nahe bei ihrem Arbeitsplatz wohnen. Sind sie aber nicht, und damit steht man vor dem sogenannten Pendler-Paradox: Warum tun Menschen Dinge (und halten an ihnen fest), die sie unglücklich machen?

Dieses Paradox lässt sich im Rahmen des Weltbildes rationaler Nutzenmaximierer nicht auflösen; das unterstellt, dass Menschen jene Entscheidung treffen, die sich für sie rechnet, und diese Unterstellung wird damit belegt, dass sie sich eben so oder so entscheiden. Dieses tautologische Denkmuster funktioniert nur so lange, wie keine Handlungskonflikte oder paradoxe Entscheidungen auftreten, und das macht es für die Erklärung von menschlichem Verhalten ganz sinnlos. Der Ansatz der »behavioral economics« ist da empirisch plausibler, indem er sich mit den zahlreichen Fällen beschäftigt, in denen Menschen Dinge tun, die sie nach Kosten-Nutzen-Abwägungen gar nicht tun dürften. Menschen beziehen aber eine Reihe von Faktoren in ihre Entscheidungen ein, die etwa auf die Herstellung oder Aufrechterhaltung von sozialen Beziehungen abzielen, auf die Vergewisserung über das eigene Selbstbild oder auf die Symbolisierung von Anerkennung – das ökonomisch sinnlose Geben von Trinkgeld ist ein schlagendes Beispiel dafür.

Die Verhaltensökonomik kennt Phänomene wie Vertrauen, Glück, Glauben – und dass Menschen Dinge tun, die ihnen schaden oder sie unglücklich machen. Noch komplizierter wird es freilich mit Bedürfnissen, die auf Befriedigung dringen, per se aber eine Fülle von Leiden mit sich bringen – darunter fallen alle Arten von Suchtverhalten, die ganze Lebensläufe bestimmen können und für die Betroffenen einen Referenzrahmen bilden, dem alle anderen Facetten und Möglichkeiten der Lebensgestaltung untergeordnet werden. Zweifellos wird man von außen die Betroffenen, etwa Heroinabhängige oder Spielsüchtige, als Menschen betrachten, die auf viele Seiten von Lebensqualität verzichten, die man gewöhnlich für wünschenswert hält: auf Existenzsicherung, soziale Anerkennung, Sinnerfüllung, Gesundheit. Ihre Sucht ist den Betroffenen aber so wichtig, dass sie alle möglichen Verzichtsleistungen erbringen, um sie zu befriedigen.

Worauf wir also hinauswollen: In allen Fällen – den Fernsehzuschauern, den Pendler und den Junkies – würde der Verzicht auf die Verzichtsleistungen, die sie erbringen, das Leben erheblich erleichtern. Doch würden sie auf die Aufforderung hin, etwas an sich und ihren Handlungen zu verändern, blass werden und eine Reihe von Gründen vortragen, die es ihnen ganz unmöglich machen, sich zu verändern; sie würden mithin ihren Zustand als einen beschreiben, der nur unter Verzicht auf etwas vermeintlich Besseres zu verändern wäre (zum Beispiel auf die angenehme Passivität der Freizeitgestaltung, die Karrierechancen, die Augenblicksbefriedigung). Mehr als uns lieb ist, sind wir Abhängige einer Denkblockade, die ein eigentlich gar nicht so gut bewertetes Verhalten verewigt, das uns unzufrieden macht.

Bis hierhin geht es um individuelle Praktiken, aber das Verzichtsmodell lässt sich auch auf Gesellschaften übertragen: Gerade sie etablieren im Laufe ihrer Entwicklung Verhaltensroutinen, Gewohnheitsformate und Rituale, die den Individuen intensive Zwänge und Verzichtsleistungen auferlegen, die aber keineswegs als Zwang oder Verzicht empfunden werden. Der Soziologe Norbert Elias hat in seiner Zivilisationstheorie untersucht, wie sich gesellschaftliche Veränderungsprozesse in Modifikationen auf der individuellen Verhaltensebene niederschlagen – wie also Veränderungen im Großen, in der Herrschaftsorganisation und in der Ökonomie, mit Veränderungen von Habitus und Subjektivität zusammenhängen.[206] Elias geht davon aus, dass im Zuge der Gesellschaftsentwicklung die Handlungsketten durch Arbeitsteilung und funktionale Differenzierung (etwa zwischen Religion und Politik, Politik und Wirtschaft, Wirtschaft und Intimität) immer länger werden, was bedeutet, dass die Interdependenz der Menschen sowohl qualitativ als auch quantitativ immer weiter wächst.

Man kann die Industrialisierung als Beispiel heranziehen, die die Arbeiter aus feudalen Zwangs- und Abhängigkeitsverhältnissen freisetzte und damit individualisierte, sie aber unter dem Regime synchronisierter Zeit und Arbeit wieder vergesellschaftete. Der industrielle Arbeitstag mit seinem abstrakten Zeitregime standardisiert die Handlungsmöglichkeiten und Handlungen des Einzelnen viel stärker, als das unter agrarischen Produktionsverhältnissen sinnvoll und notwendig gewesen war. Bei Elias wird das zugrundeliegende Prinzip so beschrieben: »Das Verhalten von immer mehr Menschen muss aufeinander abgestimmt, das Gewebe der Aktionen immer genauer und straffer durchorganisiert sein, damit die einzelne Handlung ihre gesellschaftliche Funktion erfüllt. Der Einzelne wird gezwungen, sein Verhalten immer differenzierter, immer gleichmäßiger und immer stabiler zu regulieren.«[207]

Für unseren Zusammenhang bedeutet das, dass dieser Vorgang dem Einzelnen, der an ihm teilhat, kaum einmal bewusst wird. Diese Regulierungen sind Aspekte von sozialer Praxis, die von niemandem direkt beabsichtigt sind, aber sie äußern sich in Veränderungen des Habitus, die auch einen Umbau der inneren Verfassung der Menschen im Zuge des Zivilisierungsprozesses anzeigen. Fremdzwänge verschwinden, aber dafür wachsen die Selbstzwänge an, also die Regulierungen, denen jemand folgt, ohne dass er einer direkten Macht unterworfen wäre. Auch das kann man wieder mit der Durchsetzung des industriellen Arbeitstags illustrieren: während die Arbeiter in der Frühphase der Industrialisierung mit Knebel und Peitsche dazu angehalten wurden, lange zwölf Stunden in der Fabrik zu verbringen, insbesondere montags nicht zur Arbeit erschienen und nicht selten regelrecht dahin geprügelt wurden,[208] wurde später der industrielle Arbeitstag in seinem langsam erkämpften Acht-Stunden-Rhythmus zur scheinbar natürlichen und selbstverständlichen Norm, in deren Synchrontakt die Wach-, Schlaf- und Erholungsrhythmen aller Gesellschaftsmitglieder, vom Kleinkind bis zur Rentnerin, eingebunden sind. Aus Fremdzwang ist Selbstzwang geworden, und der ist nicht geringer geworden, seit der Arbeitsrhythmus postindustriell zerfleddert und Arbeitsbiographien »flexibel« werden.

Veränderungen im Gesellschaftsgefüge bringen psychisch *andere* Menschen hervor. Mit dem Anwachsen von Selbstzwängen steigt aber auch das Verzichtsniveau an – etwa auf das Ausagieren von Aggressionen, von sexuellen Leidenschaften, von Schlafbedürfnissen etc. In diesem Sinn verschafft Zivilisierung den Menschen sukzessive mehr individuelle Freiheit und Sicherheit, aber um den Preis erheblicher Verzichtsleistungen, die gar nicht mehr die Schwelle des Bewusstseins erreichen, weil sie zu den selbstverständlichen Hintergrundvoraussetzungen gehören, zu den vielen Dingen, die einfach so sind, wie sie sind.

Vor diesem Hintergrund, davon gibt auf der individuellen Ebene jede Psychotherapie Auskunft, etablieren soziale Entwicklungen Verzichtszumutungen, die von Menschen gar nicht als solche empfunden, sondern im Gegenteil gerade als das betrachtet werden, auf das man auf keinen Fall verzichten kann – wie auf die Liebe zu einem aggressiven, lieblosen Vater oder die Abhängigkeit von einem miesen Chef. Speziell eine Gesellschaftsformation, die, wie der nordatlantische Westen, seine enorme Leistungsfähigkeit durch eine spezifische Form der Individualisierung hervorgebracht hat, die den Einzelnen als Schmied seines Glückes und dieses als Ergebnis seiner Leistung betrachtet, weist eine Fülle *geliebter* Abhängigkeiten und Zwänge auf – von der neurotischen Pünktlichkeit bis zum Workaholismus. Oder den willigen Verzicht auf Freiheit zugunsten von Sicherheit oder den Verzicht auf Nachhaltigkeit zugunsten kurzfristigen Nutzens – all das kann, so selbstschädlich es offensichtlich ist, als wünschenswert und als das Gegenteil von Verzicht empfunden werden. Es geht dabei um eingelebte Verzichtsleistungen, solche also, ohne die man gar nicht leben zu können glaubt (man denke da an Aufwand, den die grönländischen Wikinger für ihre Kirche getrieben haben und der den Verzicht auf eine erfolgreiche Überlebensstrategie bedeutete).

Andersherum. Frau K.'s Haushaltsverstand

Wer »Verzicht!« ruft, muss sich also fragen lassen, auf was man unter den gegebenen Bedingungen eigentlich verzichtet. Wenn etwa von Einschränkungen der privaten PKW-Nutzung die Rede ist, könnte man darauf hinweisen, dass schlechte öffentliche Verkehrsnetze erzwungenen Verzicht bedeuten – nämlich auf komfortable, umweltfreundliche und preiswerte Mobilität, für Kinder und Ältere auf ihre Bewegungsfreiheit jenseits des Gartenzauns und für die Bundesrepublik immer noch auf mehr als 4000 Verkehrstote jährlich. Ein ganz großer Teil unserer automobilen Bewegung beruht auf unerwünschter Mobilität, verursacht durch die Zentralisierung von Arbeits- und Einkaufsmöglichkeiten. Erst wenn man den Verzichtsbegriff entideologisiert und mit Referenzpunkten jenseits des schieren Status quo versieht, entsteht Raum für die Suche nach Veränderungspotentialen, so dass, um beim Nahverkehr zu bleiben, andere Formen von Bewegung in ihrer Qualität überhaupt sichtbar werden: Fahrradfahren, Car-Sharing, Telearbeit von zuhause und so weiter.

Frau K., die sich nicht zur Chauffeurin ihrer Kinder degradieren lassen will, hat noch weitere Beispiele zur Hand: die Erneuerung eines Transportsystems wie der Bahn AG, die deshalb ein so schlechter »Mobilitätsdienstleister« ist, weil sie sich nicht an ihren Kunden, sondern an virtuellen Aktionären orientiert und deshalb über Jahre hinweg den Rückbau des Streckennetzes betrieben und sich als Konkurrenz zum Flugzeug und nicht zum Auto verstanden hat. Bahn-Kritiker rechnen seit Jahren überzeugend vor, welches Potential in diesem in die falsche Richtung entwickelten Verkehrssystem steckt. Und welchen Auftrieb eine Konjunkturspritze für den öffentlichen Personennahverkehr da hätte bringen können.

Mobilität, die auf dem Weg zur Arbeit oder in den Supermarkt auf der grünen Wiese oder ins Kinderparadies an der Autobahn für viele reine Zwangsmobilität ist, stellt einen der Hauptverursacher von Treibhausgasen dar. Weltweit ist eine Demobilisierung erforderlich und auch möglich. Frau K. fängt bei sich an und denkt an die Fernreise, die in ihrer Familie und bei Freunden als gefühltes Grundrecht etabliert ist und durch Billigflieger zusätzlich animiert wird. Allerdings nervt sie Fliegen mit seinen heutigen Begleitumständen schon lange: Wer seine Kosmetikprodukte in eine durchsichtige Plastiktüte verpacken und sie dem Sicherheitspersonal vor die Nase halten muss, vor dem man auf Strümpfen steht und sich mit der freien Hand die Hose festhalten muss, weil man Gürtel und Schuhe abzulegen hatte, erlebt ein erstklassiges Demütigungsritual. Das hält man nur für normal, weil es längst zum Selbstzwang geworden ist. Als Passagierin ist Frau K.

hier zunächst einmal kein »Fluggast« oder die Konsumentin einer Dienstleistung, sondern ein grundsätzlich verdächtiges Subjekt. Mental werden solche Zumutungen aber unter der Kategorie »Sicherheit«, nicht unter »Verzicht« gebucht. Auf Strümpfen vor der Sicherheitsschleuse scheint der Urlaub mit dem Fahrrad oder der Bahn aber womöglich doch als Gewinn an Freiheit und somit von Lebensqualität auf.

Frau K. ist natürlich nicht entgangen, dass Fliegen im Jahr 2009 etwas anderes ist als zu jenen Zeiten, aus denen sein hoher Symbolstatus stammt – das war in den 1950er Jahren, als man von der freundlichen Lufthansa-Stewardess aus dem Abfertigungsgebäude zur wartenden *Super-Constellation* geleitet wurde und Piloten Werbeträger für den Duft der großen, weiten Welt sein durften. Seinerzeit *war* Fliegen Lebensqualität und Statusgenerator, heute ist es, nicht zuletzt wegen der Klimaschäden, die es anrichtet, gleich in mehrfacher Hinsicht Verzicht auf Lebensqualität. Und was Reisen schön macht, nämlich die Erfahrung von Fremdheit und eventuell den Kitzel von Abenteuer, die Fort-Bewegung aus dem Alltag, die Sammlung von Erinnerungen, Souvenirs und Trophäen, ist höchstens noch in stark ermäßigter Form zu bekommen. Die völlige Beliebigkeit des Ziels einer Last-Minute-Buchung, bei der das Schnäppchen wichtiger als das Reisen ist, zeigt diese Entwertung.

Verzichte auf Fernreisen und Billigfliegen wird es schon aus ökonomischen Gründen geben, die Tourismusbranche erlebte 2009 wieder einen schweren Einbruch. Aber vielleicht erleben »Balkonien« und die seltenere, dafür erholsamere Sommerfrische eine Renaissance, oder der Ökotourismus einen Aufschwung, der zugleich die Verödung der Monokulturen in Ländern auflockert, die großenteils vom Tourismus leben müssen. Fliegen als hohes Gut wird aus der Mode kommen. Bei gewissenhafter Prüfung und einer Konzentration aufs Wesentliche kann man einen erheblichen Teil der Privat- und

Geschäftsreisen ersatzlos streichen und feststellen, dass es einem plötzlich besser geht. Und so für fünfzehn Minuten zum Klimahelden werden.[209]

Nehmen wir andere »große Brocken« klimaschädlicher Aktivitäten wie Ernährung und Wohnen. Was spricht eigentlich für den Verzehr exotischer Früchte oder von Gemüse, das unabhängig von Anbausaisons ganzjährig überall verfügbar ist, seit man Schnippelbohnen aus Äthiopien importiert? Was Distinktionsgewinne brachte, als es noch Luxus war, ist nach der Veralltäglichung nur noch ein schaler Genuss. Sicher finden sich immer Ökobilanzen, die nachweisen, dass der Apfel aus Neuseeland einen kleineren karbonen Fußabdruck hinterlässt als der aus dem Alten Land, aber doch nur solange, wie man glaubt, ihn unabhängig von der Jahreszeit über knackfrisch konsumieren zu müssen. Was macht Spargel interessant, wenn man ihn das ganze Jahr essen kann?

Wem das zu elitär erscheint und wem die Slowfood-Bewegung zu exklusiv ist, kann sich trotzdem mit der Klimabilanz seiner Nahrungsaufnahme vertraut machen. Der gesamte Zyklus der Produktion, Verarbeitung, Lagerung, Zubereitung und des Handels von Lebensmitteln verursacht einen ebenso großen Emissionseffekt wie Mobilität, besonders der Verzehr von Rindfleisch.[210] Überernährung führt bekanntlich auch zu Fettleibigkeit, und wer diese nicht fürs Klima loswerden will[211], kann etwas für das persönliche Wohlbefinden tun und mit gesünderem Essen und Trinken seinen ökologischen Fußabdruck sozusagen *nebenbei* verkleinern. Und womöglich auch noch zum fairen Welthandel und besseren Arbeitsbedingungen der Beschäftigten im Einzelhandel beitragen.

Den dritten Posten bei der Verursachung von Treibhausgasen bildet das Wohnen und Heizen, wo ebenfalls erhebliche Vermeidungspotentiale schlummern, die umwelt- und wirtschaftspolitisch nun auch in besonderem Maße gefördert werden. Familie K. ist einmal aus der Stadt herausgezogen, um in den eigenen vier Wänden und in der Natur zu wohnen. Die Freude daran wurde getrübt durch den Umstand, dass es auf dem Land kaum mehr eine Infrastruktur gibt, die Mitglieder der Familie also ständig und oftmals parallel auf Automobilität angewiesen sind, während die »Natur« durch ihre Zersiedelung der Stadt schon ziemlich gleicht. Und wenn das Eigenheim nun klimatechnisch aufgerüstet wird, fallen bei allen Bewohnern des Straßenzuges Individualkosten an, die man bei größerer urbaner Verdichtung hätte teilen können.[212] Auch die Kinder drängen darauf, wieder in die Stadt zu ziehen.

Die energetische Ertüchtigung der Gesellschaft in Richtung Nullenergie, die durch europäische Kommissare, grüne Bürgermeister und Konjunkturretter aus jeweils sehr guten Gründen vorangetrieben wird, irritiert nicht nur den »Eigenen und sein Eigenheim« (Pierre Bourdieu). Sie führt die Paradoxien einer gefräßigen Raumnutzung vor Augen, die »den Menschen« Freiheitsgewinne versprochen hat, dabei aber ungewollt zur Denaturierung der Natur und zur Verödung der Stadt führt. Die elektronische Vernetzung der Peripherie bringt hier nur scheinbar Abhilfe, denn sie potenziert den logistischen Aufwand der Versorgung mit Gütern und Dienstleistungen, die man früher gleich um die Ecke bekommen hätte (oder, wie Erdbeeren im Winter, eben nicht). Für die Stadtentwicklung in den schrumpfenden Städten des Nordens wie in den aus allen Nähten platzenden Megacities des Südens, für klimafreundliche Raumnutzungsplanung und Energieversorgung fallen hier gigantische Aufgaben und Kosten an. Aber solche, die eine bessere Zukunft ermöglichen und die Kreativität von Profis und Laien herausfordern.

Mobilitätsvermeidung setzt letztlich eine neue, dezentralere Organisation der Arbeit voraus, klimafreundlichere Ernährung, eine Umwälzung der Agrarökonomie und des Welthandels, und energiesparendes Wohnen, ein anderes Siedlungsmuster und ein neues Verständnis von Urbanität. Der grüne

Stimulus, der im Gros der Konjunkturprogramme fehlte, muss auf »weiche« Felder der Konsumentenberatung und politischen Bildung ausgedehnt werden und in den drei genannten Kernbereichen ernsthafte Transformationen vorzeichnen: etwa im Ausbau der Elektromobilität auf Basis erneuerbarer Energien, mit ganzheitlichen Konzepten der Raum- und Stadtplanung, mit der Förderung nachhaltiger regionaler Kreislaufwirtschaft. Das ist zweifellos komplex und verwirrend, aber auf dieser Ebene des Lebensstils und der Alltagskultur wird blitzartig vorstellbar, dass das praktisch machbar ist und eine enorme Erhöhung von Lebensqualität bringt: Weniger sinnlos im Auto verbrachte Zeit, mehr ansehnliche Landschaft, mehr soziale Netzwerke, weniger Lärm, Bodenversiegelung und so weiter und so fort. Die Abstraktheit der komplexen Stabilisierung eines ganzen Erdsystems wird hier sehr schnell höchst konkret – und siehe da: Einige Dinge werden sogar einfacher, und man selbst wird autonomer, zum Beispiel in seinen Mobilitäts- und Konsumentscheidungen. Das ergibt neue Rollenmodelle. Der alte Verzichtsöko ist plötzlich genauso passé wie der Umwelttrottel in seinem Geländewagen.

Spaß am Widerstand, oder: Kann man die neue Welt auch kaufen?

Mancher erinnert sich noch, wie als Mülltrenner und Müsli bespöttelt wurde, wer in einer fröhlichen Runde das Thema Grenzen des Wachstums aufwarf und mit Appellen zum Mitmachen beim Weltretten die Stimmung vermieste. Ältere kennen das Gefühl, als Edelkommunisten verhöhnt zu werden, wenn sie am Kapitalismus nicht alles richtig fanden. Zwei Wellen politisch-moralischer Auflehnung hat die Welt, wie wir sie kannten, bereits überstanden – die soziokulturelle Revolte der 68er und die ökologische Wende der 86er. Zwar erweisen sich die seinerzeitigen Bedenken noch als harmlos im Vergleich zu dem Debakel, in das eine Produktions- und Lebensweise den Planeten unterdessen gebracht hat, die seit 1989 nicht mehr als korrekturbedürftig angesehen wurde. Aber Gegenwehr, ja schon die Vorstellung eines anderen und besseren Lebens, tragen einem höchstens noch ein mildes Lächeln ein, während sich die Zumwinkels dieser Welt siegreich in ihre Ritterburgen zurückgezogen haben und die Ackermänner wieder ins Rennen geschickt werden.

Damit könnte es freilich bald vorbei sein. Ein Szenario spielt im hohen Norden, wo die braven Isländer und Letten ihre Regierung zum Teufel jagen, oder in den Vorstädten von Paris, Los Angeles und Athen, wo es immer wieder und scheinbar »grundlos« brennt – macht kaputt, was euch kaputt macht. Das andere Szenario ist eine unscheinbare, überwiegend friedliche Revolution, die Verbraucher wieder zu Bürgern macht, die symbolisch auf die Barrikaden gehen. Aber sagen Sie mal: Latte-Macchiato-Schlürfer als Avantgarde des Protests? Wieder huscht das spöttische Lächeln über die Gesichter der Alt-Revolutionäre: Sie wollten einmal die Konsumtempel brennen sehen und nicht in moralische Anstalten verwandeln. Nachdem das mit dem Proletariat, den Hippies, den Tschernobyl-Müttern und allen Beschreitern Dritter Wege nicht geklappt hat, kann das revolutionäre Subjekt doch nun nicht ausgerechnet die Konsumentin sein, die gerade die letzte Hoffnung kapitalistischer Ankurbelungsprogramme darstellt – kauft, auch wenn ihr schon alles dreimal habt.

Schwer vorstellbar, aber nehmen wir mal an: »Nachhaltigen Konsum« definieren die Vereinten Nationen als die Quadratur des Kreises, nämlich »die Nutzung von Gütern und Dienstleistungen, die elementare menschliche Bedürfnisse befriedigen und eine bessere Lebensqualität hervorbringen, wobei sie gleichzeitig den Einsatz natürlicher Ressourcen, toxischer Stoffe und Emissionen von Abfall und Schadstoffen über den

Lebenszyklus hinweg minimieren, um nicht die Bedürfnisbefriedigung künftiger Generationen zu gefährden«.[213] Wenn die Welt so wäre, warum noch Revolution? Die Reformer wenden ein: So etwas kann man sich vielleicht im superreichen Norwegen ausdenken, aber die Welt, die ist nicht so. Sie muss allerdings so werden, wenn die Menschheit weiterhin auf ihr leben möchte. Setzen wir also eine politische Spitze auf das Nachhaltigkeitsideal und erörtern die Chancen eines »politisierten Konsums«[214], der für die Minderung der Folgen des Klimawandels unabdingbar ist.

Wie bei »progressiven« Bewegungen üblich, gibt es auch beim politisierten Konsum eine kleinere Zahl von Leuten, die vorangehen und anderen als Vorbild dienen können. Anders als das Gros der viel geschmähten Aldi-Kundschaft bilden sie keine passive Zielgruppe von Werbung mit Billigangeboten, sie wollen mit ihrem Kaufverhalten auf Produktionsentscheidungen einwirken und so letztlich auch die Aldi-Kundschaft zur Korrektur bewegen. Das geht zum Glück ohne viel Pathos ab. Diese Konsumenten verzehren nicht alternativ, um das schlechte Gewissen zu beruhigen, sondern um sich selbst zu helfen und, eher nebenbei, die Welt zu retten.

Leicht ist das sicher nicht: Frau K. lässt irreführende »Produktinformationen« liegen und berechnet aus einem Konglomerat von ethischen Produktions- und Handelsbedingungen (faire Löhne etc.), Energiebilanz und CO_2-Emission den »Fußabdruck« der Produkte und Dienstleistungen, die sie erwerben möchte. Informationen darüber besorgt sie sich bei neutralen Instanzen; Weltkenntnis und digitale Medien erleichtern den Durchblick. Käufer mit dieser Intelligenz verzichten nicht auf Qualität und Stil, ganz im Gegenteil, und ihr Erscheinungsbild signalisiert auch keine Öko-Askese; mit der Verzichtsrhetorik ist auch der Verzichtshabitus verschwunden. Schauen Sie mal auf utopia.de, eine Plattform, die verändertes Konsumverhalten als kulturelles Projekt anlegt – da zeichnet sich ab, was mit dem künftigen Lebensstil gemeint sein könnte und wie zugleich Ansätze eines neuen Wir-Gefühls entstehen können. Bekommt diese kluge Käuferschicht dann noch eine »gute Presse«, gewinnt sie an Sichtbarkeit, und sie wirkt noch überzeugender, wenn sich ihre Kaufentscheidungen nachweislich »rechnen«. Und plötzlich wird es *cool*, in Klima- und Umweltangelegenheiten *nicht* doof zu sein.

Was früher gedankenlos ging, der schnelle Einkauf der billigsten Produkte, wird oft allerdings zur aufwändigen Tüftelei: Wenn Frau K. Textilien einkauft, geht sie nicht in die üblichen Ketten und kauft nicht bei Discountern (wo es unterdessen auch schon »Bio-Ware« gibt), sie bevorzugt kleine Labels, die drei Anforderungen erfüllen: für den Umweltschutz nur Ware aus kontrolliert biologisch angebauter Baumwolle, für die Gesundheit hautverträgliche Klamotten, für die Entwicklung fair gehandelte Produkte. Das herauszufinden und sich nicht in Widersprüche zu verwickeln, macht wirklich Arbeit und kostet auch mehr als die Billigware, es wird aber aufwogen durch das Gefühl, das Richtige getan zu haben – und, nicht zuletzt, im Trend zu liegen. Oder besser noch: ihn zu setzen. Man kann das auch als Kultivierung des Konsums bezeichnen. Eine interessante Vorreiterentwicklung ist die Kochbewegung, Typ Jamie Oliver oder Sarah Wiener, die zu einer erheblich gesteigerten Aufmerksamkeit hinsichtlich der Ernährungsqualität und beispielsweise zu entsprechenden Schulprojekten geführt hat.

Es sind exakt diese wechselseitigen Verstärkungen eines aufmerksamen und achtsamen Verbrauchs, der Einzelne in ihrem reflektierten Konsumverhalten bestärkt, das wiederum auf Produzentenentscheidungen zurückwirkt, weil es sich bei diesen Konsumenten in der Regel auch um kaufkräftige Gruppen handelt. Freiwilliges oder vom Gesetzgeber angeordnetes Eco-Labelling, Kennzeichnungshilfen über den ökologischen Fußabdruck von Gütern und Dienstleistungen, können hilfreich sein, dasselbe gilt für Verbraucherinformationen unabhängiger Einrichtungen.[215] Immer noch werden solche Anstrengungen als Yuppie-Getue diskreditiert; für uns liegen darin aber Ansätze einer ausbaufähigen Konsumentensouveränität und Verbraucherverantwortung, die nicht nur einzelne Kaufakte reflektiert, sondern in der Summe individuelle und kollektive Konsumstile entwickelt und erprobt.

Es gibt berechtigte Bedenken gegen eine solche allzu sanfte Revolution der Marktwirtschaft, und die allein kann und soll es auch nicht richten: Der Marktanteil strategischen Konsums ist einstweilen gering, die Nebenfolgen ökologischer Korrektheit werden häufig unterschlagen, und nachhaltiger Konsum steht im flagranten Widerspruch zum systemischen Umfeld des Konsumkapitalismus. Nicht der Verbraucher könne also eine echte Veränderung bewirken, sondern allein »die Politik«, der Gesetzgeber. Die Einwände sprechen aber eher für eine weitere Politisierung des Konsums: Es trifft zu, dass der Öko- oder Bio-Konsument bisher eine Nische füllt, da es dem Gros der Konsumenten, vor allem weltweit, an Kaufkraft fehlt.[216] Aber der Markt für Bio-Produkte im weitesten Sinne könnte allein in Deutschland bis zu 30 Millionen Menschen erfassen, und so genannte *Base of the Pyramid*-Konsumenten, weltweit vier Milliarden Menschen mit Jahreseinkommen unter 1500 Euro, können durch innovative Geschäftsmodelle und Konsummuster ebenfalls für nachhaltigen Konsum gewonnen werden. Wenn es für Leute mit Geld chic werden konnte, bei Aldi zu kaufen, wird es wohl auch möglich sein, dass Leute mit wenig Geld gute Dinge kaufen. Modellbildend für einen solchen Stilwechsel sind die gehobenen Käuferschichten in den Schwellenländern, die Konsummuster der reichen Länder imitieren und sich mit wachsendem Budget und steigender Bildung umwelt- und klimasensibel erweisen könnten, wie das in asiatischen Großstädten schon zu beobachten ist. Entscheidend ist also, auf welche Seite die »Globale Consumer Class« fällt – in die Leitkultur der Vergeudung oder auf die Seite smarter Innovation.

Ein zweiter Einwand betrifft unerwünschte Nebeneffekte von Kaufentscheidungen – man verzichtet auf Produkte aus der Dritten Welt oder Reisen dorthin und verschlechtert damit deren Entwicklungschancen, die aus Einnahmen aus Agrarexporten und Tourismus rühren, oder nützt Einsparungen für mehr Konsum. Das ist zum Beispiel der Fall, wenn der mit »Umweltprämie« unterstützte, spritsparende Kleinwagen für Fahrten zum Arbeitsplatz genutzt wird, den man bisher mit öffentlichen Nahverkehrsmitteln erreicht hat.

Jeder noch so gutwillige Konsument ist drittens durch die Demonstrationseffekte der Shopping-Ideologie (»Ich konsumiere, also bin ich.«) beeinflusst. Ich verhalte mich ja richtig, aber die anderen. Es ist wie bei »Brot statt Böller«: Allen Argumenten und Verletzten zum Trotz werden jedes Jahr mehr Feuerwerke abgebrannt. Drückender noch ist die Fehlsteuerung durch Subventionen: »Was vermögen die paar gut gemeinten Euro eines Häufleins strategischer Konsumenten gegen die 50 Milliarden Euro Agrarsubventionen der EU – Steuergelder, die hauptsächlich in die Förderung der anderen [nicht-nachhaltigen, L/W] Landwirtschaft fließen? Einer ›konventionellen‹ Agrarkultur, die nicht nur Böden, Grundwasser und Biodiversität schädigt, sondern doppelt so viele CO_2-Emissionen verursacht, wie es ökologische Anbaumethoden tun? Als Steuerzahler subventionieren wir, mit 200 Millionen Euro im Jahr, den Abbau klimaschädlicher Braunkohle, wir geben 500 Millionen aus, damit auch weiterhin spritfressende CO_2-Schleudern als Dienstwagen abgesetzt werden können, wir fördern den Betrieb von Atomkraftwerken mit insgesamt 2,4 Milliarden Euro und lassen es uns 8,7 Milliarden kosten, dass Flugzeuge die Atmosphäre mit steuerfreiem Kerosin aufheizen dürfen.«[217]

Diese Klage einer Skeptikerin in einer GEO-Titelgeschichte über »guten Konsum« ist aber nur solange berechtigt, als das Konsumverhalten als individualistisch und unpolitisch verstanden wird: Allein kann kein Käufer etwas ausrichten, aber als strategischer Konsument wird er plötzlich politisch wirksam. Auch so kann man den Kapitalismus beim Wort nehmen. Das ist das genaue Gegenteil von dem, was dazu von einem Politikberater vorgeschlagen wird: »Eine klimapolitisch gebotene, fundamentale Veränderung der Stoffströme wird sich nicht über freiwillige Selbstverpflichtungen einer zahlenmäßig immer noch überschaubaren Öko-Avantgarde bewirken lassen, sondern letztlich nur über das in ökologischer Hinsicht intentionslose Handeln breiter Bevölkerungsschichten.«[218] Statt auf die Mobilisierung kritischer Konsumenten setzt Oliver Geden auf die Genialität von Einspeisegesetzen und Emissionshandel, auf technische Innovationssprünge und Glühbirnenverbot, die der Konsumentin als Bürgerin nur die Rolle der Wählerin im »regelsetzenden Teil des professionalisierten Politikbetriebs« übrig lässt. Wer breite Bevölkerungsschichten für »intentionslos« hält, zeigt allerdings ein einigermaßen begrenztes Verständnis von Demokratie.

Menschen werden Bürger

Demokratien zeichnen sich dadurch aus, dass sie aus gleichberechtigten Mitgliedern bestehen, die das Gemeinwesen unabhängig von Geschlecht, Glaube, Herkunft und Einkommen gestalten können. Der Idee nach sind Demokratien aktive Systeme, die vom Interesse, der Achtsamkeit und dem Engagement ihrer Mitglieder getragen werden. Das hohe Ideal durchkreuzen vielfältige soziale Benachteiligungen und kulturelle Diskriminierungen, aber auch eine fatale Arbeitsteilung, die sich im Zuge der Professionalisierung der Politik entwickelt hat: Politik machen die Politiker und Politikerinnen, während Bürgerinnen und Bürger mit der Stimmabgabe ihre Teilhabe schon geleistet haben. Mit dieser unterschwelligen Entdemokratisierung der Politik haben sich die politischen Subjekte des Gemeinwesens in »die Menschen« verwandelt, und damit ist zweifellos die schlimmste Verhinderungsvokabel einer demokratischen Krisenlösung ausgesprochen.

Der Titel geht, wenn wir recht sehen, auf Bundeskanzler Kohl zurück, ihm entspricht aber eine weit verbreitete Vorstellung der parteipolitischen Apparate vom »vorpolitischen Raum«. Man muss also in Erinnerung rufen, dass die politische Theorie seit der Antike das autonome Subjekt als eine Grundvoraussetzung moderner Staatlichkeit eingesetzt hat. Immanuel Kant zum Beispiel bestand ausdrücklich auf der bürgerlichen Selbständigkeit als einer zwingenden Voraussetzung für die aktive Partizipation zum Beispiel bei Wahlen.[219] Der Prozess des Aushandelns unter autonomen Vertragspartnern gilt als *das* Modell von politischer Meinungsbildung, Interessenausgleich und Konfliktbewältigung in westlichen Demokratien.[220] Und so bleibt die gesellschaftliche Praxis jenseits der schmaler werdenden Basis der Parteienpolitik in erstaunlichem Umfang vom Engagement genau jenes Typs von Bürgerin und Bürger getragen, der in den Staatstheorien der Neuzeit vorgezeichnet wurde – und der ist das Gegenteil jener »Menschen«, die gerade in der Krise nur als Steuerzahler, Konsumenten, Fürsorgeobjekte und mögliche Störer des sozialen Friedens in das Blickfeld professioneller Politik geraten.

Aber wer hat eigentlich gesellschaftliche Probleme wie den verschwenderischen Umgang mit Ressourcen, umweltschädliche Technik und bedenkenlosen Konsum Gewicht in der Ökonomie der Aufmerksamkeit verschafft? Es waren doch die Mitglieder von Bürgerinitiativen, Umweltverbänden oder Gruppen, die sich für andere, bewusstere Konsumstile entschieden haben. Und nach dem 1999 erstmals erhobenen »Freiwilligensurvey« der Bundesregierung waren im Jahr 2004 36 Prozent aller Bürgerinnen und Bürger im Alter ab 14 Jahren freiwillig in Verbänden, Initiativen oder Projekten engagiert (das waren 2 Prozent mehr als 1999). Weitere 34 Prozent (1999: 32 Prozent) waren Mitglied in einem Verein oder einer Gruppe. Damit sind zwei Drittel der Bevölkerung irgendwo jenseits ihrer beruflichen und privaten Verpflichtungen freiwillig engagiert – eine erstaunliche Zahl, die selbst dann, wenn man die Karteileichen herausrechnet, klarmacht, dass eine moderne Gesellschaft wie die Bundesrepublik ohne dieses breite Engagement, in Hilfsorganisationen wie dem Roten Kreuz, in der Freiwilligen Feuerwehr, in verschiedenartigen Jugend- oder Wohlfahrtsorganisationen, überhaupt nicht funktionieren würde.

Engagement in Deutschland
In der Bundesrepublik existieren fast 600 000 Vereine, von denen etwa die Hälfte über den Status der Gemeinnützigkeit verfügen. Sie decken folgende Bereiche ab:

- Sport (38 %)
- Freizeit, Heimatpflege, Brauchtum (18 %)
- Soziales, Wohlfahrt, Religion, Entwicklungshilfe (13 %)
- Kultur und Kunst (12 %)
- Berufs-/Wirtschaftsverbände und Politik (10 %)
- Interessenverbände und Bürgerinitiativen (8 %)
- Umwelt und Naturschutz (1 %)

Hinzu kommen Engagementformen in nicht eingetragenen Vereinen, Klubs, Gewerkschaften, Stiftungen, gemeinnützigen GmbHs und Genossenschaften.
Die *Engagementquote* bezeichnet den Anteil von freiwillig Engagierten an der Bevölkerung ab 14 Jahren. Im Jahr 1999 lag die Engagementquote bei 34 % und stieg bis 2004 auf 36 % an. Gleichzeitig erhöhte sich auch die Intensität des freiwilligen Engagements: Der Anteil derjenigen, die

mehr als eine Aufgabe oder Funktion übernommen haben, stieg von 37 % auf 42 %.
Die Gruppe der Jugendlichen zwischen 14 und 24 Jahren ist eine der öffentlich aktivsten Gruppen der Bevölkerung. Das freiwillige Engagement ist hoch ausgeprägt, daneben fällt im Vergleich zu anderen Altersgruppen ein hohes *Engagementpotential* auf: Neben 36 % der Jugendlichen, die bereits engagiert sind, waren 2004 weitere 43 % bereit, sich freiwillig zu engagieren.

Quellen: Zweiter Freiwilligensurvey (Bundesministerium für Familie, Senioren, Frauen und Jugend/TNS Infratest); www.dfrv.de (Deutscher Fundraising Verband).

Wie kommt es aber, dass in einer Gesellschaft, die sich der Bankenwerbung zufolge dem schrankenlosen Egoismus (»Unterm Strich zähl ich«) verpflichtet fühlt, ein so hoher Bevölkerungsanteil aus freien Stücken aktiv wird? Selbstverständlich sind nicht alle Motive, in einen Verein einzutreten oder sich in einem Verband zu engagieren, altruistischer Natur; oft zielen sie auf eigene Vorteile ab, die aber nicht materieller und rein egoistischer Art sein müssen, sondern auch dem Ziel folgen, bei anderen Anerkennung zu finden, mit ihnen etwas Wichtiges, vielleicht Weltbewegendes voranzubringen oder Teil einer größeren Idee zu werden. Ehrenamt und Volunteering haben also etwas damit zu tun, dass Personen Wege einschlagen und Entscheidungen treffen, die jenseits vorgezeichneter institutioneller Bahnen liegen: das Mitglied der Freiwilligen Feuerwehr verlässt sich nicht auf andere oder den staatlichen Katastrophenschutz; wer einem Kunstverein beitritt, beschränkt sich nicht auf das Angebot der staatlichen Museen, wer sich als Telefonseelsorgerin betätigt, weiß, dass Einsamkeit und Verzweiflung nicht durch die Sozialverwaltung bekämpft werden können. Dabei suchen Menschen jeweils nach ihrer Fasson ihren individuellen Handlungsspielraum zu vergrößern und in kleinräumiger Solidarität Autonomie zu gewinnen.

Empowerment und Resilienz

Wir möchten unsere Beobachtungen mit zwei für die aktive Bewältigung der Klimakrise zentralen Konzepten ordnen. Das erste heißt *Empowerment* und meint die Selbstermächtigung von Menschen, ihren Interessen selbstbestimmt, auf eigene Initiative und Verantwortung hin zu folgen.[221] Wer in Bürgerinitiativen, Selbsthilfegruppen, Sportvereine und dergleichen eintritt, wertet nicht vorhandene Angebote aus, sondern etabliert neue oder gestaltet vorhandene mit, verändert damit also die soziale und politische Wirklichkeit. Der Einzelne wächst gewissermaßen über sich selbst hinaus und überschreitet damit Organisationsrahmen, die durch die Arbeit oder die staatliche Politik vorgegeben sind. Wer an seinem Arbeitsplatz unauffällig bleibt, kann als Jugendtrainer einer Fußballmannschaft sehr gut sein, und die Tatsache, dass einer Parteiprogramme nicht kennt, verrät nichts über sein freiwilliges Engagement in einer Behindertenwerkstatt. Solche jenseits definierter Anforderungen in Beruf und Gesellschaft vorhandenen Potentiale bleiben politisch weitgehend unsichtbar – die Gesellschaft glaubt sich selbst nicht das Ausmaß ihrer »subpolitischen«, also unter der Schwelle des Politik- und Medienbetriebs liegenden Selbstorganisationsfähigkeit.[222] Aber klimabezogene Preissignale, Marktanreize, Steuern und Steuernachlässe sowie Regulierungen bewegen nur Menschen, die sich zuvor selbst bewegt haben, die sich gegenseitig in die Lage versetzen, ermutigen, sich Beispiele geben und für Veränderung engagieren.[223]

Geht es beim Empowerment darum, das Engagement und die Selbstbestimmung »ganz normaler« Bürger zur Kenntnis zu nehmen, zielt das Konzept der *Resilienz* darauf, zu verstehen, wie Menschen Probleme meistern und Widerstände überwinden können. Viele Lebensgeschichten, Romane und Filme handeln davon, wie ihre Protagonisten aus eigentlich negativen Umständen positive Schlüsse ziehen – etwa wenn sie Vorteile in aufgezwungenen Veränderungen sehen oder Krisen als Chancen begreifen und verändern, was ohnehin nicht mehr sinnvoll war. Dem liegt die Beobachtung zugrunde, dass manche Menschen selbst unter extremsten Bedingungen (etwa im Konzentrationslager) das Gefühl von Kontrolle nicht verlieren und guten Mutes bleiben, die Situation meistern, bestehende Spielräume nutzen oder solche überhaupt entdecken können. Diese »Unverwundbaren« (Michaela Ulich) haben weniger mit Traumatisierungsfolgen zu kämpfen und ziehen aus ihren Bewältigungserfahrungen neue Stärken für künftige Herausforderungen.[224] Auch hier findet ein Perspektivenwechsel statt: Gesundheitspsychologen, die sich mit den »Unverwundbaren« beschäftigt haben, interessieren sich weniger dafür, was Menschen krank macht, sondern dafür, was sie selbst unter ungünstigsten Bedingungen gesund hält.

Eine Kultur der Achtsamkeit

Pfadabhängigkeiten, Gruppen- und Wunschdenken schließen das Unerwartete systematisch aus. Es einzukalkulieren, kann man dort lernen, wo das Eintreten unerwarteter Ereignisse nicht nur unangenehme, sondern katastrophale Folgen haben kann – in Atomkraftwerken, U-Booten, in Feuerwehren und Krisenteams, die bei Geiselnahmen eingesetzt werden. Deren Vorbereitung zielt vor allem darauf ab, desaströse Ereignisse *nicht* eintreten zu lassen, weshalb eine ganze Reihe von Eigenschaften, die in anderen Organisationen als wertvoll gelten, hier problematisch wären: Jede Form von Routine ist ein Problem, wenn sie die Sensibilität für unerwartete Probleme unterminiert; Erfahrung ist problematisch, weil sie dazu führt, dass man ein Ereignis vorzeitig für etwas hält, was schon mal vorgekommen ist und was man daher so und so behandelt. »Erfahrung an sich«, schreiben die Organisationspsychologen Karl Weick und Kathleen Sutcliffe über die von ihnen erforschten High-Reliability-Organisationen, »ist noch kein Grund für Sachkenntnis, weil Menschen sehr häufig immer wieder dieselbe Erfahrung machen und wenig tun, um diese Wiederholungen zu etwas Neuem weiterzuentwickeln.«[225] Die beiden schlimmsten Störfälle in Atomkraftwerken, die Beinahe-Kernschmelze in Harrisburg und der Super-Gau in Tschernobyl, konnten passieren, weil die Mannschaften die aufgetretenen Fehler aufgrund ihrer Erfahrung falsch interpretierten.

Wir haben gesehen, dass die Wikinger ihre Probleme mit Strategien zu bewältigen suchten, mit denen sie andernorts erfolgreich gewesen waren – ein Merkmal, das gescheiterte Gesellschaften und Gemeinschaften teilen. Die europäischen Juden unterlagen der verhängnisvollen Fehleinschätzung, die Nazis wären dieselbe Art Judenhasser, die sie seit Jahrhunderten kannten; die Anti-Terror-Abteilungen in den USA hatten jede Art von Bombenanschlag auf ihrer Liste, nicht aber die Möglichkeit, dass Terroristen Flugzeuge kapern und in Waffen umfunktionieren könnten, die in ihrer Wirkung jede Bombe übertrafen. Erfahrungen sind hilfreich, wenn man es mit Vorgängen zu tun hat, die jenen gleichen, an denen man die Erfahrungen gemacht hat – für eine triftige Einschätzung präzedenzloser Ereignisse sind Erfahrungen leider irreführend.

Das trifft auch die neuen Hoffnungen in den Planungsstaat: »Das uneingeschränkte Streben nach Vorausschau mittels Planung und Forschung kann gefährliche Folgen haben. Es unterstellt ein Maß an Verstehen, dass man unmöglich erreichen kann, wenn man es mit unsicheren und dynamischen Verhältnissen zu tun hat. Es vermittelt den Beteiligten die Illusion, sie hätten die Lage im Griff und macht sie blind für die sehr reale Möglichkeit einer Fehleinschätzung.«[226] Analog bedeutet das für ein Problem von der Dimension des Klimawandels, dass man ihm sicher nicht mit dem Drehen an den üblichen Stellschrauben beikommt – ordnungspolitische Maßnahmen, Konsumanreize, technische Verbesserungen; es handelt sich um ein *neues* Problem, das nicht mit dem Rückgriff auf alte Denkschulen zu lösen ist. Auch die Finanzkrise ist keine zyklische Schwankung im System, sondern Indikator für eine Funktionsgrenze des Systems selbst.

Um auch nur zu einer hinreichenden Problembeschreibung zu kommen, ist eine Kultur der Achtsamkeit vonnöten, die nicht alles Neue in die Schubladen gesicherten Wissens zurückbeordert. Achtsamkeit bewirkt die dauernde Prüfung und Überarbeitung bestehender Erwartungen, eine erhöhte Aufmerksamkeit für mögliche Fehler und Abweichungen – kurz: ein permanentes Lernen in einer Umgebung, die in ständiger Veränderung begriffen ist. Wie Erfahrung hinderlich und Planung problematisch sind, so gelten Fehler nun nicht per se als schlecht, sondern als wichtige Quellen von Informationen darüber, welchen Lauf die Dinge nehmen können. Während man normalerweise Fehler zu vermeiden und, wo sie geschehen, möglichst zu vertuschen sucht, gilt der Fehler jetzt als etwas Wertvolles. Deshalb werden Mitarbeiter, die auf Fehler hinweisen, in High-Reliability-Organisationen nicht gemobbt, sondern ausgezeichnet.

Resilienz lernen

Der Preis einer extrem technisierten, arbeitsteiligen und komplex institutionalisierten Lebenswelt ist ihre extrem hohe Verletzlichkeit – nie war es leichter, sie durch ein Computervirus, einen gezielten Flugzeugabsturz oder eine absichtlich hervorgerufene Epidemie an den Rand des Zusammenbruchs zu bringen. Wie verletzlich Hochtechnologie-Kulturen sind, hat der Zusammenbruch der sozialen Ordnung in New Orleans nach dem Hurrikan »Katrina« gezeigt. Der Historiker Greg Bankoff forscht über »Katastrophenkulturen« und zeigt, wie die Bewohner der Philippinen ihre Architektur entwickelt und Konzepte und Normen der Nachbarschaftshilfe etabliert haben, die besonders den Armen erlauben, nach dem Verlust ihres Eigentums infolge von Katastrophen zurechtzukommen. Erdbeben, Vulkanausbrüche, Taifune, Überschwemmungen, Dürren, Erdrutsche und Tsunamis gehören dort fast zum Alltag, was aber nie dazu geführt hat, dass man die Gegend als unbewohnbar aufgegeben hätte.

Am Beispiel der Stadtentwicklung Manilas zeichnet Bankoff nach, wie ihre wiederholten Zerstörungen Bauformen und -stile hervorgebracht hat, die die Stadt schrittweise katastrophenresistenter machten. Während im 16. Jahrhundert ausschließlich mit Holz gebaut wurde, was aufgrund des rasanten Bevölkerungszuwachses schnell zu Entwaldungs- und Erosionsproblemen führte, ging man im 17. Jahrhundert zum Bauen mit Stein über, weil Manila mehrfach von verheerenden Großfeuern heimgesucht wurde. Nun haben Steinbaustrukturen in Erdbebenregionen den Nachteil, nicht so flexibel auf Bodenerschütterungen reagieren zu können wie Holzbauten. Nach mehreren Erdbeben im 17. Jahrhundert entwickelte sich daher eine Art »Erdbeben-Barock«: Kirchenbauten nehmen barocke Stilelemente auf, sind aber niedriger als ihre europäischen Pendants und haben massivere Wände und Türme. In die Konstruktion privater Behausungen wurden dagegen traditionelle Elemente reintegriert – statt schwerer Dachkonstruktionen kamen vermehrt leichtere und flexiblere Mattentechniken in Gebrauch. Eine Stadt wie Manila lässt sich als ein adaptives System studieren, das aus unterschiedlichen Katastrophenereignissen gelernt hat.[227]

Zugleich ist hier das Empowerment durch informelle und

formelle Selbst- und Nachbarschaftshilfe wichtig. Unter anderen über kirchliche Organisationen haben sich »Resilienzgemeinschaften«, Formen wechselseitiger Hilfe, etabliert, die nicht nur im Katastrophenfall, sondern auch beim ganz gewöhnlichen Häuserbau in Anspruch genommen werden. Hilfe wird in der Erwartung geleistet, dass sie wechselseitig ist, also irgendwann in der einen oder anderen Form zurückkommt. Dieses Prinzip, das auch in ländlichen Regionen bei uns noch nicht ganz vergessen ist, ging auf den Philippinen im 20. Jahrhundert in größere formalere Organisationen über und zahlte sich auch bei Revolten aus. Die meisten bürgerschaftlichen Assoziationen sind nicht zufällig dort zu verzeichnen, wo Erdbeben, Taifune und andere Extremereignisse am häufigsten vorkommen,[228] während in Gesellschaften, die Risiken in hohem Maße delegieren und Vorsorge formalen Organisationen und Versicherungen überantworten, die Selbstorganisationsquote relativ gering ist. Der Not geschuldete Resilienzgemeinschaften zeichnen sich also durch ein hohes Maß an Teilhabe und Selbstorganisation aus. Bürgerbeteiligung ist somit eine wichtige Voraussetzung für die Effizienz staatlich organisierter Katastrophenvorsorge.[229]

Selbstermächtigung und Widerstandsfähigkeit scheinen uns für eine Gesellschaft, die eventuell mit extremen und katastrophalen Veränderungen des Klimas und raschem sozialem Wandel zurechtkommen muss, entscheidende Fähigkeiten »jenseits von Staat, Markt und Technik« zu sein. Deshalb definiert die Katastrophenforschung solche sozialen Systeme als resilient, die ihre zentralen Funktionen auch dann aufrechterhalten können, wenn sie unter extremen Wandlungsdruck von außen geraten.[230] Im Nord-Süd-Verhältnis bedeutet das: Man kann von Gesellschaften lernen, die angesichts regelmäßig auftretender Umweltkatastrophen wie Erdbeben oder Wirbelstürmen haltbare Bau- und Siedlungsformen und eine mentale Gelassenheit entwickelt haben. Man kann im Süden studieren, wie sie auf demokratieverträgliche Weise mit Umweltveränderungen zurechtkommen. [231]

Selbst-Helfer

Wir haben oben auf das Phänomen der *shifting baselines* verwiesen, also auf die Anpassung der Wahrnehmung an die schleichende Veränderung der Wirklichkeit. Dasselbe Phänomen erleichtert auch Lernprozesse – man denke an die Selbstverständlichkeit, mit der ehemalige DDR-Bürger Konsumstandards und Verhaltenslehren des Westens übernommen haben, oder an die Verwandlung des öffentlichen Raumes, seit das Rauchen in den meisten Innenräumen nicht mehr gestattet ist. In erstaunlich kurzer Zeit hält man es für kaum noch vorstellbar, dass »früher« in Restaurants am Nebentisch geraucht wurde, während man gerade sein Menü serviert bekam. Doch dieses »früher« liegt erst ein paar Monate zurück.

Die Lebenswelt von Menschen ändert sich durch Korrekturen in ihren Situationen oder Verhaltensweisen, die minimal sein können. Ein einziges Mal eine *andere* Entscheidung zu treffen als normalerweise, kann das ganze Leben in eine andere Richtung laufen lassen. Nehmen wir wieder ein Beispiel »normaler Katastrophen«: In einem Forschungsprojekt, in dem wir das Verhalten von Helfern und Rettern in totalitären Systemen wie im »Dritten Reich« untersuchen, finden wir das Phänomen, dass manche Personen regelrechte Helferkarrieren durchlaufen, die alles andere als Regimegegner oder gar Widerstandskämpfer sind.[232] Wie kommt es, dass Menschen, die weder ihrer Überzeugung noch ihrer gesellschaftlichen Position nach geborene Helfer oder Retter sind, oft über Jahre hinweg unter wachsender Gefahr für sich selbst Menschen verstecken, mit Nahrung versorgen, sie pflegen, wenn sie krank werden und vieles mehr?

Es gab viele Beispiele, in denen jemand zufällig in die Situation kam, helfen zu sollen – weil sie von einem potentiellen Opfer direkt angesprochen wurde oder weil, wie in einem der von uns untersuchten Fälle, der Vorgesetzte gewissermaßen anordnete, man müsse für kurze Zeit ein kleines jüdisches Mädchen verstecken. Der Entschluss, so etwas zu tun, wie immer fremdbestimmt er zustande gekommen sein mag, verändert die soziale Situation der helfenden Person augenblicklich: Denn ein solcher Entschluss bedeutet ja nicht allein, irgendwo im Haus oder in der Wohnung Platz für einen oder mehrere Menschen zu finden, und zwar so, dass diese im Fall einer Durchsuchung wirklich unauffindbar bleiben können; er bedeutet auch, Lebensmittel zu beschaffen, was besonders dann schwierig ist, wenn der Bezug über Marken reglementiert ist. Wenn die Versteckten Kinder sind, wird es häufig besonders gefährlich, weil man kleinen Kindern im Fall von Hausdurchsuchungen nur schwer klarmachen kann, dass sie nicht das geringste Geräusch von sich geben dürfen.

Von dem Augenblick an, wo jemand hilft, verändert sich seine gesellschaftliche Position radikal: vom sicheren Platz in der Mehrheitsgesellschaft wechselt die helfende Person auf den höchst gefährlichen der bedrohten Minderheit. Denn die veränderte Praxis ist ja kein Kavaliersdelikt, sondern nach den zeitgenössischen Maßstäben kriminell, macht also den Helfer zum potentiellen Opfer. Aber gerade das lässt die Ungerechtigkeit, die den Opfern widerfährt, viel klarer ins Bewusstsein treten und setzt die Motivation frei, jetzt, wo man ohnehin schon die Seiten gewechselt hat, sukzessive immer mehr zu tun. Genauso ist es dem bekanntesten Helfer, Oskar Schindler, ergangen, der ja ebenfalls alles andere als ein Regimegegner und geborener Helfer war, sondern zunächst nur ein Spieler, der gute Gewinne machen wollte.

Eine nuancierte Veränderung der lebensweltlichen Praxis lässt eine Person Pfade einschlagen, die zuvor ganz außerhalb ihres Bewusstseins und ihrer Möglichkeiten zu liegen schienen. Aufklärung ist gegenüber solcher »normativen Kraft des Faktischen« ein extrem schwacher Motivator von Handlungen – denn es gibt erstens jede Menge Gründe, eine Information, und sei sie noch so dramatisch, nicht in eigene Entscheidungen einfließen zu lassen (vgl. Kap. II). Und zweitens kann Wissen immer nur innerhalb eines sozialen Kontextes relevant werden und nie abstrakt – weshalb Wissen über das segensreiche Wirken klimabewussten Handelns bei akademisch gebildeten Angehörigen des gehobenen Mittelstands mehr Resonanz finden kann als bei einem Arbeiter auf einem Fischtrawler, der seine Umwelt mit ganz anderen Augen sieht, zum Beispiel als Quelle seines kargen Einkommens. Der Gebrauch von Wissen ist etwas völlig anderes als das Wissen selbst.

Wenn man abweichende Verhaltensweisen unter der Diktatur entheroisiert, lassen sie sich auf die Erfahrungen von Selbstwirksamkeit übertragen, die kritische Konsumenten oder gemeinnützig Engagierte machen, wenn sie eine zuvor als starr empfundene Wirklichkeit als veränderungsoffen und gestaltbar wahrnehmen. Das ist Praxislernen, eine Form des Lernens, die gewohnte Handlungsmuster selbst verändert. Diese Form des Lernens ist wohl tiefgreifender und effizienter als alles, was unter den klassischen Begriff der Aufklärung oder des kognitiven Wissenserwerbs fällt. Wissen allein ändert weder die Wirklichkeit noch die Handlungsorientierungen, erst der Gebrauch des Wissens entscheidet, welchen Wert es für den Handelnden tatsächlich hat. Dieses Lernen bedarf keiner Programme, keiner Curricula, keiner Regeln, es ist ausreichend, wenn man vorgefundene Handlungsspielräume – und wir leben in einer der reichsten und bestorganisierten Gesellschaften der Welt –, anders auslegt und nutzt, als man es gewöhnlich tut.

Wie Basisinitiativen die Klimapolitik in Bewegung bringen

Wenn Politiker mit auf der Hand liegenden Vorschlägen zur Veränderung schlechter Praktiken konfrontiert werden, sagen sie gern: »Ja, das stimmt alles, aber das ist nicht durchsetzbar. Wenn ich das vorschlage, werde ich nicht gewählt.« Allein für diesen Satz sollte man jemanden, der ihn sagt, auf keinen Fall wählen. Denn ihm ist offenbar sogar entgangen, dass unlängst ein amerikanischer Präsident genau deshalb gewählt worden ist, weil sein Kernprogramm »Change« ist. Auch hierzulande sind die meisten kulturellen Veränderungen, die die Bundesrepublik im Verlauf ihrer Geschichte durchlaufen hat, keineswegs auf Anstoß der professionellen Politik entstanden, sondern durch Initiativen Einzelner oder kleiner Gruppen – oft gegen harte Widerstände des politischen Establishments – durchgesetzt worden. Erst viel später sind sie dann zum gesellschaftlichen Mainstream geworden, dem sich dann auch die Politik verpflichtet fühlt. Die Umwelt- und Klimapolitik sind Beispiele dafür.

Am deutlichsten zeigt das die Erinnerungskultur. Die Gedenkstätten und Mahnmale, Schülerprojekte und Zeitzeugenbörsen, Gedenktage und Bildungsprogramme sind nicht auf staatliche Initiative entstanden; erst haben sich die Opfer und deren Organisationen für einen angemessenen Umgang mit der jüngeren deutschen Geschichte eingesetzt, in ihrem Gefolge dann Schriftsteller und Geschichtswerkstätten, Wissenschaftler, Studierende und Lehrer, also eine bürgerschaftliche Bewegung, die von den Medien aufgegriffen und vorangetrieben wurde. Das hat die (Geschichts-)Kultur in Deutschland so geprägt, dass Tabubrecher wie Martin Walser oder Ministerpräsident Günther Oettinger in die Schranken gewiesen werden, wenn sie sich scheinbar oder tatsächlich naiv zur Geschichte äußern. Und diese Achtsamkeit hat wohl auch dazu beigetragen, dass Deutschland sich der »Koalition der Willigen« im Irak-Krieg entzogen hat – für manche die wichtigste Entscheidung für die Wir-Identität der deutschen Gesellschaft seit dem Mauerfall.

Ähnlich wirksam war die Umwelt-Bewegung, die über Massendemonstrationen und Bürgerinitiativen das Gesicht der Bundesrepublik und Europas geprägt hat, oder die Frauenbewegung, die das Geschlechterverhältnis verändert hat, bevor es auch staatlicherseits durch Gleichstellungsgesetze, Frauen in der Bundeswehr und Väterzeiten für die Kindererziehung aufgegriffen wurde. Politik, in Deutschland lange mit Staat und Verwaltung gleichgesetzt, macht auch die Bürgergesellschaft, und über bürgerschaftliche Initiativen hat sich eine Akteursebene etabliert, die als Nicht-Regierungs-Organisationen (NRO) in der Klimapolitik von den bekannten Namen wie Greenpeace und BUND, World Wildlife Fund und attac bis zu namenlosen Gruppen reichen, die ein Gegengewicht, aber auch Partner staatlichen Handelns bilden und im Verbraucherschutz zunehmend auch der Unternehmen. Firmen wie Nike oder GAP haben bittere Erfahrungen gemacht, wenn öffentlich wurde, dass ihre Produkte durch Kinderarbeit entstanden; dasselbe gilt für die berühmt gewordene Kampagne zur geplanten Entsorgung der Öllager- und Verladeplattform »Brent Spar«, die Greenpeace gegen Shell führte und die dem Image von Shell zumindest für eine Weile erheblich geschadet hat. Dass Unternehmen heute sämtlich Abteilungen für Corporate Social Responsibility unterhalten, geht vor allem auf Druck dieser Art zurück, den NROs auszuüben in der Lage sind.

Dunbars Numbers. Die neue Übersichtlichkeit

Der Evolutionsbiologe Robin Dunbar hat zeigen können, dass menschliche Gruppengrößen über die komplette Evolution hinweg erstaunlich konstant geblieben sind. Die kleinste soziale Organisationseinheit ist für ihn die Kerngruppe mit drei bis fünf Personen, gefolgt von der etwa 15 Personen starken Gruppe, in der intensive wechselseitige Bindungen am besten gedeihen. Die nächste soziale Einheit umfasst etwa 50 Personen, was einmal dem Umfang der durchschnittlichen Verwandtschaft entsprach. Die wirksamste Größe für die Verfolgung kollektiver Ziele umfasst um die 150 Individuen – diese Größe schließt eine große Anzahl von Kompetenzen ein und ist gleichzeitig vom Einzelnen noch gerade überschaubar. Gemeinschaften dieser Größe funktionieren ohne formale Hierarchien und Regeln, bei Bedarf kann jedes Gruppenmitglied mit jedem anderen jederzeit kommunizieren. Das Kooperationsvermögen, das den homo sapiens evolutionär heraushebt, ist auf dieser Stufe am ehesten möglich; darüber wird es schwierig, sich ohne Formalisierung und Spezialisierung auszutauschen, und es werden Verregelungen durch externe Instanzen notwendig.[233]

Es mag sein, dass Gruppen dieser Größe für eine lernende, veränderungsorientierte Gesellschaft das optimale Format aufweisen und einen Beitrag zur Modernisierung von Demokratien leisten können, die man ansonsten eher von Volksentscheiden, Wahlrechtsänderungen und Parlamentsreformen erwartet. Mega-Probleme wie der Klimawandel sind nicht allein auf den Systemebenen von Staat, Wirtschaft oder gar Weltgesellschaft lösbar,[234] politische Handlungschancen beginnen bei kleinen sozialen Netzwerken und reichen von dort bis zu supranationalen Verhandlungsarenen, die im Übrigen wiederum eine vernünftige Größenordnung aufweisen müssen. Bei den Klimaverhandlungen in Kopenhagen und UN-Mega-Konferenzen mit mehreren Tausend Teilnehmern wird diese zweifellos überschritten. Die Mikro-Politik der kleinen Gruppen wird in der öffentlichen Wahrnehmung und bei den politischen Eliten notorisch unterschätzt, aber es wird nicht zuletzt dieses lokale Wissen sein, das in Gestalt lokaler Praktiken das kulturelle Projekt des Gesellschaftsumbaus mitinitiieren und tragen wird. Denn wie gesagt: Techniken, Marktanreize und Gesetze müssen von »Nutzern« implementiert und verinnerlicht werden.

Ein schönes Beispiel für eine sich derart entfaltende Selbstorganisation im Energiesektor sind die »Stromrebellen« in der kleinen Gemeinde Schönau im Schwarzwald, eine private Initiative, die nach der Liberalisierung des Strommarktes 1998 begann, mit Wind- und Solarenergie, später mit Kraft-Wärme-Koppelung und Biomasse, Energie zu produzieren. Inzwischen versorgen die daraus hervorgegangenen ElektrizitätsWerke Schönau (EWS) rund 75 000 Privatkunden, Betriebe und Industrieunternehmen im ganzen Bundesgebiet mit Strom, die Gewinne fließen in den weiteren Ausbau einer nachhaltigen Energieversorgung. Für unseren Zusammenhang ist interessant, dass die EWS mit Hilfe des »Sonnen-Cent« kleine Stromerzeugungsanlagen fördert, etwa Kraft-Wärme-Heizungen, Biogasanlagen etc. Auf diese Weise konnten bis heute mehr als 3000 kleine Ökokraftwerke installiert werden, die den Bedarf von 12 Megawatt Strom decken. Dabei werden jährlich mehr als 10 000 Tonnen Kohlendioxid eingespart, mit steigender Tendenz.

Wieder spielen Resilienz und Empowerment zusammen: Die Erfahrung von Selbstwirksamkeit setzt Energien für »größere« Veränderungsschritte frei. Das zeigt die Staudinger-Gesamtschule in Freiburg, die 1999 das Schulgebäude systematisch energetisch zu sanieren begann. Die Gemeinschaftsaktion hat ein verändertes Klima an der Schule bewirkt. Denn das Gefühl, etwas Modellhaftes und Erfolgreiches zu praktizieren, also Teil von etwas Neuem und Sinnvollem zu sein, führte zu einer ausgeprägten Wir-Identität der Schülerinnen und Schüler, die neue Aktivitäten gebar. Regelmäßig werden Einsparwettbewerbe durchgeführt, Mittelstufenschüler coachen die Fünftklässler. Was wiederum ausstrahlt: Rasch entdecken die Neulinge Einsparpotentiale zuhause und veranlassen ihre Eltern, Geräte nicht im Standbymodus zu lassen. Inzwischen soll es Kinder geben, die sich weigern, sich von der Mutter im dicken Auto zur Schule bringen zu lassen, weil das »voll peinlich« sei.

Das Freiburger Beispiel stand Modell für andere Schulen in Deutschland, auch für Initiativen wie UniSolar Berlin, eine von den Studierenden selbst finanzierte Solaranlage an der Freien Universität. Unter dem Titel »Archiv der Zukunft« (AdZ) findet man Dutzende von Initiativen, Schulen mit Hilfe der Schülerinnen und Schüler zukunftsträchtiger und identitätshaltiger zu machen.[235] Ein »Forum für Verantwortung« macht sich zur Aufgabe, die Kommunikation des Themas Nachhaltigkeit zu verbessern, und gibt in diesem Zusammenhang eine Buchreihe heraus, die inzwischen auch in einer englischsprachigen Ausgabe erschienen ist, und Lehrmodule zur Nachhaltigkeit für Multiplikatoren in Schulen, Volkshochschulen und Klimaschutzgruppen.[236]

Solche bürgerschaftlichen Projekte strafen die pauschale Rede von der Veränderungsresistenz der Bürgerinnen und Bürger Lügen. Und das stärkste Motiv für die Veränderung von Praxis ist stets – Praxis: Erst die konkrete Erfahrung weckt oder verstärkt die Lust, die Lebenswelt weiter zu verändern, sich mit Gleichgesinnten zu vernetzen und Andersgesinnte zu überzeugen. Ein Beispiel sind die rund hundert Solar- und Energieeinkaufs-Genossenschaften und Bioenergiedörfer, die sich als Produzenten dezentraler und sauberer Energie von den großen Stromkonzernen unabhängig gemacht haben; immer mehr Häuserblocks sollen sich mit Photovoltaikanlagen, Miniwindrädern und Blockheizkraftwerken von den zentralen Stromnetzen abkoppeln.[237] Die überfällige Renaissance der Genossenschaftsökonomie verwandelt Nutzer in Aktivisten, macht aus vereinzelten Klima-Helden Klima-Genossen, und sie bietet über die Haushaltswirtschaft hinaus Wege aus der

Abhängigkeit von nur scheinbar bequemen und preisgünstigen Angeboten der großen Dienstleistungs-Unternehmen.

Wenn die praktische Basis für bürgerschaftliches Engagement breiter und kreativer ist, als man gewöhnlich annimmt, und es zutrifft, dass kognitives Wissen in handlungsfreundlichen Kontexten und einer, hier nur an wenigen Beispielen demonstrierten Kultur der Teilhabe virulent wird, dann stellen sich die politischen Fähigkeiten der Gesellschaft im Klimawandel anders dar: Neben Volksvertretern und Lobbygruppen mit oder ohne Wählermandat und Mitgliedern sowie NROs agieren kleinräumig organisierte bürgerschaftliche Akteure als eine Art »dritter Sektor«[238]. Dieser ist klima- und umweltpolitisch von zentraler Bedeutung, obwohl oder gerade weil der Institutionalisierungsgrad gering ist. Seine Arbeit wirkt unpolitisch, seine Verhandlungsmacht ist marginal; aber veränderte Lebensstile und Konsumverhalten sind die Grundlage einer effektiven Umwelt-Gesetzgebung und Verwaltung: sie machen die öffentliche Debatte und die Medienberichte konkret, sie inspirieren Unternehmer, und sie erziehen Experten in der Lebenswelt.

Seltsame Bündnispartner im Klimakampf

Zur Klima-Allianz in Europa und den USA gehört auch ein starker, für säkulare Umweltschützer bisweilen irritierender kirchlich-religiöser beziehungsweise esoterisch-spiritueller Arm. Leitmotiv ist für sie die »Bewahrung der Schöpfung«, was einige auf die natürliche Umwelt begrenzen, andere kosmologisch ausdeuten und wieder andere zum allumfassenden Lebensschutz ausweiten, samt dem ungeborenen Leben, das vor Abtreibung bewahrt werden soll. Angehörige beider christlichen Kirchen sind seit langem in den neuen sozialen Bewegungen und Bürgerinitiativen aktiv, oft geben sie sogar den Ton an und können organisatorische und finanzielle Ressourcen ihrer Kirchen einbringen.

Ein gutes Beispiel ist die 2001 gegründete Initiative »Aufbruch – anders besser leben«, die im Sinne des »Empowerment«-Konzepts Menschen ermutigen will, ihre persönliche Lebensweise zu verändern, sich darüber zur »Basisbewegung« zu formieren und für eine nachhaltige Politik einzusetzen. Anders als spezialisierte Umweltgruppen und politiknahe Nicht-Regierungs-Organisationen will der Aufbruch »von ›unten‹ wirken, an der Basis der Konsumenten und in den privaten Alltag hinein«.

In den Vereinigten Staaten spielen bei den Klimaschützern religiöse und spirituelle Gruppen eine ebenso bedeutende Rolle, zugleich können sie als politische Lobbygruppe auftreten wie ein Teil der Evangelikalen, einer weltweiten Strömung des bibeltreuen Protestantismus, die mit über zwanzig Prozent der amerikanischen Gläubigen die größte homogene Gruppe der US-Wählerschaft stellen. An ihnen kommt kein Kongressabgeordneter, Senatsbewerber und Präsidentschaftskandidat vorbei; auch Barack Obama und Hillary Clinton haben den »gemäßigten Evangelikalen« ihre Reverenz erwiesen, die Wahlen entscheiden können, wie 2004.

Zum damaligen Zeitpunkt waren die Evangelikalen eine enge Verbindung mit der politischen Rechten eingegangen und traten als mächtige Sperrminorität in der Republikanischen Partei auf, ohne mit ihr wirklich jemals zufrieden zu sein. Von Reagan bis Bush jr. »lieferten« die Herren im White House nicht, was die fromme Basis und ihre agilen Lobbys wünschten – allem voran die Abschaffung der liberalen Abtreibungsregelung. Aus dieser Gefangenschaft sind sie gerade herausgetreten, und ein wichtiger Grund waren die von Präsident Bush sträflich vernachlässigten Umwelt- und Klimaprobleme.

Wenn christliche Lobbyisten wie Richard Cizik, der Vizepräsident der National Association of Evangelicals, beim Kongress für Gesetze zur Eindämmung der Erderwärmung werben, beanspruchen sie eine wirklich umfassende und widerspruchsfreie Agenda »für das Leben« *(pro life)*. Die verlangt nicht allein den Schutz des ungeborenen Lebens, sondern fordert die Bewahrung der Schöpfung, wo immer Lebewesen und Natur beeinträchtigt werden, auch weil sie beispielsweise dem zerstörerischen Treiben von US-Konzernen zum Opfer fallen. Kreuzzüge gegen Homosexuelle und Kampagnen für sexuelle Enthaltsamkeit als Mittel gegen AIDS spielen inzwischen keine so große Rolle mehr, Gottes Botschaft wird anscheinend grüner. Die Nagelprobe wird sein, ob Teile der Religiösen Rechten die Klimapolitik des Weißen Hauses unter Obama mittragen werden, dem die noch weiter nach rechts gerückte republikanische Opposition im Kongress bereits den Kampf angesagt hat.

Die Beispiele aus der deutschen und amerikanischen Gesellschaft machen deutlich, dass man für das kulturelle Projekt des Umbaus der Gesellschaft auch dort Bündnispartner finden kann, wo man sie spontan nicht gesucht hätte. Während hier Potentiale anschlussfähig werden, die sich aus zutiefst konservativen Motiven speisen, konturieren sich andere Potentiale im diametral entgegengesetzten Milieu, nämlich in dem des Protests.

Wegen Klima auf die Barrikaden?

Wenn gefragt wird, warum das Land so still ist oder man von baldigen sozialen Unruhen munkelt, denken wir weniger an rechtspopulistische Politikerschelte oder linkspopulistische Maipromenaden als an Stromrebellen und Klimaprotest. Das generelle Vorurteil besagt, »die Leute« seien für so etwas nicht zu haben. Der Soziologin Jutta Allmendinger verraten »Tonnen soziologischer Literatur«: »Die Leute denken nicht zehn bis fünfzig Jahre voraus. Nehmen sie die absehbare Energiekrise oder die globale Erwärmung. (…) Die Leute konsumieren beunruhigende Interpretationen gerade so, wie sie Süßigkeiten kaufen. Aber sie engagieren sich nicht selbst für Reformen, die sie verbal selbst durchaus wünschen.« Das gelte sogar für gesellschaftliche Ungerechtigkeit, die sie selbst erfahren: »Die Leute erkennen eine ungerechte Gesellschaft, aber innerhalb der Hackordnung finden sie immer noch ganz viele Menschen unter sich. Damit beruhigen sie sich.«[239]

Anscheinend wird diese Selbstimmunisierung brüchig. Denn Menschen sind für den Klimaschutz auf die Straße gegangen oder haben andere Formen »unkonventioneller Beteiligung« gewählt. So nennt man eine Beteiligung jenseits von Wahlakt und Medienkonsum, wie die Mitarbeit in außerparlamentarischen Bewegungen und Organisationen. In den 1970er Jahren machten sich Bürgerinitiativen durch Demonstrationen und Selbsthilfe bemerkbar, heute sind es stärker professionalisierte Nicht-Regierungs-Organisationen, die sich eher an Regierungen richten und sich bei einer bestimmten Größe und Bedeutung auch bei internationalen Organisationen akkreditieren lassen. Darüber hinaus reicht ziviler Ungehorsam wie die Mitwirkung an unangemeldeten Demonstrationen und Blockaden bis zu vereinzelten Sabotageakten. Wir haben oben kritische Konsumenten und Verbraucherschützer in diese Phalanx eingereiht.

Diese Bandbreite unkonventioneller Beteiligung vom friedlichen Straßenprotest über die Unterschriftenaktion bis zur Volksabstimmung und zu juristischen Klagen und Einwendungen füllen mittlerweile auch klimapolitische Initiativen aus. Erstmals im Dezember 2007 demonstrierten einige Tausend Menschen ausdrücklich für mehr Klimaschutz, der 8. Dezember wurde als jährlich wiederkehrender Tag für solche Protestaktionen festgelegt. Im Dezember 2008 folgten mehrere Tausend Demonstranten einem Aufruf der Klima-Allianz, einem Zusammenschluss von hundert Umweltorganisationen, zur Demonstration gegen die großen Energiekonzerne; unter denen war vor allem Vattenfall durch eine katastrophale Informationspolitik nach einem Störfall in einem schwedischen AKW in massive Kritik geraten und wollte sich in großen Anzeigenkampagnen als Klimaretter profilieren. In Berlin, wo die Firma Hauptsponsor der »Märchentage« der Stadt war, fand vor dem Konzernsitz eine parodierende Märchenstunde statt. Während die meisten Passanten daran achtlos vorbeigingen, fanden im September 2008 rund 4000 Demonstranten gegen Kohlekraftwerke unter anderem in Hanau und Jänschwalde mehr Zuspruch. Die Teilnehmer rekrutierten sich zur Hälfte aus Bewohnern kleiner Gemeinden, die als Standorte unmittelbar in Mitleidenschaft gezogen werden, zur anderen Hälfte aus der Protestbewegung, die in den 1980er Jahren Zigtausende gegen Atomkraftwerke auf die Beine gebracht hat.

Von solchen Größenordnungen ist der bisherige Klima-Protest weit entfernt. Allerdings brachte der Protest aus Anlass des G20-Gipfels am 28. März 2009 unter dem Titel »Wir zahlen nicht für Eure Krise« schon mehrere Zehntausend Menschen auf die Straßen Berlins und Londons; bei den Demonstrationen gegen ein Nato-Gipfeltreffen Anfang April waren es erheblich weniger, aber diese agierten radikaler. Aktiv wurde das linksradikale Spektrum auch, als es an dem in Hamburg-Moorburg geplanten KKW-Standort den Konflikt mit den in der Hamburger Landesregierung vertretenen Grünen suchte und ein Klima-Camp aufzog. An anderen Orten wurden Kohlezüge gestoppt und Bauplätze besetzt. Im Juli 2008 rief die Deutsche Umwelthilfe (DUH) eine vor allem mit juristischen Mitteln vorgehende Kampagne gegen neue Kohlekraftwerke ins Leben, die mit Verweis auf die vermeintliche »Stromlücke« ebenso eine Renaissance erleben wie Pläne, in Deutschland nach dem »Atomausstieg« die Laufzeiten von Atomkraftwerken zu verlängern oder neue zu bauen (wie in Skandinavien und Großbritannien bereits beschlossen).[240] Rund 25 Anträge auf die Genehmigung oder den Bau neuer Kohlekraftwerke liegen derzeit vor,[241] nach Angaben des Bundesverbands der Energie- und Wasserwirtschaft waren 2008 sechs Kohlekraftwerke im Bau, darunter zwei angeblich besonders problematische Braunkohlekraftwerke[242] in Neurath und in der Lausitz. In Mainz gab es über 60 000, in Greifswald rund 30 000 Einwendungen gegen ein geplantes Kohlekraftwerk. In Brandenburg hat die Volksinitiative »Keine neuen Tagebaue« 26 000 Unterschriften gesammelt, um im Landtag ein Gesetz zum mittelfristigen Ausstieg aus der Braunkohleverstromung zu erreichen. Ministerpräsident Matthias Platzeck, Mitgründer des ostdeutschen Umweltverbandes Grüne Liga, kommentierte das in kaum zu überbietender Ignoranz so: »Ob wir in Brandenburg unsere Kraftwerke schließen, hat auf das Weltklima ungefähr so viel Auswirkungen, als ob in China ein Sack Reis umfällt.« Umstritten sind auch »saubere«, also kohlendioxidarme Kraftwerke mit CCS-Technologie (s. S. 124 ff.), bei denen das Treibhausgas abgeschieden und in flüssiger Form unter der Erde endgelagert werden soll. Am erfolgreichsten waren die Gegner neuer Kraftwerke im Saarland, die mit einer Volksbefragung ein Projekt des RWE-Konzerns vereitelten. Und schließlich eine symbolische Aktion: Am 2. Oktober 2008 ließen Umweltschützer vom Aktionsbündnis »Zukunft statt Kohle« den *Kohlosaurus*, einen schwarz gefärbten Dinosaurier, vor dem Kanzleramt aufmarschieren und von dort aus an die Standorte vorgesehener KKW-Standorte.

Sozialpolitische und klassenkämpferische Themen scheinen den Protestbereiten unter den Auspizien des Wirtschaftseinbruchs derzeit wichtiger[243], und in den Gesellschaften des reichen Nordens, der Schwellenländer wie des armen Südens mangelt es nicht an sozialem Protest, der allerdings oft auch mit ökologischen Ursachen zu tun hat. Wenn man allein das Jahr 2008 nimmt: In vielen Teilen der Welt kam es zu Hungeraufständen wegen der explodierenden Nahrungsmittelpreise, die durch steigende Energiepreise, aber auch durch die Biosprit-Produktion verursacht war. Es gab in den großen Städten des Nordens Proteste illegaler Einwanderer, die man zu Recht als »Klimaflüchtlinge« charakterisiert hat. In Wladiwostok und anderen russischen Städten protestierte der Mittelstand gegen das Importverbot ausländischer Autos, in China entstand eine Demokratiebewegung, die ihre Vorläufer um 1990 in den Schatten stellt, und schließlich gab es in Griechenland militante »Jugendproteste« und in Frankreich eine Renaissance linksradikaler Gruppen. Das Wort vom »neuen Mai« macht in den Medien schon die Runde, allerdings wird den Protestierenden unterstellt, sie seien eher an der Erhaltung des Status quo als an einer wirklichen sozialen Transformation interessiert.

Es gibt also bereits »soziale Unruhen«[244], wenn wir die Reaktionen auf die Systemkrise nicht länger im Prisma der Massenmedien wahrnehmen. Und es muss noch viel unruhiger werden, die Klima-Helden und -genossen dürfen politischer und radikaler werden. Sie müssen deutlicher aussprechen, dass sie die Dinge nicht nur für sich selbst machen, sondern damit die Gesellschaft besser wird. Die lokalen Initiativen müssen vormachen, wie sich Bürgerinnen und Bürger die Demokratiekompetenz zurückholen, die seit den 1980er Jahren an die Parteien und an eine eher gefühlte Mitwirkung via elektronische Medien verloren haben.

Utopia.de

Umwelt- und Klimaschutz sind der beste Nährboden für eine Renaissance des Politischen; Internet und Web 2.0 sind exzellente Verbreitungsformate. Beispiele sind die schon erwähnte Plattform *utopia.de* und das Portal *campact.de – Demokratie in Aktion,* das Online-Kampagnen zu Klimaschutz, Menschenrechten, Verbraucherschutz, Steuergerechtigkeit, Frieden und Globalisierung organisiert. Erstaunlichen Erfolg verbucht seit 2002 auch der *Wahl-O-Mat* der Bundeszentrale für politische Bildung, dem ein simples Konzept zugrunde liegt: Vor Bundestags- und Landtagswahlen werden die politischen Programme der Parteien im Hinblick auf 30 Konzeptvorschläge ausgewertet. Besucher der Webseite legen nacheinander ihre Position zu diesen Vorschlägen dar, und zwar als Zustimmung, Ablehnung oder Indifferenz. Am Ende verrät das System dem Nutzer seine vermeintliche Wahlpräferenz bzw. seinen »Wahltipp«.

Internet-Plattformen erzeugen leichter, unmittelbarer und schneller als »klassische« Beteiligungsformen subjektiv wahrnehmbare Wirksamkeit und das für eine aktive Bürgerschaft essentielle politische Selbstvertrauen. So verringert sich vielleicht die gerade bei Jüngeren verankerte Auffassung, der Einzelne werde »ja doch keinen Unterschied machen«. Erfolgreiche Interventionen sind anschlussfähig, übrigens auch Niederlagen, wenn die unterlegenen Akteure den Eindruck bekommen haben, Teil einer ernsthaften Auseinandersetzung gewesen zu sein.

Das Web 2.0 ist als jüngste Ausformung individualisierter Massenkommunikation durch eine extreme Zerstreuung des Publikums und Aufschwünge einer Vergemeinschaftung gekennzeichnet – wichtig ist »user content«, die Botschaft des Einzelnen, die den Filter herkömmlicher Massenmedien umgeht. Dass damit sowohl die politischen Instanzen, also Parteien und Parlamente, als auch die Gatekeeper der Massenmedien übergangen werden können, ist *die* politische Innovation durch das Internet, die freilich durchaus ambivalent ist. Eine nur in der Präsidialkultur der Vereinigten Staaten mögliche Variante war die Direktansprache Barack Obamas via www.recovery.gov und Minutenbotschaften in Youtube an seine Grassroots-Aktivisten, eine Neuauflage seiner Wahlkampfmaschine in Gestalt von »Organizing for America«. Untermauert wurde dieser virtuelle Aufruf durch 3500 privat organisierte Treffen, auf denen sich im Februar 2009 Nachbarn, Freunde und Kollegen über das Konjunkturprogramm des Präsidenten austauschten. »Wir können den amerikanischen Traum am Leben halten«, versprach Obama, »aber nur, wenn die Menschen dies auch wirklich einfordern«. Die Massenpredigt war das Machtmittel eines Präsidenten, der im Kongress schon Lehrgeld gezahlt hatte, wo sein Green Recovery-Programm beschnitten und umgebogen worden war. Der Quereinsteiger ins Weiße Haus mobilisierte nun gegen den »Beltway«, den oftmals autistischen Politikbetrieb in Washington D. C., der von Lobbies, Denkfabriken, seriellen Umfragen und bezahlten Nebelwerfern beherrscht bleibt. An die Stelle der Zuschauerdemokratie trat der vom Weißen Haus aufgerufene Smart Mob, der Massenmails an konservative Abgeordnete versendet, rund um die Uhr bloggt und per Internet wieder mal ein nationsweites Town Hall Meeting inszeniert.

Entsteht hier eine nachhaltige und verantwortungsvolle fünfte Gewalt, die über Umwelt nicht nur palavert und dem Klima effektiv nützt? Das Internet tritt hier erst einmal als herkömmliches Massenmedium an, in dem ein charismatischer Präsident seine Botschaft unter die Leute bringt. Obama sprach dabei aber einen bemerkenswerten Satz aus: »Ihr werdet sehen, wo euer Geld hingeht, ihr seid unsere Augen und Ohren.« Damit forderte er seine Basis auf, die weitere Entwicklung des Recovery-Programms zu verfolgen, sich also permanent einzumischen. Damit öffnete er die Büchse der Pandora. Denn es entstand eine Plattform, die nicht nur Informationen »ins Netz stellt«, sondern sie auch mit anderen Nutzern zu teilen und Aktionen zu planen erlaubt. Netzwerke wie *moveon.org* sind so entstanden, nicht zuletzt ist darüber Obamas Wahlkampf finanziert worden. Wenn Bürger nun tatsächlich Zahlungen und Bauvorhaben aus dem Recovery-Programm in ihrer Gemeinde kontrollieren, kann das das übliche Mittel der

»Akzeptanzbeschaffung« sein, aber auch zu einem Instrument »kollaborativen Wissensmanagements« werden, das heißt: zu einer großen Schreibwerkstatt nach Wikipedia-Muster, wo die Weisheit der Menge auf Augenhöhe mit der Expertise der Berufspolitik und Verwaltungen ist. Der Internet-Veteran Dan Froomkin (Nieman Foundation/Harvard) witterte Morgenluft: »Obama sollte sich die Wiki-Kultur aneignen, wichtige Gesetzgebungsverfahren könnten in einem öffentlichen Raum organisiert werden, in dem die Menschen zusammenarbeiten können.«[245]

Skepsis bleibt angebracht, denn seit den 1990er Jahren, als Bill Clinton und vor allem Al Gore ähnliche Visionen hatten, hat das Internet das Versprechen einer Wiederbelebung der Demokratie in Normalzeiten nie einlösen und der »gefühlten Partizipation« der Fernsehdemokratie nicht viel hinzufügen können, in denen der Bürger alles erfährt und überall dabei ist, aber auf der Couch hocken bleibt und die Berlusconis machen lässt. Die »neuen Medien« setzen in vieler Hinsicht die Simulation und Manipulation der »alten Medien« fort und übertreffen sie noch, da es an jeder Zertifizierung der Informationsflut mangelt – wer garantiert, dass Informationen zutreffen, die im Netz zirkulieren? Stark waren und sind Netzmedien in außergewöhnlichen Zeiten politischer Mobilisierung wie eben in Wahlkampagnen und in Ausnahmesituationen autoritärer Regime, wo sie im Iran, in China oder in Venezuela die Zensur umgehen und Meinungs- und Pressefreiheit herstellen helfen. In etablierten Mediendemokratien ist es hingegen fast immer gelungen, die schon von Bertolt Brecht in seiner berühmten Radiotheorie vorgedachte Interaktivität der Aktivbürger in die übliche Interpassivität zwischen PR-Abteilungen und dem apathischen Publikum zurückzuholen. Elektronischer Populismus schlägt dann die demokratische Agora. Unter postdemokratischen Vorzeichen kann das populistischen Demagogen dienen.

Damit wird das Internet aber nicht unbedingt zur Fehlanzeige. Barack Obamas Angebot ist es ja, die momentane, oft irrlichternde Mobilisierung der Kampagne in das politische Alltagsgeschäft hinein zu verstetigen. Ob Internetplattformen interaktiv sind und klimapolitisch relevant werden, hängt nicht von ihrer Medialität ab, sondern von den Kräften in der Bürgerschaft, die den Bildschirm häufiger ausschalten und in der wirklichen Welt tätig werden. Eine Webseite ist, auch wenn es viele meinen, noch kein Mittel gegen Klimawandel. Aufbau und Betrieb verursachen – nüchtern betrachtet – erst mal nur weitere Treibhausgase.

Neue Kommunikationstechnologien bieten allerdings gute Möglichkeiten zur Vernetzung und Mobilisierung von Klima-Kampagnen, die über Nachbarschaften und kleine Gruppen hinausreichen. Exemplarisch kann man zwei überlokale Bündnisse herausstellen: die von rund hundert umwelt- und entwicklungspolitischen, zumeist christlichen Gruppen getragene Klima-Allianz, und das Klima-Bündnis der europäischen Städte mit indigenen Völkern der Regenwälder, in dem sich rund 1400 Städte und Gemeinden zusammengetan haben. Beide stellen den konsequenten, am Zwei-Grad-Ziel ausgerichteten Klimaschutz ins Zentrum und konzentrieren sich auf die kommunale Arena; von der Anti-Atombewegung heben sie sich dadurch ab, dass sie »positive Aktionen« bevorzugen, ihren Mitgliedern also Hinweise auf gute Praxisbeispiele, auf staatliche und europäische Fördermittel geben und andere konkrete Impulse. Die Klima-Allianz, die sich aus Spenden und Projektmitteln finanziert, beteiligt sich an den Aktionen gegen Kohlekraftwerke; das Klima-Bündnis, das Mitgliedsbeiträge in Höhe von 0,006 Cent pro Einwohner der Mitgliedskommunen erhebt, verbindet in der Tradition der »Agenda 21« Projekte im Norden und Süden.

Frau K. hat keine Wahl

Welche Partei soll Frau K. wählen, wenn sie zur Europa- oder Bundestagswahl aufgerufen ist? Sie hat wenig Lust hinzugehen, auch wenn sie eine eifrige Staatsbürgerin ist. Zwischen unserer Vorkämpferin der Klimawende und dem realexistierenden politischen System der Bundesrepublik klafft eine weite Lücke. Wahlenthaltung signalisiert bei ihr nicht Zufriedenheit oder Faulheit, sondern wohlbegründeten Frust am etablierten Politikbetrieb, der einheimische Banken und die Opel AG rettet, aber nicht das Weltklima.

Es war frappierend, wie ausgerechnet im Krisensommer 2009 jene »schwarz-gelbe« Koalition von Union und Liberalen am demoskopischen Horizont aufleuchtete, die 2005 *nicht* gewählt worden war, weil sie den Wählern zu gewagt erschien und sie von ihr das befürchteten, was 2008 eingetreten ist – den neoliberalen Exzess. Soll nun das nur wenig älter gewordene Duo Merkel/Westerwelle ab 2010 etwa neoliberal »durchregieren«? Die deutschen Länder werden von der Küste bis zu den Alpen schon schwarz-gelb regiert, obwohl in einer Krise dieser Größenordnung schulmäßig eine Mehrheit links von der Union vorhanden sein müsste. Es läuft aber nichts mehr schulmäßig, und das illustriert eine spannende, auch bedenkliche Entwicklung, die man als Repräsentationsverlust des Parteiensystems deuten kann. Was Frau K. frustriert, ist nämlich, dass überhaupt keine verfügbare Koalitionsmöglichkeit zur Lage passt, wenn man die Klimakrise ins Zentrum rückt. In allen Lagern und Parteien gibt es ein paar gescheite Klimapolitiker, in jeder denkbaren Regierungskonstellation würden sie untergehen.

Im Superwahljahr 2009 hat sich die SPD als Anwältin der Belegschaften der bedrohten Unternehmen profiliert. In der Krise werden wieder fast alle Sozialdemokraten, nur ist die SPD heute eine ganz andere Partei als unter Willy Brandt – nicht mehr die Garantin sozialer Gerechtigkeit, nicht Anwältin der kleinen Leute, nicht Schutzpatronin der aufstiegsorientierten Unterschichten mit Abitur. Die jahrelange Selbstzerlegung der Partei hängt damit zusammen, dass sie diese Rollen weiterspielt, ihr das Stück aber nicht mehr geglaubt wird. Gerhard Schröder hat mit der Agenda 2010 aufgegeben, Reform-Kompromisse mit dem Kapitalismus – das war die historische Mission der SPD – überhaupt noch vermitteln zu wollen. In seine Regierungszeit fiel dann das größte fiskalische wie kulturelle Entgegenkommen gegenüber den großen Unternehmen, die ihre Aversion gegen die Sozis dafür nur ausnahmsweise aufgegeben haben. Klimapolitisch fällt einzig Sigmar Gabriels Konzept einer »Dritten Industriellen Revolution« aus dem Rahmen, der den Industriekapitalismus mit einem ökologisch aufgeklärten Planungsstaat versöhnen und ihn am eigenen Schopf aus dem Sumpf ziehen will.

Der Zerfall der SPD ist typisch für das Schicksal aller Volks- und Massenparteien in ganz Europa – ihnen sind mit den Mitgliedern und intrinsisch motivierten Funktionären, ihre »Vorfeld«-Organisationen wie Gewerkschaften und Arbeitgeberverbände und sogar die einstige Meinungsführerschaft abhanden gekommen. Das geht auch an der »großen Volkspartei der Mitte«, der CDU/CSU, nicht vorüber. Angela Merkel, die als Klimakanzlerin aus dem Osten den historischen Kompromiss mit den Grünen hätte schaffen können, ist ihren Nimbus los und, wenn auch contre cœur, zur Autokanzlerin regrediert und muss sich nun am Scheitern oder Gelingen der Konjunkturprogramme messen lassen. Die angeschlagene CSU ist eigentlich nicht mehr der Rede wert, sie ringt um bajuwarische Standortvorteile und wenn die Welt dabei zugrunde ginge, und fährt ein aggressives Programm der Besitzstandswahrung, das die Wiedereinführung der Pendlerpauschale, Steuersenkungen und Genmaisverbote genialisch verbindet und nebenbei ein bundesweites Umweltgesetzbuch zu Fall bringt.

Gewinner sind die kleinen Parteien, die zum Klima auch

kein Verhältnis finden. Die Grünen waren einmal auf der Höhe der Zeit und könnten es noch sein, wären sie zurückgekehrt zu ihrem ökologischen Kerngeschäft und damit zu einer radikalen (nicht: Fundi-!) Politik, die die Grenzen des Wachstums zur Kenntnis nimmt und der diffusen Koalition der Willigen, die ihr Leben ändern, die Umwelt bewahren und das Klima retten wollen, politischen Ausdruck verleiht. Die Grünen haben Angst vor dem Rückfall in eine »Ein-Punkt-Kampagne«, also davor, als Ökos keine kritische Masse bilden zu können. In Wirklichkeit ist der »eine Punkt« – der Klimawandel – heute der Dreh- und Angelpunkt. Doch haben sie sich, um der Regierungsfähigkeit willen, in die babylonische Gefangenschaft des »rot-grünen Projekts« sperren lassen, das – eine pflaumenweiche Formel – Ökologie und Ökonomie versöhnen soll.

Krisengewinnlerin ist damit die F.D.P., die mit ihren drei Pünktchen die Krise des Kapitalismus eigentlich ausbuchstabiert; in einem Land, in dem die Mehrheit für Verstaatlichung von Banken und Industrie eintritt, wird die Mehrheitsbeschafferin zur Sperrminorität gegen eine Energie- und Klimawende. Nachdem die Liberalen jahrelang nicht davon profitieren konnten, dass alle »liberal« geworden waren, mobilisieren sie jetzt die Kerntruppen eines ressentimentgeladenen, staats- und regulierungsfeindlichen Mittelstands. Vom Klima weiß sie vor allem, dass man es mit Großforschung und Atomkraftwerken rettet.

Die Metakrise des Kapitalismus wäre die Stunde der Linken, aber: Seit sich der Kapitalismus tatsächlich als das Monster erweist, als den ihn die Linke immer gebrandmarkt hat, schwächelt die Partei gewaltig. Sie bleibt eine ostdeutsche Regionalpartei und gesamtdeutsche Protestpartei, die von Nostalgien und Aversionen lebt und einem Protektionismus frönt, der sich auch vor Fremdenfeindlichkeit nicht scheut. Da könnte die extreme Rechte profitieren, die erneut an der Trotteligkeit ihres Personals scheitert, während sie in Österreich und in Teilen Ostdeutschlands schon führend ist unter männlichen Jungwählern.

Unter denen ist aber die Nicht-Partei der Nichtwähler die größte politische Formation, was noch einmal unterstreicht, dass die Übersetzung des Volkswillens in Volksvertretungen, die politische Repräsentation, nicht mehr funktioniert. Politologisch gesprochen: Die Entfremdung zwischen »prinicipal« (dem Volk) und dem »agent« (parlamentarische Regierung) wird größer. Und damit ergibt sich ein weiteres Problem der Demokratie mit dem Klimawandel: Als generationenungerechtes Problem par excellence bräuchte es einer demokratischen Vertretung derjenigen, die noch nicht wählen dürfen oder auch derjenigen, die noch gar nicht auf der Welt sind, deren Zukunft aber gerade verbraucht wird.

Woran es vor allem mangelt, ist ein Modus von Stellvertretung, den die amerikanische Philosophin Jane Mansbridge »Surrogat-Repräsentation« genannt hat. Aufs Klimathema übertragen, heißt das für die Politik, Wähler außerhalb des eigenen Kreises, also in aller Welt und künftiger Generationen zu adressieren, statt nur die Erfüllung von Wahlversprechen und die eigene Wiederwahl im Auge zu haben. Eine heute im Blick auf kurzfristige Kalküle gefällte Entscheidung bindet kommende Generationen, die naturgemäß nicht gefragt werden können, aber mit den Folgen dieser Entscheidung unumkehrbare Handlungszwänge auferlegt bekommen. Jede Entscheidungsnotwendigkeit beruht darauf, dass man nicht wissen kann, was die Zukunft bringt, dennoch bedarf Demokratie heute einer größeren Sensibilität für mögliche Interessenlagen und Handlungsoptionen der Zukunft. Das vorgeschlagene Kinder-Wahlrecht thematisiert diesen Konnex, ist aber (dazu in einem Land, das so wenig Nachwuchs bekommt) schwer ins Werk zu setzen, da man der Fürsorge und Treuhandschaft von Eltern nicht unbedingt vertrauen kann. Bleibt die Frage, wie man die Demokratie jenseits des Parlamentarismus modernisieren kann.

APO 2.0, oder: Bürger auf die Barrikaden!

Gibt es überhaupt Chancen für eine neue Außerparlamentarische Opposition – eine APO 2.0? Es ist ja nicht sicher, wie eine solche unter den Bedingungen einer weltwirtschaftlichen Depression ausfallen würde: antidemokratisch wie in den 1930er Jahren auf dem ganzen europäischen Kontinent – oder doch als Stärkung einer offenen Zivilgesellschaft, die sich dem Zugriff der Parteien entwindet und diese zugleich auf ihre verfassungsmäßige Aufgabe zurückführt, an der politischen Willensbildung mitzuwirken und wieder Zukunft zu gestalten.

In Island, Griechenland und Lettland, wo die Massen auf die Straßen gegangen sind, um ihre Regierungen zum Teufel zu jagen, gibt es eine außerparlamentarische Bewegung, über deren Zweideutigkeit man sich keine Illusionen machen darf. In Lateinamerika sind Links-Populisten an der Macht, in den USA versucht der Präsident, Volkes Wutausbrüche gegen Zocker und Manager auf die eigenen Mühlen zu leiten. Er steht dabei im Wettstreit mit Leuten wie Glenn Beck, einem Talkmaster des rechtsgerichteten Fernsehsenders *Fox News*, der in seiner täglichen 17-Uhr-Show Millionen Amerikaner, überwiegend weiße Krisenverlierer, mit Brandreden gegen die Fremden, die Bosse und die Gottlosen agitiert und zu neuen *Tea Parties*, zum Rabatz aufruft. Wenn Verbraucher ihr Konsumverhalten und die Sinnhaftigkeit des *consumerism* generell in Frage stellen, lassen sich solche Zweifel unter xenophoben Vorzeichen leicht in die Formel »Buy American!« umbiegen.

Der Populismus changiert immer schon zwischen klassenkämpferischen Anwandlungen und dumpfem Ressentiment. Er untergräbt das seit dem 19. Jahrhundert vorherrschende politische Schema von Rechts und Links, das für die Lösung der Klimakrise ohnehin nicht mehr zu gebrauchen ist. Als die Grünen, anfangs auch ein populistisches Bündnis aus Wertkonservativen und Linksradikalen, von der sozialen Bewegung zur politischen Partei mutierten, gaben sie sich als Richtung aus: Nicht rechts, nicht links, sondern vorn! »Wir waren konservativ beim Umweltschutz, liberal bei den Bürgerrechten und sozial in der Frage der gesellschaftlichen Teilhabe«, erinnerte eine Vorkämpferin der Grünen an diese Zeit.[246] Man darf durchaus behaupten, dass »vorn« war und ist, wer die überkommenen Spaltungs- und Konfliktlinien der Industriegesellschaft hinter sich lässt. Was bleibt dann aber von deren »linken« Leidenschaften und Utopien?

»Bürger, auf die Barrikaden! Wir dürfen nicht zulassen, dass alles weiter bergab geht, hilflose Politiker das Land verrotten lassen. Alle Deutschen sollten unsere Leipziger Landsleute als Vorbilder entdecken, sich ihre Parole des Herbstes vor dreizehn Jahren zu eigen machen: Wir sind das Volk!«. Der Populist, der diesen flammenden Aufruf 2002 in der Frankfurter Allgemeinen Zeitung lancierte, war kein 68er oder 89er, sondern das genaue Gegenteil – ein der FDP zuneigender Steuerrebell in Pension.[247] Nun ist aber die Schlagzeile zu schön, um sie nicht zu stehlen, und ohne eine Renaissance der Protestkultur wird es angesichts unserer Gegenwarts- und Zukunftsprobleme nicht schnell genug mit den notwendigen Veränderungen gehen.

Insbesondere seitdem mit dem Mauerfall die alte Systemkonkurrenz zum Verschwinden gekommen war und die großen Themen – wie wollen wir leben? Wie wollen wir *auf keinen Fall* leben? – aus den politischen Debatten verschwunden sind, hat sich eine fatale Arbeitsteilung im öffentlichen und privaten Bewusstsein breit gemacht: Politik ist, was Politiker machen; alle anderen machen alles andere. Die seltsame Kommentarlosigkeit, mit der etwa die Versuche der Politik über die Bühne gehen, die Finanzkrise zu managen, spricht darüber Bände; und dann ist da die reichlich antiquiert anmutende Bräsigkeit, zwar alle Maßnahmen der Regierung (und seien sie so dysfunktional wie die Gesundheitsreform oder die Verkürzung der gymnasialen Schulzeit) doof zu finden, aber nichts dagegen zu unternehmen – außer beim Anschauen von »Anne Will« Dampf abzulassen. Mit anderen Worten: Die Bürgergesellschaft muss aus der bloß gefühlten Partizipation des Fernsehzuschauers in die Rolle des selbstbewussten Akteurs zurückfinden – und die Stromrebellen machen genauso wie die Staudinger-Schülerinnen vor, wie das geht.

Ihre Praxis der Veränderung liefert bereits heute entscheidende Impulse für die Veränderung der Politik und die Modernisierung der Demokratie – und genau deshalb müssen die vielfältigen Aktivitäten sich deutlicher als Protest gegen bestehende Verhältnisse und Blockaden artikulieren. Die Revolution heute kann nur eine Kulturrevolution des Alltags sein; das Private ist politisch. Nur wird sich das heute nicht mehr so sehr auf Fragen der Erziehung, der sexuellen Freiheiten und des Patriarchats beziehen wie auf die alltäglichen Lebensverhältnisse. Und vor allem muss die Kommunikation des bürgerschaftlichen Engagements politischer werden: Es muss laut und deutlich gesagt werden, dass man die Dinge macht, damit die Gesellschaft besser wird, als sie ist. Dazu braucht es Zorn und Leidenschaft,[248] auch Unmut gegen Verantwortliche, die sich einfach aus der Verantwortung ziehen.

Die politische Rhetorik ist durchsetzt von vernebelnden Begriffen wie »toxischen Krediten«, die man in »bad banks« entsorgen müsse. Nils Minkmar hat zu Recht darauf hingewiesen, es sei für den Zusammenhalt des Gemeinwesens wichtig, dass die Krise für ihre Verursacher moralische und finanzielle Folgen hat.[249] In den Blick kommen dann Manager, die trotz ihrer flagranten Misswirtschaft Boni und Abfindungen in Millionenhöhe kassieren, und man darf sich in der Tat wundern, warum bisher kein einziger an den Pranger gestellt wurde. Unser Vorschlag zur Güte ist, dass Manager, die unbeirrt ihre »rechtmäßigen Bezüge« in Anspruch nehmen wollen, diese in eine »good bank« für die Finanzierung von Klimaschutzprojekten einzahlen.

Investitionsprogramm »Bildung und Betreuung« (Kitas u. ä.) 2003 – 2009	»Schrottpapiere«, die in »bad banks« ausgelagert werden sollen
4 Mrd. Euro	258 Mrd. Euro

Man darf Arnulf Barings Bürgerrevolution durchaus beim Wort nehmen. Denn besonders den Eliten kommt in der APO 2.0 mehr Verantwortung zu, als sie gegenwärtig annehmen: In den Redaktionen, Agenturen, Kanzleien, Universitäten und Vorständen verfügen sie über exzellente Handlungsressourcen, und sie haben vielfältige Möglichkeiten, Ideen und Experimente politisch zu kommunizieren. Die engagierten Personen, die wir in einigen Beispielen präsentiert haben, nutzen ihre Handlungsspielräume: Sie lassen Ideen nicht hübsche Ideen sein, sondern setzen sie auch in die Tat um. Das kann für die deutsche Gesellschaft im Ganzen gelten. Anders als es die Ohnmachtsausreden, man könne ja ohnehin nichts ausrichten, glauben machen, sind wir frei zu handeln, und Handlungsspielräume zu nutzen, weil wir eine rechtsstaatliche Demokratie haben und weil soziale und private Sicherung so gut wie jedem die Erfüllung seiner Grundbedürfnisse garantieren.[250]

Die APO 2.0 ist grundverschieden von den für Aufbrüche und Aufstände stilbildenden 68er und 89er Zeiten. Sie wird nicht von ausformulierten Gesellschaftsmodellen beseelt sein, die Glück für alle verheißen – derlei haben die Kommissare und Kader der totalitären Utopien des 20. Jahrhunderts für alle Zeit erledigt. Sie wird nicht auf die Entfaltung der Produktivkräfte hoffen, die man 1968 vom Staat und 1989 vom Markt erwartete. Auch wird sie keine klassische Bewegung »von unten« gegen »das Establishment« sein (was die Rebellion der Bürgerkinder ja auch nur begrenzt war), sondern alle Ressourcen nutzen, die eine differenzierte Weltgesellschaft bereitstellt. Die »Große Weigerung«[251] von heute ist kein Aufruhr gegen Herrschaft, keine Umwälzung von Klassenstrukturen, auch keine rein ästhetische Geste. Die APO 2.0 ist nicht nur in der Lage, Volksvertreter unter Rechtfertigungs- und Innovationsdruck zu setzen, sie kann mit kollektiven Lernerfahrungen »von unten« auch jenes Identitätsgefühl entstehen lassen, dass erst zu definieren ermöglicht, welche Art von Gesellschaft man in Zukunft *sein* möchte.

Schon die Frage danach ist seit 1989 aus dem Horizont des realexistierenden Weltkapitalismus verbannt worden. Als die letzten Utopisten traten eher die Propagandisten krisenfreien Wachstums auf und die Begründer von Lebensplanungen, bei denen man mit 35 »durch« ist und als Milliardär in Rente geht. Gescheitert am Neoliberalismus ist nicht nur sein Versprechen, die ganze Welt zu beglücken[252], das auf das Ökonomische verengte Denken hat auch die politische Fantasie gelähmt. Die 1990er Jahre werden einmal als Epoche in Erinnerung sein, die sich vor allem über zwei Errungenschaften definiert hat: die Dauerwerbesendung des Börsenfernsehens und die Instant-Kommunikation per Handy.

Eine politische Gesellschaft, die auf ihre gravierenden Zukunftsprobleme eine angemessene Antwort finden will, kommt um die Frage nicht herum, wie die Welt in zehn oder 25 Jahren aussehen soll. Ohne eine konkret-utopische Vorstellung über gute Lebensbedingungen in einer künftigen Welt lassen sich keine Kriterien dafür entwickeln, welche anderen Prioritäten man heute setzen kann, wenn man den desolaten Finanzkapitalismus nicht einfach restaurieren und weiterführen will. Die Gestaltung der Gegenwart ist eine Funktion dessen, wie die Zukunft sein soll, und das fantasielose Gegenwartscredo: »Wie jetzt, nur besser!« macht nun wirklich keinen Eindruck mehr. Gerade in der Krise zeigt sich, wie fatal es sich auswirkt, wenn ein politisches Gemeinwesen keiner Idee folgt, was es sein will und wie seine Bürger leben wollen.

Unsere APO 2.0 ist eine politische Assoziation aller, die zum erforderlichen Kulturwandel zu einer verantwortungsvollen und nachhaltigen Gesellschaft beitragen. Dazu gehören die geduldigen und enttäuschungsfesten Initiativen der Bürgergesellschaft ebenso wie die große öffentliche Protestfeste, Kundgebungen politischen Willens und die Mobilisierung Gleichgesinnter. All das bildet einen Bezugsrahmen der Wünsche, Hoffnungen, Forderungen und Aktivitäten und holt die große Gruppe der Veränderungsbereiten aus dem toten Winkel heraus, in den eine auf die Politikerpolitik fixierte Mediendemokratie sie verdammt hat. Im kulturrevolutionären Engagement ist schon seit den 1960er Jahren eine politische Alternative zur professionellen Politik und zu den gestrigen Schemata der Parteipolitik gewachsen. Die APO 2.0 zielt auf die Renaissance des Gemeinwesens, sie ist keine Organisation, sondern eine Haltung. Eine solche Bewegung ist weniger von Karl Marx inspiriert als von Joseph Beuys und seinem Leitspruch *La Rivoluzione siamo Noi* – Die Revolution sind wir.[253] Wenn Sie der Auffassung sind, dass die Leitkultur der Vergeudung von gestern ist und etwas zu ihrer Abschaffung beitragen wollen, dann machen Sie bitte einfach mit.

Wer ist wir? Eine Geschichte über sich selbst erzählen

Ohne Geschichte geht es nicht. Vielleicht haben wir die Geschichte noch nicht gefunden, die nichts zu tun hat mit »den Gürtel enger schnallen«. Es muss eine Geschichte sein über den ökologischen Umgang mit Energie, die Aufbruchstimmung erweckt und nicht Verzicht proklamiert.

Dieter Imboden[254]

Über der letzten Daimler-Hauptversammlung im April 2009 lag ein Hauch von Wirklichkeit. Die Theatergruppe Rimini-Protokoll hatte die Versammlung kurzerhand zu einem Theaterstück erklärt, indem sie Aktien gekauft und auf diese Weise etwa zweihundert Theaterzuschauern Einlass verschafft hatte.[255] Ab dem Moment, als der Aufsichtsratsvorsitzende Manfred Bischoff bei seiner Begrüßung ins Publikum rief, »Das ist kein Theater und kein Schauspiel!«, hatte Daimler die Definitionsmacht verloren. Alles wirkte so inszeniert, wie es im Theater nun einmal ist, aber – quod erat demonstrandum – eben auch bei Aktionärsversammlungen. Hier kam, durch einen umgekehrten Verfremdungseffekt, das Schauspiel zu sich selbst: Nicht eine inszenierte Wirklichkeit wurde sichtbar, sondern die Inszenierung von Wirklichkeit.

Tatsächlich bedarf es oft nur einer leichten Veränderung der Betrachterperspektive oder, wie in diesem Fall, eines Wechsels des Referenzrahmens, und die Wirklichkeit sieht anders aus. Das kann als das grundlegende Prinzip jedes erfolgreichen Versuchs gelten, Wirklichkeit zu verstehen: Folgt man der eingefahrenen Betrachtungsweise, wird der eigene Blick von den

Verhältnissen bestimmt, deren Teil man ist; sucht man einen Meta-Standpunkt, von dem aus man die Szene selbst überblicken kann, zeigt sich ein anderes Bild und öffnet sich Raum zum Denken ohne Geländer und Platzanweisung. Rimini-Protokoll hat die Spielregeln verändert, indem sie diese scheinbar eingehalten hat.

Unser Buch begann mit der schockartigen Erkenntnis »Wir müssen handeln – bald ist es zu spät!« Dieses »Wir« ist diffus, und darum führt es stets so rasch in Resignation und Apathie: Man kann nichts tun – es hat keinen Sinn! Und zur Verwandlung in ein »Ihr müsst handeln!«, womit die Experten, die Ingenieure, die Politiker, die Unternehmer, die Staatenlenker und, wenn alles nicht hilft, der liebe Gott oder die Öko-Diktatur gemeint sind.

So kommt man nicht aus der Falle falscher Sachzwänge heraus, die einen »Verzicht« denken lassen, wo »Veränderung« gemeint ist, oder einen abrichten, einzig über die »Alternativen« Kohle oder Kernkraft nachzudenken, obwohl beides falsch ist. Die Verschiebung des Referenzrahmens ist der Weg, wie man vom Klimawandel zum Kulturwandel kommt. Erst innerhalb eines Referenzrahmens, der sich an einem künftigen Überleben in Freiheit orientiert, lässt sich bewerten, was *heute* gedacht und getan werden muss, um die Praxis so zu verändern, dass die Gesellschaften unseres demokratischen und freiheitlichen Typs sich weiterentwickeln. Das bedeutet: Man braucht Kriterien, die Relevanz nicht nach den Bedingungen *innerhalb* des Systems festlegen, sondern die das System selbst einer Prüfung an seinen eigenen Ansprüchen und normativen Kriterien (wie Nachhaltigkeit, Generationsgerechtigkeit etc.) zu unterziehen erlauben. Solche Fragen lassen sich nicht aus der schieren Gegenwart heraus beantworten – jeder Gegenstand und jedes Verhalten bezieht seinen Wert aus der Voraussetzung einer künftigen Welt.[256]

In diesem Sinn ist jede Gegenwart nur eine Funktion der

Zukunft, die Menschen als Kultur- und Gesellschaftswesen gemeinsam herstellen. Und der entscheidende Punkt ist: Wo wäre denn ein gemeinsamer Bezug, ein Referenzrahmen für erfolgreiche Kooperation in der Bewältigung unserer Überlebensprobleme zu finden? Im ersten Kapitel dieses Buches haben wir dargelegt, dass wir die Metakrise radikaler denken und die Endlichkeit unserer Funktionssysteme mitdenken müssen. Im zweiten Kapitel haben wir gezeigt, dass der Weg vom Wissen zum Handeln nicht nur weit ist, sondern manchmal gar nicht existiert; im dritten und vierten Kapitel ist deutlich geworden, dass die klassischen Instrumente der Krisenbewältigung – Markt, Staat und Technik – zu kurz greifen und die westlichen Demokratien von innen wie von außen unter Druck geraten sind. Schließlich haben wir darauf hingewiesen, dass die große Transformation, die notwendig ist, globale Kooperation erfordert, dass die probate Kooperationseinheit mit menschlichem Maß aber eher in der kleinräumigen Vergesellschaftung liegen dürfte, von der aus Solidarität über die Grenzen hinaus geleistet werden kann. Daraus entstehen Wir-Gefühle.

In hochindividualisierten Gesellschaften, in deren Selbstbild jeder seines eigenen Glückes Schmied ist, wird chronisch unterschätzt, in welch hohem Maße Ich-Identität zugleich Wir-Identität ist – wie wichtig für die eigenen Wahrnehmungen, Deutungen und Entscheidungen die Verhaltensstandards, Deutungsmuster und Normen der Wir-Gruppen sind, zu denen wir gehören. Auch moderne Menschen sind viel weniger individualistisch als sie zuweilen denken. Es ist ein Selbstmissverständnis zu glauben, man sei in seinen Präferenzen und Optionen individuell. Die Maßstäbe für gutes oder schlechtes Handeln, für Scham, Erfolg, Stolz und dergleichen erfindet man nicht selbst. Sie werden in Wir-Gruppen entwickelt und aufrechterhalten, deren Teil man ist.

In kollektiven Lernerfahrungen entsteht auch jenes Identitätsgefühl, das erst zu definieren ermöglicht, welche Art von

Gesellschaft man in Zukunft sein möchte. In Deutschland hat es dieses Identitätsgefühl besonders schwer, weil vor dem Stolz auf den Erfolg der Demokratisierung und Liberalisierung dieser einst furchtbaren Gesellschaft die beschmutzende Sinngebung durch den Nationalsozialismus und Holocaust steht. Aber gerade die in jeder Hinsicht überraschende Erfolgsgeschichte der Bundesrepublik bildet die Basis für ein Wir-Gefühl, das für die Entwicklung von Zukunftsoptionen brauchbar ist. Beide, die beschmutzende wie die positive Sinngebung, machen deutlich, dass Wir-Gruppen jene sozialen Einheiten sind, die Wahrnehmungen und Handlungen mit Sinn ausstatten oder, anders gesagt, die Kriterien dafür bilden, welche Deutung und welche Entscheidung als sinnvoll gilt und welche nicht.

Wie viele Beispiele in diesem Buch gezeigt haben, hängt das Handeln von Menschen nicht allein von materiellen und rationalen Erwägungen ab, sondern spielt sich innerhalb eines sozialen und symbolischen Raums ab – eines Raums von kulturellen Deutungsmustern, Werten, Tabus etc. Was in *einem* solchen kulturellen Referenzrahmen sinnvoll erscheint, kann in einem anderen als komplett verrückt betrachtet werden. In bestimmten Gesellschaften fordert der Referenzrahmen die Vernichtung von anderen, in anderen favorisiert er Gleichheit, in wieder anderen bringt er Sinn in Zusammenhang mit Konkurrenz und Wachstum. In einer solchen Gesellschaft leben wir. Wenn Erfolg, Status und Besitz die hauptsächlichen Identitätsressourcen sind, dann ist die Identität in Gefahr, wenn herkömmliche Erfolge ausbleiben und Status und Besitz zerrinnen. Noch hängt alles am Gegebenen, deshalb kreist alles um den Schwerpunkt der Gegenwart, die ohne Geistesgegenwart und achtsame Zeitgenossenschaft durchlebt wird. Ohne einen Fluchtpunkt der Wir-Identität, der in der Zukunft liegt, wird man kein neues kulturelles Projekt entwickeln können, das die Probleme und Krisen, die sich längst aufgetürmt haben, angehen, geschweige denn lösen könnte.

Deshalb wird man den notwendigen kulturellen Wandel nur in Gang setzen können, wenn er sich auf die Identität der eigenen Wir-Gruppe beziehen lässt – wenn Menschen also sagen können: Bei »uns« ist niemand so blöd, mit einem Geländewagen durch die Stadt zu fahren, »wir« fliegen nicht viermal im Jahr sinnlos irgendwohin, bei »uns« gibt es ein großartiges öffentliches Verkehrssystem, »wir« haben eine emissionsfreie Schule. Solche Identitätsquellen wurzeln nicht im Besitz, sondern im Verhalten und sind daher jedem zugänglich, also demokratisch.

Es gibt nicht den geringsten Grund, warum eine moderne Zivilgesellschaft eine solche Wir-Identität nicht entwickeln könnte. Sicher, das gehört nicht in die Welt, wie wir sie kannten. Also müssen wir uns nach einer neuen Geschichte umsehen, die wir über uns erzählen können. Sie können dieses Buch jetzt zuschlagen und einfach damit beginnen, diese Geschichte zu erzählen. Und dabei den Refrain des R.E.M.-Songs summen, mit dem wir dieses Buch eröffnet haben. Vollständig lautet er so:

It's the end of the world as we know it (and I feel fine).

Anmerkungen

1 Die Formel »(...) wie wir sie kannten« verwendete US-Präsident Bill Clinton, als er im Jahr 1993 das »Ende des Wohlfahrtsstaates, wie wir ihn kannten« und den Übergang von Welfare (Fordern) zu Workfare (Fördern) proklamierte. Die Redewendung hatte unter anderen die Gruppe R.E.M. in dem 1987 erschienenen Song »It's the End of the World as We Know It« (auf dem Album »Document«) verbreitet. Nach den Anschlägen von 2001 gehörte der Titel zu den 166 Songs, von deren Abspielen im Rundfunk abgeraten wurde. Elmar Altvater benutzt die Formel in seinem Buch *Das Ende des Kapitalismus, wie wir ihn kennen. Eine radikale Kapitalismuskritik*, Münster 2009.

2 Jared Diamond: *Kollaps*, Frankfurt am Main 2005.

3 http://www.footprintnetwork.org/en/index.php/GFN/page/earth_overshoot_day/
Diese Art globaler Gesamtrechnung wird unter anderem von Global Footprint Network propagiert, das auch Berechnungen zum »ökologischen Fußabdruck« vornimmt, vgl. Wuppertal Institut für Klima, Umwelt und Energie (Hg.): *Fair Future – Ein Report des Wuppertal Instituts. Begrenzte Ressourcen und globale Gerechtigkeit.* 2. Aufl., München 2005, S. 36. Wir interpretieren dies als einen Indikator relativer Überentwicklung.

4 Die Autoren leiten den neuen Forschungsschwerpunkt »KlimaKultur« am Essener Kulturwissenschaftlichen Institut (KWI) (www.kulturwissenschaften.de/Klimakultur). Wir danken unserem Kollegen Ludger Heidbrink und dem gesamten »Klima-Team« für kritischen Zuspruch und kollegiale Ermunterung. Von großem Wert waren die Anstöße und Materialien des Wissenschaftlichen Beirats der Bundesregierung Globale Umweltveränderungen (WBGU), und die Diskussionen, die einer der Autoren dort führen durfte. Eventuelle Irrtümer gehen natürlich auf unsere Kappe.

5 Nach Göran Therborn, Culture as a world system, *ProtoSociology* 20/2004, S. 46–69.

6 Vgl. Günter Dux: *Die Zeit in der Geschichte. Ihre Entwicklungslogik vom Mythos zur Weltzeit*, Frankfurt am Main 1989; Norbert Elias: *Über die Zeit*, Frankfurt am Main 1984 und Hartmut Rosa: *Beschleunigung. Die Veränderung der Zeitstrukturen in der Moderne*, Frankfurt am Main 2005.

7 Atis Slakteris im Interview mit TV Bloomberg am 9.12.2008, zit. nach *die tageszeitung* v. 12.3.2009.

8 Ein Bankangestellter, der dem Burnout entronnen ist, bewertet seine früheren Aktivitäten so: »Nicht ich bin verrückt, die Welt ist verrückt. Mein Arbeitgeber ist verrückt.« Zitat aus Florian Blumer: Kaputt verkauft, *die tageszeitung* v. 4.5.2009. Da war Josef Ackermann gerade als Vorstandsvorsitzender der Deutschen Bank bestätigt und hatte das alte Renditeziel von 25 Prozent bekräftigt.

9 Bundesministerium für Umwelt, Naturschutz und Reaktorsicherheit (BMU) (Hg.): *Die dritte industrielle Revolution – Aufbruch in ein ökologisches Jahrhundert. Dimensionen und Herausforderungen des industriellen und gesellschaftlichen Wandels*, Berlin 2008.

10 Albrecht Koschorke: Spiel mit Zukunft, *Süddeutsche Zeitung* v. 30.10.2008; Christian Schwägerl: Faule Kredite, *Der SPIEGEL* v. 20.10.2008, S. 176.

11 Zwischenstaatlicher Ausschuss für Klimaänderungen (Hg.): *Klimaänderung 2007*, Synthesebericht, Berlin 2008. Neue Daten zum Klimawandel findet man auch in Worldwatch Institute (Hg.): *Zur Lage der Welt 2009. Ein Planet vor der Überhitzung*, Münster 2009.

12 Eine Weltkarte mit möglichen Kipp-Prozessen findet sich unter http://www.pik-potsdam.de/infothek/kipp-prozesse; vgl. auch die Broschüre des Umweltbundesamtes »Kipp-Punkte im Klimasystem« von Harald Rossa, Berlin 2008.

13 Vgl. »Sieben Kernaussagen zum Klimawandel« (erstellt von Patrick Eickemeier), Aussage 4; siehe: http://www.pik-potsdam.de/infothek/sieben-kernaussagen-zum-klimawandel.

14 Nach den Erkenntnissen des CISRO-Instituts (Aspendale) ist Australien seit hundert Jahren kontinuierlich trockener geworden; 2008 gab es 32 Tage mit Temperaturen über 35 Grad, vgl. Kevin J. Hennessy: Climate Change, in: Peter W. Newton (Hg.), *Transitions. Pathways Towards Sustainable Urban Development in Australia*, Collingwood, Victoria 2008, S. 23–33.

15 Yadvinder Malhi und Oliver Phillips (Hg.): *Tropical Forests and Global Atmospheric Change*, Oxford 2005, zit. nach *Frankfurter Allgemeine Zeitung* v. 11.3.2009.

16 Eine Auseinandersetzung lohnt mit Bjørn Lomborg: *Cool it! Warum wir trotz Klimawandels einen kühlen Kopf bewahren sollten*, München 2008. Indiskutabel ist hingegen Dirk Maxeiner: *Hurra, wir retten die Welt! Wie Politik und Medien mit der Klimaforschung umspringen*, Berlin 2007.

17 Vgl. LeMonde Diplomatique (Hg.): *Atlas der Globalisierung spezial: Klima*, Berlin 2008, S. 13.

18 Brent Bannon u. a.: Americans' Evaluations of Policies to Reduce Greenhouse Gas Emissions, *New Scientist Magazine*, 6/2007, siehe: http://woods.stanford.edu/docs/surveys/GW_New_Scientist_Poll_Technical_Report.pdf.

19 Andrew C. Revkin: No Skepticism on the Energy Gap, *International Herald Tribune* v. 11. 3. 2009, Dot Earth Weblog. Dagegen die geduldige Aufklärungsarbeit von Stefan Rahmstorf im Klima-Lounge Weblog: http://www.klima-lounge.de.

20 Jürgen Friedrichs: Gesellschaftliche Krisen. Eine soziologische Analyse, in: Helga Scholten (Hg.), *Die Wahrnehmung von Krisenphänomenen. Fallbeispiele von der Antike bis zur Neuzeit*, Köln u. a. 2007, S. 13–26, hier: 14.

21 Ein Mitverursacher dieser Unvernunft war die scharfe neuzeitliche Trennung von Natur und Gesellschaft und der wachsende, durch Spezialisierung verstärkte Abstand der damit befassten Wissenschaften, der durch querliegende Ansätze und Disziplinen wie Ökologie, Systemforschung und Technikfolgenabschätzung nicht zu verringern war. Versuche der Überwindung findet man bei Bruno Latour: *Das Parlament der Dinge*, Frankfurt am Main 2001; die Akteur-Netzwerk-Theorie verbindet physisch-materielle, soziale und technologische Elemente von Risiko- und Gefahrenzusammenhängen.

22 Vgl. dazu die Studie von Germanwatch (Hg.): *Meeresspiegelanstieg in Bangladesh und den Niederlanden*, Berlin/Bonn 2004.

23 Vgl. genauer die Tabelle SPM 2 in: Zwischenstaatlicher Ausschuss, *Klimaänderung*, (Anm. 11), S. 12 f.

24 Das NASA-Klimainstitut hat bereits 2001 einen starken Anstieg des Sturmflutrisikos für New York City prognostiziert. Aus diesem Grund sollen drei Sturmflutbarrieren gebaut werden, die den Großraum New York sichern (*Frankfurter Allgemeine Zeitung* v. 31. 7. 2007, S. 35).

25 Wissenschaftlicher Beirat der Bundesregierung Globale Umweltveränderungen (WBGU) (Hg.): *Welt im Wandel – Sicherheitsrisiko Klimawandel*, Berlin/Heidelberg 2007; Harald Welzer: *Klimakriege. Wofür im 21. Jahrhundert getötet wird*, Frankfurt am Main 2008.

26 Eva Berié u. a. (Red.): *Der Fischer-Weltalmanach 2008*, Frankfurt am Main 2007, S. 22.

27 Wolfgang Sachs: Öl ins Feuer – Ressourcenkonflikte als Treibstoff für globalen Unfrieden, in: Österreichisches Studienzentrum für Frieden und Konfliktlösung (Hg.), *Von kalten Energiestrategien zu heißen Rohstoffkriegen? Schachspiel der Weltmächte zwischen Präventivkrieg und zukunftsfähiger Rohstoffpolitik im Zeitalter des globalen Treibhauses*, Münster 2008, S. 31-43, hier: 37.

28 Vgl. dagegen die Neuauflage der umfassenden Studie *Zukunftsfähiges Deutschland*, hg. vom Wuppertal-Institut im Auftrag von BUND, Brot für die Welt und dem Evangelischen Entwicklungsdienst, Berlin 2009.

29 Energieagentur warnt vor Engpass: Die nächste Ölkrise kommt, *Süddeutsche Zeitung* v. 27.2.2009.

30 Sachs, *Öl ins Feuer*, (Anm. 27), S. 39.

31 Karin Kneissl: China, die USA und Europa im Kampf um die Rohstoffe Afrikas, in: Österreichisches Studienzentrum für Frieden und Konfliktlösung, *Energiestrategien*, (Anm. 27), S. 171–191, hier: 185.

32 Marcus Theurer: Im Gespräch mit Dambisa Moyo: »Wir Afrikaner sind keine Kinder«, *Frankfurter Allgemeine Sonntagszeitung* v. 12.4.2009, S. 34.

33 Vgl. das Sondergutachten des Wissenschaftlichen Beirats der Bundesregierung Globale Umweltveränderungen (WBGU) (Hg.): *Die Zukunft der Meere – zu warm, zu hoch, zu sauer*, Berlin 2006.

34 Siehe: http://www.greenpeace-magazin.de/index.php?id=3927.

35 Die Studie wurde veröffentlicht in: *Science*, 323/2009, S. 521, hier zit. nach »Klimawandel soll Waldsterben ausgelöst haben«, *Spiegel Online* v. 23.1.2009.

36 Berié u.a., *Fischer-Weltalmanach 2009*, Frankfurt am Main 2008, S. 722.

37 Ebd., S. 731.

38 Harald Schumann und Christiane Grefe: *Der globale Countdown. Gerechtigkeit oder Selbstzerstörung – Die Zukunft der Globalisierung*, Köln 2008, S. 213.

39 Berié u.a., *Fischer-Weltalmanach 2009*, (Anm. 36), S. 728.

40 Dazu David B. Lobell und Marshall B. Burke: Why are Agricultural Impacts of Climate Change so Uncertain? The Importance of Temperature Relative to Precipitation, *Environ.* Res. Lett. 3/2008, 034007 (8pp) doi:10.1088/1748-9326/3/3/034007, deren Studie in *Spiegel-Online* v. 1.2.2008 referiert wird.

41 Silvia Liebrich: Das Milliarden-Trauerspiel, *Süddeutsche Zeitung* v. 26.3.2009, S. 17.

42 Wissenschaftlicher Beirat der Bundesregierung Globale Umweltveränderungen (WBGU) (Hg.): *Welt im Wandel. Zukunftsfähige Bioenergie und nachhaltige Landnutzung*, Berlin 2008.

43 Ebd.; Welzer, *Klimakriege*, (Anm.25).

44 Marianne Wellershoff: 58 neue Einwohner pro Stunde, *Kultur Spiegel* v. 31.3.2008, dort zit. aus: Ricky Burdett und Deyan Sudijc: *The Endless City*, Berlin 2007.

45 Rainer Münz und Albert Reiterer: *Wie schnell wächst die Zahl der*

Menschen?: Weltbevölkerung und weltweite Migration, Frankfurt am Main 2007; Rainer Münz: *Migration, Labor Markets and Integration of Migrants: An Overview for Europe*, HW W Policy Paper, 3–6, Hamburg 2007, S. 102.

46 Mit dem Begriff hat der Phänomenologe Alfred Schütz bezeichnet, dass Menschen in einer sozialen Welt leben, die von bestimmten Grundannahmen, Gewissheiten und Selbstverständlichkeiten geprägt ist, die nicht bewusst sind, aber gerade deshalb in hohem Maße Wahrnehmungen, Deutungen und Verhalten bestimmen (Alfred Schütz: *Der sinnhafte Aufbau der sozialen Welt. Eine Einleitung in die verstehende Soziologie*, Frankfurt am Main 1993).

47 Im modernen Chinesisch gibt es für »Chance« und »Krise« je ein Binom, mit der Überschneidung des zentralen Zeichens: (1) Chance: jīhui 机会 (2) Krise: weījī 危机 Das Zeichen jī 机 bedeutet soviel wie »Angelpunkt, kritischer (oder springender) Punkt«. In Verbindung mit (1) entsteht die Bedeutung »Chance« (hui 会, »zusammenkommen, treffen, begegnen«). Eine »Chance« ist also die »Zusammenkunft an einem kritischen Punkt«. In Verbindung mit (2) weī 危 »Gefahr, gefährlich« entsteht die Bedeutung »Krise«, also ein »gefährlicher, kritischer Punkt« (mit Dank an Carmen Meinert).

48 Thomas Homer-Dixon: *The Upside of Down. Catastrophe, Creativity and the Renewal of Civilization*, Washington 2006, S. 22 f., und Ulrich Beck: *Weltrisikogesellschaft. Auf der Suche nach der verlorenen Sicherheit*, Frankfurt am Main 2008, S. 362.

49 Georg Diez: Die neue Trümmergeneration, *Süddeutsche Zeitung Magazin*, 15/2009.

50 Siehe: Jeden Tag 29000 tote Kinder, *Spiegel Online* v. 18.9.2006.

51 Lukas H. Meyer und Dominic Roser: *Intergenerationelle Gerechtigkeit – Die Bedeutung von zukünftigen Klimaschäden für die heutige Klimapolitik*, Bundesamt für Umwelt (BAFU), Bern 2007. Eine genaue Proportionalisierung der Reduktionserfordernisse nach Ländergruppen findet man in: Wissenschaftlicher Beirat der Bundesregierung Globale Umweltveränderungen (WBGU) (Hg.), *Politikpapier Kopenhagen 2009*, Berlin September 2009.

52 Ebd., S. 13.

53 Ebd., S. 4.

54 Norbert Elias: *Studien über die Deutschen. Machtkämpfe und Habitusentwicklung im 19. und 20. Jahrhundert*, Frankfurt am Main 1989, S. 269.

55 Eine zeitgenössische Statistik gab das Durchschnittsalter der führenden Personen in der Partei mit 34 und im Staat mit 44 Jahren an. Vgl. Götz

Aly: *Hitlers Volksstaat. Raub, Rassenkrieg und nationaler Sozialismus*, Frankfurt am Main 2005, S. 12ff.

56 Mit *shifting baselines* wird das Phänomen bezeichnet, dass sich Wahrnehmungen parallel zu sich verändernden sozialen und physischen Umwelt mit verändern, so dass die wahrnehmende Person glaubt, alles bliebe konstant (Welzer, *Klimakriege*, (Anm. 25), S. 211 ff.).

57 Zur Motivierung von Studierenden wurde der Ideenwettbewerb »Generation-D« ausgeschrieben, vgl. *Süddeutsche Zeitung* v. 16. 4. 2009, S. 18 und *http://www.gemeinsamanpacken.de;* vgl. auch das Programm der Global Young Faculty zur Kulturhauptstadt Ruhr 2010: *www.stiftung-mercator.org/cms/front_content.php?idcat=131.*

58 Tilman Santarius: Klimawandel und globale Gerechtigkeit, *Aus Politik und Zeitgeschichte*, 24/2007, S. 18–24, hier: 18.

59 Mike Davis: Wer baut die Arche? Das Gebot utopischen Denkens im Zeitalter der Katastrophen, *Blätter f. deutsche und internationale Politik*, 2/2009, S. 41–59, hier: 51.

60 Ebd., S. 52.

61 Santarius, *Klimawandel*, (Anm. 58), S. 19.

62 Nach Marc Sageman (*Understanding Terror Networks*, Philadelphia 2004) haben sich 84 Prozent der späteren Dschihad-Kämpfer nicht in einem islamischen Land dazu entschlossen, zum Terroristen zu werden, sondern als Studenten in einem westlichen Land oder als Angehörige der zweiten Generation von Einwanderern. Sie sind keine sozialen Outsider, sondern gut integrierte und gebildete Kinder aus meist nicht besonders religiösen Elternhäusern; sie weisen weder besondere psychische Merkmale auf, noch haben sie in auffälligem Maße unter Deklassierung und Diskriminierung gelitten. Dennoch lieferte eine »gefühlte« Ungerechtigkeit nach den Selbstaussagen und Bekennerschreiben der Dschihadisten das stärkste Motiv für die Gewalt – eine stellvertretende Reaktion auf die Unterdrückung oder Deklassierung anderer, denen man sich zugehörig fühlt. Mit anderen Worten: Erst die Erfahrung westlicher Lebensgefühle und -standards hat die späteren Gewalttäter motiviert, den Westen zerstören zu wollen. Während die erste Migrantengeneration der Aufnahmegesellschaft meist loyal gegenübersteht, weil sie den erhofften sozialen Aufstieg und Lebensstandard ermöglicht hat, setzen die Angehörigen der zweiten Generation diese Standards als gegeben voraus und erleben dann subtile und weniger subtile Ausgrenzungen durch die Mehrheitsgesellschaft umso intensiver.

63 Fred Pearce: *Das Wetter von morgen. Wenn das Klima zur Bedrohung wird*, München 2007, S. 309ff.

64 Santarius, *Klimawandel*, (Anm. 58).

65 Nicholas Stern: *Stern Review on the Economics of Climate Change*, Cambridge u. a. 2007.

66 Berié u. a., *Fischer-Weltalmanach 2009*, (Anm. 36), S. 24.

67 Den schönen Titel »Denn sie tun nicht, was sie wissen« borgen wir uns mit Dank von Andreas Ernst, der damit ein Symposium an der Universität Kassel zu Verhalten und Klimaschutz überschrieben hat.

68 Umweltbundesamt (Hg.): *Klimaschutz in Deutschland: 40%-Senkung der CO_2-Emissionen bis 2020 gegenüber 1990*, Dessau 2007.

69 Regional-Äpfel als Klimakiller, *Der Spiegel* v. 26. 1. 2009, S. 103, unter Bezug auf die Studie von Elmar Schlich (Hg.): *Äpfel aus deutschen Landen. Endenergieumsätze bei Produktion und Distribution*, Göttingen 2008.

70 Theodor W. Adorno: *Minima Moralia. Reflexionen aus dem beschädigten Leben*, Gesammelte Schriften, Bd. 4, Frankfurt am Main 1980, S. 19. Vgl. auch den Bericht eines Selbstversuchs von Hilal Sezgin: Nervige Einsichten, *die tageszeitung* v. 16. 1. 2008.

71 Erving Goffman: Rollendistanz, in: Heinz Steinert (Hg.), *Symbolische Interaktion*, Stuttgart 1973, S. 260–279.

72 Christopher Browning: *Ganz normale Männer*, Reinbek 1995; Harald Welzer: *Täter. Wie aus ganz normalen Menschen Massenmörder werden*, Frankfurt am Main 2005; James Waller: *Becoming Evil. How Ordinary People Commit Genocide*, Oxford 2002.

73 Leon Festinger, Henry W. Riecken und Stanley Schachter: *When Prophecy Fails*, Minneapolis 1956.

74 Elliot Aronson: *Sozialpsychologie. Menschliches Verhalten und gesellschaftlicher Einfluß*, München 1994, S. 39.

75 Für 2009 könnte die Wirtschaftskrise zu einer Verlangsamung des Anstiegs oder gar zu einem kurzzeitigen Rückgang der Emissionsmenge führen, vgl. Volker Mrasek: CO_2-Ausstoß wächst trotz Krise, *Spiegel Online* v. 20. 3. 2009. Siehe dazu die Carbon Trends von The Global Carbon Project: http://www.globalcarbonproject.org/carbontrends/index.htm.

76 Diamond, *Kollaps*, (Anm. 2), S. 536.

77 Ebd.

78 Ebd.

79 John M. Darley und C. Daniel Batson: From Jerusalem to Jericho: A Study of Situational and Dispositional Variables in Helping Behavior, in: *Journal of Personality and Social Psychology*, 27/1973, S. 100–108.

80 Barbara Tuchman: *Die Torheit der Regierenden. Von Troja bis Vietnam*, Frankfurt am Main 2001, S. 16.

81 Diamond, *Kollaps*, (Anm. 2), S. 288 ff.

82 Ebd., S. 308.
83 Ebd., S. 310.
84 Ebd.
85 Carsten Germis und Georg Meck: Gespräch mit Peer Steinbrück: »Ich kann die Eliten nur warnen«, *Frankfurter Allgemeine Sonntagszeitung* v. 12.4.2009, S. 31.
86 Andrea Sáenz-Aronjo u.a.: Rapidly Shifting Environmental Baselines Among Fishers of the Gulf of California, in: *Proceedings of the Royal Society*, 272/2005, S. 1957–1962.
87 Thomas L. Friedman: *Was zu tun ist*, Frankfurt am Main 2009.
88 Karl E. Weick und Kathleen M. Sutcliffe: *Das Unerwartete managen. Wie Unternehmen aus Extremsituationen lernen*, Stuttgart 2003, S. 53.
89 Mit einem schönen Gruß an Friedemann Schrenk.
90 Jan Philipp Reemtsma hat auf eine ganze Reihe künstlich verrätselter Fragen in den Sozialwissenschaften hingewiesen, an denen sich dann Generationen von Forscherinnen und Forschern abarbeiten, ohne je dem Rätsel auf die Spur zu kommen – weil es keins gibt. Dazu gehört etwa, warum Menschen töten. Niemand würde auf die Idee kommen zu fragen, warum sie atmen oder Nahrung zu sich nehmen (vgl. Jan Philipp Reemtsma: *Vertrauen und Gewalt*, Hamburg 2008).
91 Edgar Allan Poe: *Die schwarze Katze / Der entwendete Brief*, Ditzingen 1986.
92 Günther Anders: *Die Antiquiertheit des Menschen*, München 2002, S. 278.
93 Talcott Parsons: *Sociological Theory and Modern Society*, New York 1967, S. 3–34.
94 Dirk Baecker: Die große Moderation des Klimawandels, *die tageszeitung* v. 17.2.2007, S. 21.
95 Ebd.
96 Friedrich Engels: Die Lage der arbeitenden Klasse in England, Vorwort zur deutschen Ausgabe von 1892, in: Karl Marx und Friedrich Engels, *Werke (MEW)*, Bd. 2, Berlin 1990, S. 647.
97 Schwägerl, *Kredite*, (Anm. 10).
98 Die 1912 entwickelte Pigou-Steuer soll durch die Internalisierung externer Effekte Marktversagen korrigieren, vgl. Arthur Cecil Pigou: *Weath and Welfare*, London 1912.
99 McKinsey & Company: *Pathways to a Low Carbon Economy*, Version 2 of the Global Greenhouse Gas Abatement Cost Curve, o.O. 2009. Zahlen in ähnlicher Größenordnung legten die Internationale Energieagentur und das World Economic Forum vor.

100 United Nations Environment Programme (UNEP): *A Global Green New Deal. Report prepared for the Economics and Trade Branch, Division of Technology, Industry and Economics*, Genf 2009.

101 Umweltsteuern machen in den OECD-Staaten zwischen 3,5 (USA) und 9,7 Prozent (Dänemark) aus und sind seit 1996 in der Regel gesenkt worden. *The Economist* v. 29. 10. 2008:. http://www.economist.com/markets/rankings/displayStory.cfm?source=hptextfeature&story_id=12499352.

102 Für Hinweise danken wir Renate Duckat, Moritz Hartmann und Franziskus von Boeselager.

103 Validität der Szenarien von Ottmar Edenhofer und Lord Nicolas Stern: *Towards a Global Green Recovery*, April 2009, S. 32; http://www.lse.ac.uk/collections/granthamInstitute/publications/GlobalGreenRecovery_April09.pdf.

104 Rückversicherungen decken die von Versicherungen übernommenen Risiken; Großschäden und Katastrophen werden so untereinander »auf mehreren Schultern verteilt«. Die größten Versicherungsfälle im Jahr 2008 waren die Hurrikane Ike und Gustav, Sürme in Nordamerika und Europa im Februar und Mai, Schneestürme in China und Überflutungen in den USA im Februar und April, vgl. *The Economist* v. 21. 3. 2009.

105 Vgl. Pressemitteilung der Münchner Rück v. 29. 12. 2009.

106 Ebd.

107 Vgl. die im Verhältnis zu früheren Publikationen des Autors selbstreflexive Arbeit von Rainer Hank: *Der amerikanische Virus, Wie verhindern wir den nächsten Crash?*, München 2009, und ähnliche Serien in der *Financial Times*, im Wirtschaftsteil und Feuilleton der *Frankfurter Allgemeinen Zeitung* und in internationalen Wirtschaftsmagazinen. Dort wird die Sprachlosigkeit und Dogmatik der herrschenden Wirtschaftswissenschaft und Managerausbildung kritisiert, auf dem Punkt war diesbezüglich Birger Priddat, 28 Fragen zur Finanzkrise, *Brandeins*, 1/2009, S. 96 f.

108 Dazu die Ansätze der neueren Wirtschaftssoziologie wie Joseph Rogers Hollingsworth und Robert Boyer: *Contemporary Capitalism: The Embeddedness of Institutions*, Cambridge 1997; Mark Granovetter: *The Sociology of Economic Life*, Boulder 2001; Neil Fligstein: *The Architecture of Markets: An Economic Sociology of Twenty-First-Century Capitalist Societies*, Oxford 2001; Harrison White: *Markets from Networks*, Princeton 2002, gut zusammengefasst bei Andrea Maurer: *Handbuch der Wirtschaftssoziologie*, Wiesbaden 2008.

109 Das gilt für die Wirtschaftsgeschichte und Anthropologie von Werner

Sombart bis Mark Granovetter und zuletzt vor allem für den in der Rechts- und Wirtschaftswissenschaft selbst entwickelte Ansatz der Behavioral Law and Economics (Cass R. Sunstein (Hg.): *Behavioral Law and Economics*, Cambridge 2000), vgl. auch die populärwissenschaftlichen Bücher *The Black Swan* von Nassim Nicholas Taleb, New York 2007, und *Nudge* von Cass R. Sunstein und Richard H. Thaler, New Haven 2008. Weitere Korrekturanstöße kamen von der Spieltheorie und vom Neo-Institutionalismus.

110 Das zeigt auch die geringe Quantität unabhängiger wirtschaftswissenschaftlicher Forschung, die die »Business Schools« im Exzellenzwettbewerb deutscher Universitäten zurückfallen ließ.

111 Carl Christian von Weizsäcker: Rationale Klimapolitik, *Frankfurter Allgemeine Zeitung*, 2. 1. 2009.

112 Hans-Werner Sinn: *Das grüne Paradoxon: Warum man das Angebot bei der Klimapolitik nicht vergessen darf*, Ifo Working Paper No. 54, Januar 2008, S. 44.

113 Reinhard Jellen: Der Emissionshandel ist eine sehr gute Methode, mit der man demokratische Regelungen unterlaufen kann, Interview mit Elmar Altvater, *Telepolis* v. 21. 1. 2008.

114 Eine Ausnahme bildet der buddhistische Himalaya-Staat Bhutan, der seine Leistungsfähigkeit auf Anordnung des abgetretenen Königs in GNH (»Gross National Happiness« = Bruttosozialglück) bemisst, vgl. den interessanten Bericht des Instituts für Bhutanstudien von Dasho Karma Ura (http://www.bhutanstudies.org.bt/admin/pubFiles/12.GNH4.pdf) und *Die Zeit* v. 19. 3. 2008, S. 27. Alternativen oder Ergänzungen zum BIP sind Indices für nachhaltigen wirtschaftlichen Wohlstand (ISEW) von James Tobin) und der Nationale Wohlfahrtsindex NWI, vgl. Hans Diefenbacher, u. a.: *Indikatoren nachhaltiger Entwicklung in Deutschland. Ein alternatives Indikatorensystem zur nationalen Nachhaltigkeitsstrategie – Fortschreibung* 2008. Joseph Stiglitz erarbeitet einen globalen Index für den französischen Präsidenten Sarkozy, vgl. *Die Zeit* v. 26. 3. 2009, S. 26 f.

115 Angus Maddison: *The World Economy. A Millennial Perspective*, Cheltenham 2002.

116 Abhijit Vinayak Banerjee: *Big Answers to Big Questions: The Presumption of Growth Policy*, Paper for the Brookings conference on »What Works in Development«, 2008.

117 Der Bericht des Club of Rome *Die Grenzen des Wachtums* (1972) war ein Baustein für eine politische Ökologie, die in den 1970er Jahren der französische Sozialphilosoph André Gorz und der katholische Theologe Ivan Illich einleiteten und die zur Ökologiebewegung geführt hat.

118 Laut Schätzungen des Extremwetter-Kongresses in Bremerhaven, zit. nach *Süddeutsche Zeitung* v. 20. 2. 2009, S. 16. Vgl. *http://www.extremwetterkongress.de/de/.*

119 Karl Marx: *Krise in Europa*, in: Karl Marx und Friedrich Engels, *Werke (MEW)*, Bd. 12, Berlin 1984, S. 80.

120 International Energy Agency: *Energy to 2050. Scenarios for a sustainable Future*, Paris 2003; vgl. auch die Arbeiten des Internationalen Instituts für Angewandte Systemanalyse (IIASA) in Laxenburg/Wien mit Studien über langfristige Perspektiven der Energieversorgung.

121 Pressemitteilung des IfW-Kiel v. 1. 4. 2009; siehe: http://www.ifw.kiel.de/presse/pressemitteilungen/2009/pm1-04-09; die Zahlen sind umstritten.

122 *Korea Economic Daily* v. 26. 2. 2009.

123 UNEP, *Global Green New Deal,* (Anm. 100).

124 Ebd. sowie HSBC Bank plc: *A Climate for Recovery – The Colour of Stimulus Goes Green*, o. O., v. 25. 2. 2009, siehe hier bes. »Allocating the stimulus«, S. 41. Download: http://globaldashboard.org/wp-content/uploads/2009/HSBC_Green_New_Deal.pdf.

125 Ebd.

126 Vgl. die genervte Reaktion des Bundesumweltministers Sigmar Gabriel im *taz*-Interview v. 13. 3. 2009, S. 5 (»Wir sind doch nicht bei Wünsch dir was«).

127 Trevor Houser u. a.: *A Green Global Recovery? Assessing US Economic Stimulus and the Prospects for International Coordination*, World Resources Institute (WRI)/Peterson Institute for International Economics (PIIE), Policy Brief Number PBO 9-3, Februar 2009.

128 RWE Power: *Aktuelle Fragestellungen und Materialien CO_2-Speicherung*, Essen 2007.

129 So auch der britische Philosoph John Gray mit seinem Plädoyer »Grüne auf die Hightech-Autobahn«, *Frankfurter Allgemeine Zeitung* v. 8. 2. 2008.

130 Drucksache 16/11751 v. 28. 1. 2009.

131 Vgl. Bundesministerium für Umwelt, Naturschutz und Reaktorsicherheit (BMU) (Hg.): *RECCS – Strukturell-ökonomisch-ökologischer Vergleich regenerativer Energietechnologien (RE) mit Carbon Capture and Storage (CCS)*, Wuppertal 2007; vgl. auch Christiane Ploetz: *Sequestrierung von CO_2-Technologien, Potenziale, Kosten und Umweltauswirkungen*, Externe Expertise für das WBGU-Hauptgutachten 2003 »Welt im Wandel: Energiewende zur Nachhaltigkeit«, Berlin/Heidelberg 2003. Vgl. jüngst: http://www.economist.com/displaystory.cfm?story_id=13226661.

132 Nach dem Stand von März 2009, vgl. Christian Tenbrock: Moratorium mit Mehrwert, *Die Zeit,* 12/2009.

133 »(...) a better understanding of the dangers of geoengineering would help nations craft the norms that should govern the testing and possible deployment of newly developed technologies. Scientists could be influential in creating these norms, just as nuclear scientists framed the options on nuclear testing and influenced pivotal governments during the Cold War.« Zit. nach: David G. Victor u. a.: The Geoengineering Option. A Last Resort Against Global Warming?, *Foreign Affairs*, März/April 2009.

134 Zit. nach: http://www.heise.de/newsticker/Geo-Engineering-im-Aufwind/meldung/120735.

135 Ein Beispiel ist die ETC Group in Ottawa, vgl. deren Stellungnahme zum Kopenhagen-Treffen vom 10.3.2009: http://www.etcgroup.org/en/materials/publications.html?pub_id=728.

136 Stefan Cramer und Barbara Unmüßig: Afrika im Klimawandel, *GIGA Focus* 2/2008, auch *Africa – Up in Smoke 2. The Second Report on Africa and Global Warming from the Working Group on Climate Change and Development*, London 2008.

137 Anthony Giddens: *The Politics of Climate Change: National responses to the challenge of global warming*, in: www.policy-network.net/uploadedFiles/Publications/Publications/The_politics_of_climate_change_Anthony_Giddens(2).pdf.

138 Anthony Giddens: *The Politics of Climate Change*, Oxford 2009.

139 Ludger Heidbrink: »Dritte Industrielle Revolution«? Umsteuern durch Umdenken, in: BMU, *Die dritte industrielle Revolution,* (Anm. 9), S. 38.

140 Michael Renner u. a.: *Green Jobs. Working for People and the Environment*, World-Watch-Report 177, Washington 2008.

141 Edenhofer/Stern, *Towards,* (Anm. 103), S. 32.

142 Faktor X – Die dritte industrielle Revolution, siehe: http://www.faktor-x.info.

143 Das suggerieren auch wissenschaftliche Studien zu Material- und Energieeffizienz, vgl. etwa Peter Hennicke und das Forschungsprogramm zur Ressourcenschonungspolitik am Wuppertal-Institut für Klima, Umwelt und Energie.

144 Martin Jänicke und Klaus Jacob: Eine Dritte Industrielle Revolution? Wege aus der Krise ressourcenintensiven Wachstums, in: BMU, *Die dritte industrielle Revolution,* (Anm. 9), S. 10–31, hier: 28.

145 Ebd., S. 29.

146 Ebd.

147 Uwe Schimank: *Kapitalistische Gesellschaft – differenzierungstheoretisch konzipiert*, Ms. 2008.

148 Friedrich-Ebert-Stiftung (Hg.): *Persönliche Lebensumstände, Einstellungen zu Reformen, Potenziale der Demokratieentfremdung und Wahlverhalten*, o. O. 2008. Etwas günstiger waren die Werte in der von Oskar Niedermayer konzipierten Forsa-Umfrage vom Sommer 2008; Katharina Schuler: Fast alles nur Demokraten, *Die Zeit* v. 25. 9. 2008. Vgl. demnächst auch Bertelsmann Stiftung (Hg.): Demokratie und Integration in Deutschland, Gütersloh 2009.

149 Wilhelm Heitmeyer (Hg.): *Deutsche Zustände*, Folge 6, Frankfurt am Main 2007.

150 Heinz Bude: *Die Ausgeschlossenen. Das Ende vom Traum einer gerechten Gesellschaft*, München 2008.

151 Siehe Eurobarometer Special Surveys: http://ec.europa.eu/public_opinion/archives/eb_special_en.htm.

152 Vgl. dazu die Studie von Gallup International: *Voice of the People. Trends in Democracy*, download: http://extranet.gallup-international.com/uploads/vop/VOP2007%20DEMOCRACY. DOC

153 Wie Anm. 148.

154 Patrick Rössler: *Agenda-Setting. Theoretische Annahmen und empirische Evidenzen einer Medienwirkungshypothese*, Opladen 1997.

155 Paul Pierson: *Politics in Time – History, Institutions and Social Analysis*, Princeton 2004.

156 Helmut Willke: *Systemisches Wissensmanagement*, Stuttgart 1998, S. 48.

157 Helmuth Wiesenthal: Konventionelles und unkonventionelles Organisationslernen, *Zeitschrift für Soziologie*, 2/1995, S. 137–155.

158 George Tsebelis: *Veto Players. How Political Institutions Work*, Princeton 2002.

159 Vgl. Helmut Weidner: *Klimaschutzpolitik: Warum ist Deutschland ein Vorreiter im internationalen Vergleich? Zur Rolle von Handlungskapazitäten und Pfadabhängigkeit*, Berlin 2008 (WZB SP IV 2008-303), und Hermann E. Ott: *Internationale Klimapolitik 2020. Herausforderung für die deutsche (Umwelt-) Außenpolitik*, Bonn 2008.

160 Fritz W. Scharpf u. a.: *Politikverflechtung: Theorie und Empirie des kooperativen Föderalismus der Bundesrepublik*, Berlin/Düsseldorf/Mannheim 1976.

161 Colin Crouch, *Postdemokratie*, Frankfurt am Main 2008.

162 Ebda. S. 31.

163 Den politischen Ausverkauf und moralischen Bankrott ostmitteleuropäischer Demokratien beschreiben die ungarischen Schriftsteller

Péter Esterházy und Péter Nádas am Beispiel ihres Landes: Ein Staat verschwindet, *Frankfurter Allgemeine Zeitung* v. 16.4.2009, S. 29, ähnlich die Reportage von Richard Swartz in *Süddeutsche Zeitung* v. 4.5.2009. Der Niedergang der britischen Westminster-Demokratie deutet den Übergriff der politischen Krise auf klassische Demokratien an.

164 Vgl. *die tageszeitung* v. 14.2.2009.

165 Everett M. Rogers: *Diffusion of Innovations,* New York 2003. Hier wird der Terminus breiter gefasst als im Unternehmensmanagement und in der Beratungsbranche.

166 Vgl. Democracy Index, *The Economist* v. 29.10.2008 (Anm. 101).

167 *Süddeutsche Zeitung* v. 9./10.4.2009, S. 4.

168 Wie Anm. 168.

169 Ebd., S. 1.

170 Ebd., S. 3.

171 Friedman, *Was zu tun ist,* (Anm. 87), S. 483ff.

172 Der folgende Abschnitt basiert auf Auszügen aus Tobias Debiel und Harald Welzer: *Failing Societies/Failing Theories. Ein internationales Kolleg zu Theorien unerwarteter Gesellschaftsentwicklungen*, Projektantrag Duisburg/Essen 2009. Ein besonderer Dank gilt Christian Göbel für die hier übernommenen Informationen und Verweise.

173 Francis Fukuyama: *Das Ende der Geschichte: Wo stehen wir?*, München 1992.

174 Yi-Tung Chang: *Die Weltgesellschaft in der Perspektive der Zivilisationstheorie*, Berlin 2005, S. 40.

175 Yongnian Zheng: *Globalization and State Transformation in China*, Cambridge 2004.

176 Juan Linz und Alfred Stepan (Hg.): *The Breakdown of Democratic Regimes*, Baltimore/London 1978.

177 Wolfgang Merkel: *Systemtransformation*, Opladen 2008.

178 Juan Linz: *Totalitäre und autoritäre Regime*, Berlin 2000.

179 Gunter Schubert: *Village Elections in the PRC. A Trojan Horse of Democracy?*, Project Discussion Paper No. 19, Institute of East Asian Studies, Gerhard-Mercator-University Duisburg 2002.

180 Gordon Chang: *The Coming Collapse of China*, New York 2001.

181 Heike Holbig: *Ideological Reform and Political Legitimacy in China: Challenges in the Post-Jiang Era*, GIGA Working Paper 18, Hamburg 2006.

182 Daniel Lynch: *After the Propaganda State. Media, Politics, and »Thought Work« in Reformed China*, Stanford 1999.

183 Evan S. Medeiros und Taylor M. Fravel: China's New Diplomacy, *Foreign Affairs*, 6/82, S. 22–35.

184 David Zweig und Jianhai Bi: China's Global Hunt for Energy, *Foreign Affairs*, 5/84, 2005, S. 25–38.

185 Robert Kagan: The End of the End of History: Why the Twenty-first Century Will Look Like the Nineteenth, *The New Republic* v. 23. 4. 2008.

186 Jae Ho Chung: Reappraising Central-Local Relations in Deng's China. Decentralization, Dilemmas of Control, and Diluted Efforts of Reform, in: Chien-min Chao und Bruce Dickson (Hg.), *Remaking the Chinese State: Strategies, Society, and Security*, London 2001, S. 47–75.

187 Howell, Jude: New Directions in Civil Society: Organising around Marginalised Interests, in: Jude Howell (Hg.), *Governance in China*, Lanham 2003, S. 143–171.

188 Christian Göbel und Thomas Heberer (Hg.): *TaskForce: Zivilgesellschaftliche Entwicklungen in China*, Duisburg Working Paper on East Asian Studies No. 64, Duisburg 2004.

189 Dali L. Yang: *Remaking the Chinese Leviathan. Market Transition and the Politics of Governance in China*, Stanford 2004; Joseph Fewsmith: Elite Politics, in: Merle Goldman und Roderick MacFarquhar (Hg.), *The Paradox of China's Post-Mao Reforms*, Cambridge 1999, S. 47–75.

190 Christian Göbel: *Central-local Relations and the Rural Tax and Fee Reform in China: A Policy Analysis*, unpublished dissertation, Duisburg 2008.

191 Christian Schmidkonz, Markus Taube, Caterina Wasmer u. a.: *Industrienahe Forschungs- und Technologiepolitik der chinesischen Regierung*, Studie im Auftrag des Bundesministeriums für Wirtschaft und Technologie, ifo Forschungsberichte 37, ifo Institut für Wirtschaftsforschung, München 2007.

192 Debiel/Welzer, *Failing Theories*, (Anm. 172).

193 Martin Jänicke: Democracy as a Condition for Environmental Policy Success, in: William M. Lafferty und James Meadowcroft (Hg.), *Democracy and the Environment*, Cheltenham 1996, S. 71–85; hier: 71 (Übersetzung der Autoren).

194 Martin Halla u. a.: *Satisfaction with Democracy and Collective Action Problems: The Case of the Environment*, IZA Discussion Paper 3613, Dezember 2008.

195 Daniel C. Esty u. a.: *Environmental Performance Index*, New Haven 2008.

196 United Nations World Commission on Environment and Development (WCED): *Our Common Future*, o. O. 1987; siehe: http://www.un-documents.net/wced-ocf.htm.

197 Das sind die Staaten der OECD, alle Industrieländer einschließlich

der USA: Australien, Belgien Bulgarien, Dänemark, Deutschland, Estland, Finnland, Frankreich, Großbritannien, Irland, Island, Italien, Japan, Kanada, Kroatien, Lettland, Liechtenstein, Litauen, Luxemburg, Monaco, Neuseeland, Norwegen, Österreich, Polen, Portugal, Rumänien, Russland, Schweden, Schweiz, Slowakei, Slowenien, Spanien, Tschechien, Türkei, Ukraine, Ungarn, USA, Weißrussland.

198 Scott Barrett: *Why Cooperate. The Incentive to Supply Global Public Goods*, Oxford 2007, S. 20.

199 Vgl. Harald Winkler: Measurable, Reportable and Verifiable: the Keys Tomitigation in the Copenhagen Deal, *Climate Policy*, 8/2008, S. 534–547.

200 Stefan Rahmstorf: Wie viel CO_2 ist zu viel?, in: *Blog Klima-Lounge* v. 29.4.2009.

201 Bruno S. Frey und Alois Stutzer: Prozessnutzen in der Demokratie, in: Manfred Rehbinder und Martin Usteri (Hg.), *Glück als Ziel der Rechtspolitik*, Schriften zur Rechtspsychologie, Bd. 6, Bern 2002, S. 193–209. Blaise Pascal hat den intrinsischen Nutzen bereits 1670 in den *Penséés* am Beispiel des Glückspiels herausgearbeitet.

202 Modellprojekt »Lokale Demokratiebilanz«, Infratest Sozialforschung München, siehe: http://www.tns-infratest-sozialforschung.com/downloads/modellprojekt.pdf.

203 Antonio Gramsci: *Gefängnishefte*, Bd. 1, H. 1, § 63, Hamburg 1991, S. 136.

204 Andrian Kreye: Glotzende Weltmacht, *Süddeutsche Zeitung* v. 26.2.2009, S. 1; Bruno S. Frey, Christine Benesch und Alois Stutzer: Does watching TV make us happy?, *Journal of Economic Psychology*, 28/2007, S. 283-313.

205 Bruno Frey: Commuting and Life Satisfaction in Germany, *Informationen zur Raumentwicklung*, 2/3, 2007, S. 1–11.

206 Norbert Elias: *Über den Prozess der Zivilisation*, 2 Bde., Basel 1939. »Sozialer Habitus« sind Verhaltensgewohnheiten großer Gruppen.

207 Norbert Elias: *Die höfische Gesellschaft: Untersuchungen zur Soziologie des Königtums und der höfischen Aristokratie*, Neuwied/Berlin 1969, S. 317.

208 John Holloway und Edward Palmer: *Blauer Montag: Über Zeit und Arbeitsdisziplin*, Hamburg 2007.

209 »Klimahelden« war eine preisgekrönte Kampagne der Essener Verkehrsbetriebe, die folgende Rechnung aufmachten: »Würden fünf Prozent aller Autofahrten in der Stadt künftig auf Busse und Bahnen verlagert werden sowie 30 Prozent aller Autofahrten, die kürzer als fünf Kilo-

meter sind, auf das Fahrrad, ließen sich jährlich drei Millionen Tonnen CO_2-Emissionen einsparen«.

210 Uwe R. Fritsche und Ulrike Eberle: *Treibhausgasemissionen durch Erzeugung und Verarbeitung von Lebensmitteln*, Darmstadt/Hamburg 2007.

211 Phil Edwards und Ian Roberts: Population Adiposity and Climate Change, *International Journal of Epidemiology*, doi:10.1093/ije/dyp172.

212 Dazu Augustin Berque: Am Busen der Natur, *Le Monde Diplomatique*, 2/2008, S. 17 und *www.klima-manifest.de*, der Aufruf »Vernunft für die Welt« von Architekten und Ingenieuren für eine neue Baukultur vom März 2009 sowie das Themenheft von *archplus*, Architektur im Klimawandel, Nr. 148/2007.

213 UN-CSD 1995 nach Nadine Pratt: Ich kaufe, also bin ich gut? Nachhaltiger Konsum – eine Kontextbestimmung, *Transit* 36/2008, S. 116ff., hier: 116.

214 Jörn Lamla und Sighard Neckel (Hg.): *Politisierter Konsum – Konsumierte Politik*, Wiesbaden 2006.

215 Ein Beispiel gibt *http://www.ecoshopper.de.*

216 Zum Folgenden ausführlich Pratt, *Ich kaufe*, (Anm. 213), dort auch weitere Literatur.

217 Johanna Romberg und Thomas Ramge: Kluger Konsum. Was wirklich zählt, *GEO* 12/2008, S. 160ff.

218 Oliver Geden: Strategischer Konsum statt nachhaltiger Politik? Ohnmacht und Selbstüberschätzung des ›klimabewussten‹ Verbrauchers, *Transit* 26/2008, S. 132ff., hier: 139.

219 »Nur die Fähigkeit der Stimmgebung macht die Qualification zum Staatsbürger aus; jene aber setzt die Selbstständigkeit dessen im Volk voraus, der nicht bloß Theil des gemeinen Wesens, sondern auch Glied desselben, d.i. aus eigener Willkür in Gemeinschaft mit anderen handelnder Theil desselben, sein will.« Immanuel Kant: Metaphysik der Sitten, in: *Gesammelte Schriften*, hg. v. d. Königlich Preußischen Akademie der Wissenschaften (Akademie Ausgabe), Bd. VI, Berlin 1900ff., §46.

220 Klaus Günther: Der strafrechtliche Schuldbegriff als Gegenstand einer Politik der Erinnerung in der Demokratie, in: Gary Smith und Avishai Margalit (Hg.), *Amnestie oder Die Politik der Erinnerung in der Demokratie*, Frankfurt am Main 1997, S. 48–89.

221 Albert Lenz und Wolfgang Stark (Hg.): *Empowerment. Neue Perspektiven für psychosoziale Praxis und Organisation*, Tübingen 2002.

222 Robert D. Putnam: *Bowling Alone: The Collapse and Revival of American Community*, New York 2000.

223 Die Meeresbiologin und Direktorin der *European Environment Agency*, Jacqueline McGlade, spricht von den vier »e«: enable, encourage, exemplify and engage, und fordert eine Umorientierung des Wohlfahrtsstaates von dem Paradigma »from cradle to grave« zum Nachhaltigkeits- und Vorsorgeparadigma »from cradle to cradle«.
224 Aaron Antonovsky: *Health, Stress, and Coping. New Perspectives on Mental and Physical Well-Being*, San Francisco 1979. Bewältigung und Prävention wird von der Katastrophenforschung anders beschrieben: Carsten Felgentreff und Thomas Glade (Hg.): *Naturrisiken und Sozialkatastrophen*, Heidelberg 2007, S. 440.
225 Weick/Sutcliffe, *Unerwartete*, (Anm. 88), S. 29.
226 Ebd., S. 86.
227 Greg Bankoff: Fire and Quake in the Construction of Old Manila, *The Medieval History Journal* 10, 1/2, 2007, S. 424.
228 Greg Bankoff: Dangers to Going it Alone: Social Capital and the Origins of Community Resilience in the Philippines, *Continuity and Change*, 22/2, 2007, S. 327–355.
229 Christina Bollin: Staatliche Verantwortung und Bürgerbeteiligung – Voraussetzungen für effektive Katastrophenvorsorge, in: Felgentreff/Glade, (Anm. 224), S. 253 ff., sowie Ria Hidajat: Community Based Disaster Risk Management – Erfahrungen lokaler Katastrophenvorsorge in Indonesien, in: ebd., S. 367–380.
230 Brad Allenby und Jonathan Fink: Toward Inherently Secure and Resilient Societies, *Science*, 309/2005, S. 1034–1036.
231 Greg Bankoff: *Mapping Vulnerability: Disasters, Development and People*, London 2004.
232 Harald Welzer (Hg.): *Der Krieg der Erinnerung. Holocaust, Kollaboration und Widerstand im europäischen Gedächtnis*, Frankfurt am Main 2007.
233 Robin Dunbar: The Social Brain Hypothesis, *Evolutionary Anthropology*, 6/1998, S. 178–190.
234 In Richtung eines globalen Öko-Managements (»Ko-Immunismus«), in dem Ansätze »übenden Lebens« und »selbstformender Selbstverbesserung« zusammenlaufen, denkt der Philosoph Peter Sloterdijk in seinem Buch *Du mußt dein Leben ändern*, Frankfurt am Main 2009.
235 www.adz-netzwerk.de
236 www.forum-fuer-verantwortung.de
237 Beispiele nennt Annett Jensen: Genossen, zur Sonne, *die tageszeitung* v. 6.8.2008.
238 Eckhardt Priller und Annette Zimmer: *Gemeinnützige Organisationen*

im gesellschaftlichen Wandel. Ergebnisse der Dritte-Sektor-Forschung, Wiesbaden 2004.

239 Vgl. *die tageszeitung* v. 14. 2. 2009.

240 Über eine »neue Protestgeneration« schwärmte anlässlich der Blockaden des Castor-Transports im November 2008 *die tageszeitung* (11. 11. 2008); die CDU-Parteizentrale bezeichnete die Konflikte um die Endlagerung von Atommüll als »letztes Aufbäumen der Anti-Akw-Bewegung«.

241 Einer Erhebung der Hamburger Anwaltskanzlei Heidel zufolge sind derzeit 19 neue Kohlekraftwerke in Deutschland im Genehmigungsverfahren und weitere fünf konkret geplant. Die Standorte liegen vor allem an Wasserstraßen oder Küsten, um nach dem Ende der heimischen Steinkohleförderung Importkohle aus Südafrika, Indien, Australien und Indonesien aufnehmen zu können (*die tageszeitung* v. 14. 9. 2008).

242 Die Erzeugung einer Kilowattstunde Strom aus Braunkohle setzt dem Öko-Institut zufolge 1153 Gramm CO_2-frei, während die Erzeugung derselben Strommenge in einem modernen GuD-Erdgas-Kraftwerk nur 148 Gramm produziert (ebd.).

243 Das war der Tenor der Proteste vor dem G20-Gipfel in London am 2. 4. 2009. Eine gelungene Kombination sozialer und ökologischer Themen stellte die »Piratenausgabe« von *Die Zeit*, die – vordatiert auf den 1. Mai 2010 – am 28. März 2009 durch attac erstellt und verteilt wurde.

244 Diese wurden im Frühjahr 2009 allseits beschworen und gebannt: DGB-Chef Michael Sommer warnte vor ihnen, die Kandidatin für das Amt des Bundespräsidenten Gesine Schwan gab sie zu bedenken, die Linkspartei schürte sie, nur Bundeskanzlerin Angela Merkel rühmte die Besonnenheit »der Menschen«.

245 Zit. nach: Ich bin es, dein Anführer, *Süddeutsche Zeitung* v. 18. 2. 2009.

246 Interview Marieluise Beck, *Süddeutsche Zeitung* v. 6. 3. 2008.

247 Arnulf Baring, *Frankfurter Allgemeine Zeitung* v. 19. 11. 2002.

248 Vgl. nicht Carl Schmitt, aber Michael Walzer: Deliberation, and What Else?, in: Stephen Macedo (Hg.), *Deliberative Politics*, New York/Oxford 1999, S. 58–69, und Christian Semler: Den Zorn kultivieren, *die tageszeitung* v. 9./10. 5. 2009.

249 Warum ist es noch so still?, *Frankfurter Allgemeine Sonntagszeitung* v. 29. 3. 2009, S. 21.

250 Zu diesem Zusammenhang vgl. Ralf Dahrendorf u. a.: *Klimawandel und Grundeinkommen. Die nicht zufällige Gleichzeitigkeit beider Themen und ein sozialökologisches Experiment*, München 2008.

251 Ein Begriff, den Herbert Marcuse von Maurice Blanchot übernommen hat, vgl. *Der eindimensionale Mensch*, Frankfurt am Main 1967, S. 83.

252 Vgl. nur Paul Collier: *Die unterste Milliarde. Warum die ärmsten Länder scheitern und was man dagegen tun kann*, München 2008.
253 Gemeint ist der politische Beuys der Jahre 1966–1972, dazu jetzt Johannes Stüttgen: *Der ganze Riemen*, Köln 2008, und Eugen Blume und Catherine Nichols (Hg.): *Beuys. Die Revolution sind wir*, Göttingen 2008, aber auch seine Idee der sozialen Plastik.
254 Dieter Imboden ist Professor für Umweltphysik an der ETH Zürich und Präsident des Nationalen Forschungsrates des Schweizerischen Nationalfonds. Das Zitat stammt aus einem Gespräch, das im Geschäftsbericht der Zumtobel AG 2005/2006 abgedruckt ist.
255 *Süddeutsche Zeitung* v. 8./9.4.2009, S. 13.
256 Cormack McCarthy: *Die Straße*, Reinbek 2008.

Literatur

Adorno, Theodor W.: *Minima Moralia. Reflexionen aus dem beschädigten Leben*, Gesammelte Schriften, Bd. 4, Frankfurt am Main 1980.

Allenby, Brad/Fink, Jonathan: Toward Inherently Secure and Resilient Societies, *Science*, 309/2005, S. 1034–1036.

Altvater, Elmar: *Das Ende des Kapitalismus, wie wir ihn kennen. Eine radikale Kapitalismuskritik*, Münster 2009.

Aly, Götz: *Hitlers Volksstaat. Raub, Rassenkrieg und nationaler Sozialismus*, Frankfurt am Main 2005.

Anders, Günther: *Die Antiquiertheit des Menschen*, München 2002.

Antonovsky, Aaron: *Health, Stress, and Coping. New Perspectives on Mental and Physical Well-Being*, San Francisco 1979.

Aronson, Elliot: *Sozialpsychologie. Menschliches Verhalten und gesellschaftlicher Einfluß*, München 1994.

Banerjee, Abhijit V.: *Big Answers to Big Questions: The Presumption of Growth Policy*, Paper for the Brookings conference on »What Works in Development«, 2008.

Bankoff, Greg: *Mapping Vulnerability: Disasters, Development and People*, London 2004.

Bankoff, Greg: Fire and Quake in the Construction of Old Manila, *The Medieval History Journal* 10, 1/2, 2007, S. 411–427.

Bankoff, Greg: Dangers of Going it Alone: Social Capital and the Origins of Community Resilience in the Philippines, *Continuity and Change*, 22/2, 2007, S. 327–355.

Bannon, Brent u. a.: Americans' Evaluations of Policies to Reduce Greenhouse Gas Emissions, *New Scientist Magazine*, 6/2007.

Barrett, Scott: *Why Cooperate. The Incentive to Supply Global Public Goods*, Oxford 2007.

Beck, Ulrich: *Weltrisikogesellschaft. Auf der Suche nach der verlorenen Sicherheit*, Frankfurt am Main 2008.

Berié, Eva u. a. (Red.): *Der Fischer-Weltalmanach 2008*, Frankfurt am Main 2007.

Berié, Eva u. a. (Red.): *Der Fischer-Weltalmanach 2009*, Frankfurt am Main 2008.

Bertelsmann Stiftung (Hg.): *Demokratie und Integration in Deutschland*, Gütersloh 2009.

Blume, Eugen/Nichols, Catherine (Hg.): *Beuys. Die Revolution sind wir*, Göttingen 2008.

Bollin, Christina: Staatliche Verantwortung und Bürgerbeteiligung – Voraussetzungen für effektive Katastrophenvorsorge, in: Felgentreff, Carsten/Glade, Thomas (Hg.), *Naturrisiken und Sozialkatastrophen*, Heidelberg 2007, S. 253 ff.

Browning, Christopher: *Ganz normale Männer*, Reinbek 1995.

Bude, Heinz: *Die Ausgeschlossenen. Das Ende vom Traum einer gerechten Gesellschaft*, München 2008.

Bundesministerium für Umwelt, Naturschutz und Reaktorsicherheit (BMU) (Hg.): *RECCS – Strukturell-ökonomisch-ökologischer Vergleich regenerativer Energietechnologien (RE) mit Carbon Capture and Storage (CCS)*, Wuppertal 2007.

Bundesministerium für Umwelt, Naturschutz und Reaktorsicherheit (BMU) (Hg.): *Die dritte industrielle Revolution – Aufbruch in ein ökologisches Jahrhundert. Dimensionen und Herausforderungen des industriellen und gesellschaftlichen Wandels*, Berlin 2008.

Burdett, Ricky/Sudijc, Deyan: *The Endless City*, Berlin 2007.

Chang, Gordon: *The Coming Collapse of China*, New York 2001.

Chang, Yi-Tung: *Die Weltgesellschaft in der Perspektive der Zivilisationstheorie*, Berlin 2005.

Chung, Jae Ho: Reappraising Central-Local Relations in Deng's China. Decentralization, Dilemmas of Control, and Diluted Efforts of Reform, in: Chao, Chien-min/Dickson, Bruce (Hg.), *Remaking the Chinese State: Strategies, Society, and Security*, London 2001, S. 47–75.

Collier, Paul: *Die unterste Milliarde. Warum die ärmsten Länder scheitern und was man dagegen tun kann*, München 2008.

Cramer, Stefan/Unmüßig, Barbara: *Africa – Up in Smoke 2. The Second Report on Africa and Global Warming from the Working Group on Climate Change and Development*, London 2008.

Crouch, Colin: *Postdemokratie*, Frankfurt am Main 2008.

Dahrendorf, Ralf u. a.: *Klimawandel und Grundeinkommen. Die nicht zufällige Gleichzeitigkeit beider Themen und ein sozialökologisches Experiment*, München 2008.

Darley, John M./Batson, C. Daniel: From Jerusalem to Jericho: A Study of Situational and Dispositional Variables in Helping Behavior, *Journal of Personality and Social Psychology*, 27/1973, S. 100–108.

Davis, Mike: Wer baut die Arche? Das Gebot utopischen Denkens im Zeitalter der Katastrophen, *Blätter für deutsche und internationale Politik*, 2,/2009, S. 41–59.

Diamond, Jared: *Kollaps*, Frankfurt am Main 2005.
Diefenbacher, Hans: *Indikatoren nachhaltiger Entwicklung in Deutschland. Ein alternatives Indikatorensystem zur nationalen Nachhaltigkeitsstrategie*, Heidelberg 2008.
Dunbar, Robin: The Social Brain Hypothesis, *Evolutionary Anthropology*, 6/1998, S. 178–190.
Dux, Günter: *Die Zeit in der Geschichte. Ihre Entwicklungslogik vom Mythos zur Weltzeit*, Frankfurt am Main 1989.
Edenhofer, Ottmar/Stern, Nicholas: *Towards a Global Green Recovery*, April 2009.
Edwards, Phil/Roberts, Ian: Population Adiposity and Climate Change, *International Journal of Epidemiology, doi:10.1093/ije/dyp172.*
Elias, Norbert: *Über den Prozess der Zivilisation*, 2 Bde., Basel 1939.
Elias, Norbert: *Die höfische Gesellschaft: Untersuchungen zur Soziologie des Königtums und der höfischen Aristokratie*, Neuwied/Berlin 1969.
Elias, Norbert: *Über die Zeit*, Frankfurt am Main 1984.
Elias, Norbert: *Studien über die Deutschen. Machtkämpfe und Habitusentwicklung im 19. und 20. Jahrhundert*, Frankfurt am Main 1989.
Engels, Friedrich: Die Lage der arbeitenden Klasse in England, Vorwort zur deutschen Ausgabe von 1892, in: Karl Marx und Friedrich Engels, *Werke (MEW)*, Bd. 2, Berlin 1990.
Esty, Daniel C. u. a.: *Environmental Performance Index*, New Haven 2008.
Felgentreff, Carsten/Glade, Thomas (Hg.): *Naturrisiken und Sozialkatastrophen*, Heidelberg 2007.
Festinger, Leon/Riecken, Henry W./Schachter, Stanley: *When Prophecy Fails*, Minneapolis 1956.
Fewsmith, Joseph: Elite Politics, in: Goldman, Merle/MacFarquhar, Roderick (Hg.), *The Paradox of China's Post-Mao Reforms*, Cambridge 1999, S. 47–75.
Fligstein, Neil: *The Architecture of Markets: An Economic Sociology of Twenty-First-Century Capitalist Societies*, Oxford 2001.
Frey, Bruno S./Stutzer, Alois: Prozessnutzen in der Demokratie, in: Rehbinder, Manfred/Usteri, Martin (Hg.), *Glück als Ziel der Rechtspolitik*, Schriften zur Rechtspsychologie, Bd. 6, Bern 2002, S. 193–209.
Frey, Bruno: Commuting and Life Satisfaction in Germany, *Informationen zur Raumentwicklung*, 2/3, 2007, S. 1–11.
Frey, Bruno S./Benesch, Christine/Stutzer, Alois: Does watching TV make us happy?, *Journal of Economic Psychology*, 28/2007, S. 283–313.
Friedman, Thomas L.: *Was zu tun ist: Eine Agenda für das 21. Jahrhundert*, Frankfurt am Main 2009.
Friedrich-Ebert-Stiftung (Hg.): *Persönliche Lebensumstände, Einstellungen*

zu Reformen, Potenziale der Demokratieentfremdung und Wahlverhalten, o. O. 2008.

Friedrichs, Jürgen: Gesellschaftliche Krisen. Eine soziologische Analyse, in: Scholten, Helga (Hg.), *Die Wahrnehmung von Krisenphänomenen. Fallbeispiele von der Antike bis zur Neuzeit*, Köln u. a. 2007, S. 13–26.

Fritsche, Uwe R./Eberle, Ulrike: *Treibhausgasemissionen durch Erzeugung und Verarbeitung von Lebensmitteln*, Darmstadt/Hamburg 2007.

Fukuyama, Francis: *Das Ende der Geschichte: wo stehen wir?*, München 1992.

Germanwatch (Hg.): *Meeresspiegelanstieg in Bangladesh und den Niederlanden*, Berlin/Bonn 2004.

Giddens, Anthony: *The Politics of Climate Change*, Oxford 2009.

Göbel, Christian/Heberer, Thomas (Hg.): *TaskForce: Zivilgesellschaftliche Entwicklungen in China*, Duisburg Working Paper on East Asian Studies No. 64, Duisburg 2004.

Göbel, Christian: *Central-local Relations and the Rural Tax and Fee Reform in China: A Policy Analysis*, unpublished dissertation, Duisburg 2008.

Göbel, Christian/Lembach, Daniel: *Regime Responsiveness and Authoritarian Consolidation*, Duisburg 2009.

Goffman, Erving: Rollendistanz, in: Steinert, Heinz (Hg.), *Symbolische Interaktion*, Stuttgart 1973, S. 260–279.

Gramsci, Antonio: *Gefängnishefte*, Bd. 1, H. 1, § 63, Hamburg 1991.

Granovetter, Mark: *The Sociology of Economic Life*, Boulder 2001.

Günther, Klaus: Der strafrechtliche Schuldbegriff als Gegenstand einer Politik der Erinnerung in der Demokratie, in: Smith, Gary/Margalit, Avishai (Hg.), *Amnestie oder Die Politik der Erinnerung in der Demokratie*, Frankfurt am Main 1997, S. 48–89.

Halla, Martin u. a.: *Satisfaction with Democracy and Collective Action Problems: The Case of the Environment*, IZA Discussion Paper 3613, Dezember 2008.

Hank, Rainer: *Der amerikanische Virus, Wie verhindern wir den nächsten Crash?*, München 2009.

Heidbrink, Ludger: »Dritte industrielle Revolution?« Umsteuern durch Umdenken, in: Bundesministerium für Umwelt, Naturschutz und Reaktorsicherheit (BMU) (Hg.): *Die dritte industrielle Revolution – Aufbruch in ein ökologisches Jahrhundert*, Berlin 2008, S. 35–38.

Heitmeyer, Wilhelm (Hg.): *Deutsche Zustände*, Folge 6, Frankfurt am Main 2007.

Hennessy, Kevin J.: Climate Change, in: Newton, Peter W. (Hg.), *Transitions. Pathways Towards Sustainable Urban Development in Australia*, Collingwood, Victoria 2008, S. 23–33.

Hidajat, Ria: Community Based Disaster Risk Management – Erfahrungen lokaler Katastrophenvorsorge in Indonesien, in: Felgentreff, Carsten/Glade, Thomas (Hg.), *Naturrisiken und Sozialkatastrophen*, Heidelberg 2007, S. 367–380.

Holbig, Heike: *Ideological Reform and Political Legitimacy in China: Challenges in the Post-Jiang Era*, GIGA Working Paper 18, Hamburg 2006.

Hollingsworth, Joseph Rogers/Boyer, Robert: *Contemporary Capitalism: The Embeddedness of Institutions*, Cambridge 1997.

Holloway, John/Palmer, Edward: *Blauer Montag: Über Zeit und Arbeitsdisziplin*, Hamburg 2007.

Homer-Dixon, Thomas: *The Upside of Down. Catastrophe, Creativity, and the Renewal of Civilization*, Washington 2006.

Houser, Trevor u. a.: *A Green Global Recovery? Assessing US Economic Stimulus and the Prospects for International Coordination*, World Resources Institute (WRI)/Peterson Institute for International Economics (PIIE), Policy Brief Number PB09-3, Februar 2009.

Howell, Jude: New Directions in Civil Society: Organising around Marginalised Interests, in: Ders. (Hg.), *Governance in China*, Lanham 2003, S. 143–171.

HSBC Bank plc: *A Climate for Recovery – The Colour of Stimulus Goes Green*, o. O., 25. 2. 2009.

International Energy Agency: *Energy to 2050. Scenarios for a Sustainable Future*, Paris 2003.

Jänicke, Martin: Democracy as a Condition for Environmental Policy Success, in: Lafferty, William M./Meadowcroft, James (Hg.), *Democracy and the Environment*, Cheltenham 1996, S. 71–85.

Jänicke, Martin/Jacob, Klaus: Eine Dritte Industrielle Revolution? Wege aus der Krise ressourcenintensiven Wachstums, in: Bundesministerium für Umwelt, Naturschutz und Reaktorsicherheit (BMU) (Hg.), *Die dritte industrielle Revolution – Aufbruch in ein ökologisches Jahrhundert. Dimensionen und Herausforderungen des industriellen und gesellschaftlichen Wandels*, Berlin 2008, S. 10–31.

Kant, Immanuel: Metaphysik der Sitten, in: *Gesammelte Schriften*, hg. v. d. Königlich Preußischen Akademie der Wissenschaften (Akademie Ausgabe), Bd. VI, Berlin 1900ff.

Kneissl, Karin: China, die USA und Europa im Kampf um die Rohstoffe Afrikas, in: Österreichisches Studienzentrum für Frieden und Konfliktlösung (Hg.), *Von kalten Energiestrategien zu heißen Rohstoffkriegen? Schachspiel der Weltmächte zwischen Präventivkrieg und zukunftsfähiger Rohstoffpolitik im Zeitalter des globalen Treibhauses*, Münster 2008, S. 177–191.

Lamla, Jörn/Neckel, Sighard (Hg.): *Politisierter Konsum – Konsumierte Politik*, Wiesbaden 2006.
Latour, Bruno: *Das Parlament der Dinge*, Frankfurt am Main 2001.
LeMonde Diplomatique (Hg.): *Atlas der Globalisierung spezial: Klima*, Berlin 2008.
Lenz, Albert/Stark, Wolfgang (Hg.): *Empowerment. Neue Perspektiven für psychosoziale Praxis und Organisation*, Tübingen 2002.
Linz, Juan/Stepan, Alfred (Hg.): *The Breakdown of Democratic Regimes*, Baltimore/London 1978.
Linz, Juan: *Totalitäre und autoritäre Regime*, Berlin 2000.
Lobell, David B. u. a.: Why are Agricultural Impacts of Climate Change so Uncertain? The Importance of Temperature Relative to Precipitation, *Environ*, Res. Lett. 3/2008.
Lomborg, Bjørn: *Cool it! Warum wir trotz Klimawandels einen kühlen Kopf bewahren sollten*, München 2008.
Lynch, Daniel: *After the Propaganda State. Media, Politics, and »Thought Work« in Reformed China*, Stanford 1999.
Maddison, Angus: *The World Economy. A Millennial Perspective*, Cheltenham 2002.
Malhi, Yadvinder/Phillips, Oliver (Hg.): *Tropical Forests and Global Atmospheric Change*, Oxford 2005.
Marcuse, Herbert: *Der eindimensionale Mensch*, Frankfurt am Main 1967.
Maurer, Andrea: *Handbuch der Wirtschaftssoziologie*, Wiesbaden 2008.
Marx, Karl: *Krise in Europa*, in: Ders./Engels, Friedrich,*Werke (MEW)*, Bd. 12, Berlin 1984.
Maxeiner, Dirk: *Hurra, wir retten die Welt! Wie Politik und Medien mit der Klimaforschung umspringen*, Berlin 2007.
McCarthy, Cormack: *Die Straße*, Reinbek 2008.
McKinsey & Company: *Pathways to a Low Carbon Economy*, Version 2 of the Global Greenhouse Gas Abatement Cost Curve, o. O. 2009.
Meadows, Dennis u. a.: *Die Grenzen des Wachtums. Bericht des Club of Rome zur Lage der Menschheit*, Stuttgart 1972.
Medeiros, Evan S./Fravel, Taylor M.: China's New Diplomacy, *Foreign Affairs*, 6/82, S. 22–35.
Merkel, Wolfgang: *Systemtransformation*, Opladen 2008.
Meyer, Lukas H./Roser, Dominic: *Intergenerationelle Gerechtigkeit – Die Bedeutung von zukünftigen Klimaschäden für die heutige Klimapolitik*, Bundesamt für Umwelt BAFU, Bern 2007.
Münz, Rainer: *Migration, Labor Markets and Integration of Migrants: An Overview for Europe*, HWWi Policy Paper, 3–6, Hamburg 2007.

Münz, Rainer/Reiterer, Albert: *Wie schnell wächst die Zahl der Menschen?: Weltbevölkerung und weltweite Migration*, Frankfurt am Main 2007.
Ott, Hermann E.: *Internationale Klimapolitik 2020. Herausforderung für die deutsche (Umwelt-) Außenpolitik*, Bonn 2008.
Parsons, Talcott: *Sociological Theory and Modern Society*, New York 1967.
Pearce, Fred: *Das Wetter von morgen. Wenn das Klima zur Bedrohung wird*, München 2007.
Pierson, Paul: *Politics in Time – History, Institutions and Social Analysis*, Princeton 2004.
Pigou, Arthur Cecil: *Wealth and Welfare*, London 1912.
Ploetz, Christiane: *Sequestrierung von CO_2-Technologien, Potenziale, Kosten und Umweltauswirkungen*, Externe Expertise für das WBGU-Hauptgutachten 2003 »Welt im Wandel: Energiewende zur Nachhaltigkeit«, Berlin/Heidelberg 2003.
Poe, Edgar Allan: *Die schwarze Katze / Der entwendete Brief*, Ditzingen 1986.
Putnam, Robert D.: *Bowling Alone: The Collapse and Revival of American Community*, New York 2000.
Reemtsma, Jan Philipp: *Vertrauen und Gewalt*, Hamburg 2008.
Renner, Michael u. a.: *Green Jobs. Working for People and the Environment*, World-Watch-Report 177, Washington 2008.
Rogers, Everett M.: *Diffusion of Innovations*, New York 2003.
Rosa, Hartmut: *Beschleunigung. Die Veränderung der Zeitstrukturen in der Moderne*, Frankfurt am Main 2005.
Rössler, Patrick: *Agenda-Setting. Theoretische Annahmen und empirische Evidenzen einer Medienwirkungshypothese*, Opladen 1997.
RWE Power: *Aktuelle Fragestellungen und Materialien CO_2-Speicherung*, Essen 2007.
Sachs, Wolfgang: Öl ins Feuer – Ressourcenkonflikte als Treibstoff für globalen Unfrieden, in: Österreichisches Studienzentrum für Frieden und Konfliktlösung (Hg.), *Von kalten Energiestrategien zu heißen Rohstoffkriegen? Schachspiel der Weltmächte zwischen Präventivkrieg und zukunftsfähiger Rohstoffpolitik im Zeitalter des globalen Treibhauses*, Münster 2008, S. 31–43.
Sáenz-Aronjo, Andrea u. a.: Rapidly Shifting Environmental Baselines Among Fishers of the Gulf of California, *Proceedings of the Royal Society*, 272/2005, S. 1957–1962.
Sageman, Marc: *Understanding Terror Networks*, Philadelphia 2004.
Santarius, Tilman: Klimawandel und globale Gerechtigkeit, *Aus Politik und Zeitgeschichte*, 24/2007, S. 18–24.
Scharpf, Fritz W. u. a.: *Politikverflechtung: Theorie und Empirie des kooperativen Föderalismus der Bundesrepublik*, Berlin/Düsseldorf/Mannheim 1976.

Schlich, Elmar (Hg.): *Äpfel aus deutschen Landen. Endenergieumsätze bei Produktion und Distribution*, Göttingen 2008.

Schmidkonz, Christian/Taube, Markus/Wasmer, Caterina u. a.: *Industrienahe Forschungs- und Technologiepolitik der chinesischen Regierung*, Studie im Auftrag des Bundesministeriums für Wirtschaft und Technologie, ifo Forschungsberichte 37, ifo Institut für Wirtschaftsforschung, München 2007.

Schubert, Gunter: *Village Elections in the PRC. A Trojan Horse of Democracy?*, Project Discussion Paper No. 19, Institute of East Asian Studies, Gerhard-Mercator-University Duisburg 2002.

Schumann, Harald/Grefe, Christiane: *Der globale Countdown. Gerechtigkeit oder Selbstzerstörung – Die Zukunft der Globalisierung*, Köln 2008.

Schütz, Alfred: *Der sinnhafte Aufbau der sozialen Welt. Eine Einleitung in die verstehende Soziologie*, Frankfurt am Main 1993.

Sinn, Hans-Werner: *Das grüne Paradoxon: Warum man das Angebot bei der Klimapolitik nicht vergessen darf*, ifo Forschungsberichte 54, ifo Institut für Wirtschaftsforschung, München, Januar 2008.

Sloterdijk, Peter: *Du mußt dein Leben ändern*, Frankfurt am Main 2009.

Stern, Nicholas: *Stern Review on the Economics of Climate Change*, Cambridge u. a. 2007.

Stüttgen, Johannes: *Der ganze Riemen*, Köln 2008.

Sunstein, Cass R. (Hg.): *Behavioral Law and Economics*, Cambridge 2000.

Tsebelis, George: *Veto Players. How Political Institutions Work*, Princeton 2002.

Therborn, Göran: Culture as a World System, *ProtoSociology*, 20/2004, S. 46–69.

Tuchman, Barbara: *Die Torheit der Regierenden. Von Troja bis Vietnam*, Frankfurt am Main 2001.

Umweltbundesamt (Hg.): *Klimaschutz in Deutschland: 40%-Senkung der* CO_2*-Emissionen bis 2020 gegenüber 1990*, Dessau 2007.

Umweltbundesamt (Hg.): *Kipp-Punkte im Klimasystem. Welche Gefahren drohen?*, Dessau 2008.

United Nations Environment Programme (UNEP): *A Global Green New Deal. Report prepared for the Economics and Trade Branch, Division of Technology, Industry and Economics*, Genf 2009.

United Nations World Commission on Environment and Development (WCED): *Our Common Future*, o. O. 1987.

Waller, James: *Becoming Evil. How Ordinary People Commit Genocide*, Oxford 2002.

Walzer, Michael: Deliberation, and What Else?, in: Stephen Macedo (Hg.), *Deliberative Politics*, New York/Oxford 1999, S. 58–69.

Welzer, Harald: *Täter. Wie aus ganz normalen Menschen Massenmörder werden*, Frankfurt am Main 2005.
Welzer, Harald (Hg.): *Der Krieg der Erinnerung. Holocaust, Kollaboration und Widerstand im europäischen Gedächtnis*, Frankfurt am Main 2007.
Welzer, Harald: *Klimakriege. Wofür im 21. Jahrhundert getötet wird*, Frankfurt am Main 2008.
Weick, Karl E./Sutcliffe, Kathleen M.: *Das Unerwartete managen. Wie Unternehmen aus Extremsituationen lernen*, Stuttgart 2003.
Weidner, Helmut: *Klimaschutzpolitik: Warum ist Deutschland ein Vorreiter im internationalen Vergleich?*, Berlin 2008.
White, Harrison: *Markets from Networks*, Princeton 2002.
Wiesenthal, Helmuth: Konventionelles und unkonventionelles Organisationslernen, *Zeitschrift für Soziologie*, 2/1995, S. 137–155.
Willke, Helmut: *Systemisches Wissensmanagement*, Stuttgart 1998.
Winkler, Harald: Measurable, Reportable and Verifiable: the Keys Tomitigation in the Copenhagen Deal, *Climate Policy*, 8/2008, S. 534–547.
Wissenschaftlicher Beirat der Bundesregierung Globale Umweltveränderungen (WBGU) (Hg.): *Die Zukunft der Meere – zu warm, zu hoch, zu sauer*, Berlin 2006.
Wissenschaftlicher Beirat der Bundesregierung Globale Umweltveränderungen (WBGU) (Hg.): *Welt im Wandel – Sicherheitsrisiko Klimawandel*, Berlin/Heidelberg 2007.
Wissenschaftlicher Beirat der Bundesregierung Globale Umweltveränderungen (WBGU) (Hg.): *Welt im Wandel. Zukunftsfähige Bioenergie und nachhaltige Landnutzung*, Berlin 2008.
Worldwatch Institute (Hg.): *Zur Lage der Welt 2009. Ein Planet vor der Überhitzung*, Münster 2009.
Wuppertal Institut für Klima, Umwelt, Energie (Hg.): *Fair Future – Ein Report des Wuppertal Instituts. Begrenzte Ressourcen und globale Gerechtigkeit*, München 2005.
Wuppertal-Institut für Klima, Umwelt, Energie (Hg.): *Zukunftsfähiges Deutschland in einer globalisierten Welt*, Frankfurt am Main 2008.
Yang, Dali L.: *Remaking the Chinese Leviathan. Market Transition and the Politics of Governance in China*, Stanford 2004.
Zheng, Yongnian: *Globalization and State Transformation in China*, Cambridge 2004.
Zweig, David/Bi, Jianhai: China‹s Global Hunt for Energy, *Foreign Affairs*, 5/84, 2005, S. 25–38.
Zwischenstaatlicher Ausschuss für Klimaänderungen (Hg.): *Klimaänderung 2007*, Synthesebericht, Berlin 2008.

Danksagung

Dieses Buch ist im äußerst lebendigen und anregenden Arbeits- und Denkrahmen des Kulturwissenschaftlichen Instituts Essen und im Kontext vielfältiger Kooperationen und Diskussionen mit Kolleginnen und Kollegen der drei Ruhrgebiets-Universitäten Bochum, Dortmund und Essen-Duisburg entstanden. Für Hinweise, Recherchen, Korrekturen, Ideen und stetige Unterstützungsbereitschaft danken wir vor allem Dana Giesecke, Vanessa Stahl, Arno Barth, Franziskus von Boeselager, Moritz Hartmann und Bernd Sommer. Ein herzlicher Dank geht auch an Dirk Messner vom Deutschen Institut für Entwicklungspolitik und Tobias Debiel und Christian Göbel vom Institut für Entwicklung und Frieden, von denen wir viel gelernt haben. Und darüber hinaus möchten wir allen engagierten Bürgerinnen und Bürgern danken, die eindrucksvoll zeigen, wie man eine Kultur verändern kann, wenn man einfach damit anfängt, falsche Wege zu verlassen.

Wir widmen dieses Buch unseren Kindern Franka und Nicholas.

C. L. und H. W., im Juni 2009

Personenregister

(Die *kursiv* gesetzten Zahlen beziehen sich auf den Anmerkungsteil.)

Sachregister

(Die *kursiv* gesetzten Zahlen beziehen sich auf den Anmerkungsteil.)

Ernst Klee

Das Kulturlexikon zum Dritten Reich

Wer war was vor und nach 1945

736 Seiten. Gebunden

Das neue Lexikon von Klee füllt eine lange beklagte Forschungslücke und ist ohne Konkurrenz. Es ergänzt »Das Personenlexikon zum Dritten Reich« (2003) und ist für all diejenigen unverzichtbar, die sich mit der Zeit des Nationalsozialismus beschäftigen.

Das Lexikon enthält 4000 Artikel, in denen auf knappstem Raum über die wichtigsten Personen aus dem Kulturbetrieb der NS-Zeit informiert wird. Sie enthalten – so weit dies möglich war – auch Angaben über die Karrieren der Genannten nach 1945.

Außerdem werden Hunderte von Persönlichkeiten aus Kunst und Kultur ins Gedächtnis zurückgerufen, die ins Exil gehen mussten bzw. ermordet wurden und heute oft vergessen sind.

»Es ist ein Verdienst von Klees Lexikon, dass es sich bei der Bewertung der Lebensläufe nicht hinter vermeintlich wissenschaftlicher Objektivität und Neutralität versteckt, sondern mit pointierten Zitaten und scharfen Charakterisierungen (›Frontdichter‹) seine Position deutlich macht. Über das eine oder andere Urteil kann man wohl streiten, aber die meisten überzeugen.«

Frankfurter Rundschau

Raul Hilberg

Unerbetene Erinnerung

Der Weg eines Holocaust-Forschers

Aus dem Amerikanischen von Hans Günter Holl
192 Seiten. Geb.

Als Raul Hilberg 1948 mit seinen Forschungen über die Vernichtung der europäischen Juden begann, traf er überall auf Skepsis, Ablehnung und Desinteresse. Die amerikanische Öffentlichkeit war mit dem Kalten Krieg beschäftigt und wollte weder vom Leiden und Sterben der Millionen Juden noch von der Schuld der – mittlerweile verbündeten – Deutschen allzuviel wissen. Der Holocaust war nicht nur tabuisiert, sondern es gab auch keine Sprache, die dem ungeheuerlichen Sachverhalt gerecht wurde. Hilbergs Versuche, seine Forschungsergebnisse in Worte zu kleiden, gerieten so zu einer »Revolte gegen das Schweigen« (Hilberg).
Von Anfang an konzentrierte er sich auf das Schicksal der jüdischen Opfer. Er beschrieb bewusst deutsche Geschichte: Die Judenvernichtung war eine deutsche Tat und nicht ein Ergebnis jüdischen Handelns oder Unterlassens. In Deutschland wurde er zunächst ignoriert; ein breiteres Publikum nimmt es jedoch erst seit den 80er Jahren wahr – verstärkt nach der Publikation seines Hauptwerkes *Die Vernichtung der europäischen Juden.*
Hilbergs Autobiographie enthält auch Rückblicke auf die politische Dimension des Verdrängens und der Erinnerung, die lange unerbeten war.

S. Fischer

fi 1514 / 8

Götz Aly

Hitlers Volksstaat

Raub, Rassenkrieg und nationaler Sozialismus

Band 15863

Hitler erkaufte sich die Zustimmung der Deutschen mit opulenten Versorgungsleistungen, verschonte sie von direkten Kriegssteuern, entschädigte Bombenopfer mit dem Hausrat ermordeter Juden, verwandelte Soldaten in »bewaffnete Butterfahrer« und ließ den Krieg weitgehend von den Völkern Europas bezahlen.

Den Deutschen ging es im Zweiten Weltkrieg besser als je zuvor, sie sahen im nationalen Sozialismus die Lebensform der Zukunft – begründet auf Raub, Rassenkrieg und Mord.

»Das Besondere von Götz Alys Arbeiten über die Zeit des Nationalsozialismus liegt in der Originalität seiner Forschungsansätze. Immer wieder greift er neue Themen auf. Er findet, wo niemand sucht, und erkennt, was niemand sieht.«

Raul Hilberg

»Insgesamt hat Aly auf Grund eines schlüssigen, ja faszinierenden Interpretationsmusters nachgewiesen, daß die Deutschen durch materielle Zuwendung geradezu perfide in Judenvernichtung und Ausraubung okkupierter Territorien involviert wurden.«

Frankfurter Allgemeine Zeitung

Fischer Taschenbuch Verlag

fi 15863 / 1

Harald Welzer

Klimakriege

Wofür im 21. Jahrhundert getötet wird

300 Seiten. Gebunden

Klimawandel führt zu Klimakriegen.

Kampf um Trinkwasser, neue Massengewalt, ethnische ›Säuberungen‹, Bürgerkriege gerade in den ärmsten Ländern und endlose Flüchtlingsströme bestimmen schon jetzt die Gegenwart. Die Konflikte des 21. Jahrhunderts drehen sich nicht mehr wie zuvor um Ideologie und Systemkonkurrenz, sondern um Klassen-, Glaubens- und vor allem Ressourcenfragen. Die reichen Gesellschaften entwickeln bereits Strategien, ›Klimaflüchtlinge‹ fernzuhalten. Aus den Völkermorden des 20. Jahrhunderts ist bekannt, wie schnell soziale Fragen in radikale und tödliche Lösungen übergehen können.

Harald Welzer zeigt, was jetzt zu tun ist, um Klimakriege abzuwenden.

Harald Welzer
Sabine Moller
Karoline Tschuggnall
»Opa war kein Nazi«
Nationalsozialismus und Holocaust
im Familiengedächtnis
Band 15515

»Wie aus Vergangenheit Geschichte wird, zählt zu den zentralen Fragen der Geschichtswissenschaft. Weitgehend unbeachtet ist dabei bislang geblieben, in welcher Weise Geschichte vom sogenannten Laienpublikum in Schule, Beruf und Familie rezipiert, angeeignet und umgedeutet wird. Der Sozialpsychologe Harald Welzer hat in den letzten Jahren mit seinem Forschungsprojekt ›Tradierung von Geschichtsbewußtsein‹ die intergenerationelle Weitergabe der NS-Vergangenheit innerhalb von Familien untersucht. Seine desillusionierenden Ergebnisse haben öffentliches Erstaunen, Erschrecken und Skepsis ausgelöst.«
WerkstattGeschichte 30/2001

Fischer Taschenbuch Verlag

fi 15515 / 1